中国职业技术教育学会　　　　专家指导委员会主任　**杜兰晓　姜玉鹏**
智慧文旅职业教育专业委员会推荐用书　　总主编　**韩玉灵　邓德智**
　　　　　　　　　　　　　　　　　　副总主编　**石媚山　李岑虎**

| 研学旅行管理与服务系列教材 |

YANXUE LÜXING KECHENG SHEJI

研学旅行课程设计

第4版

主　编　**李岑虎　辛宇杰**

副主编　**乔海燕　魏莉霞　郭小汇　李　勇**

北京·旅游教育出版社

图书在版编目（CIP）数据

研学旅行课程设计 / 李岑虎，辛宇杰主编. -- 4 版. -- 北京：旅游教育出版社，2024. 8（2025.6重印）. --（研学旅行管理与服务系列教材）. -- ISBN 978-7-5637-4730-6

Ⅰ．F590.75

中国国家版本馆CIP数据核字第2024UH7795号

研学旅行管理与服务系列教材
研学旅行课程设计（第4版）
主编　李岑虎　辛宇杰
副主编　乔海燕　魏莉霞　郭小汇　李　勇

策　　划	丁海秀　李岑虎
执行策划	黄明秋
责任编辑	黄明秋
出版单位	旅游教育出版社
地　　址	北京市朝阳区定福庄南里1号
邮　　编	100024
发行电话	（010）65778403　65728372　65767462（传真）
本社网址	www.tepcb.com
E - mail	tepfx@163.com
排版单位	北京旅教文化传播有限公司
印刷单位	天津雅泽印刷有限公司
经销单位	新华书店
开　　本	710毫米×1000毫米　1/16
印　　张	17.75
字　　数	270千字
版　　次	2024年8月第4版
印　　次	2025年6月第2次印刷
定　　价	59.80元

（图书如有装订差错请与发行部联系）

研学旅行管理与服务系列教材
专家指导委员会、顾问、编委会

专家指导委员会

主　　任：杜兰晓（浙江旅游职业学院校长）
　　　　　姜玉鹏（青岛酒店管理职业技术学院校长）
委　　员：（排名不分先后）
　　　　　陈佳平（河南职业技术学院文化旅游学院院长，二级教授，享受国务院政府特殊津贴专家）
　　　　　程　冰（桂林旅游学院继续教育学院院长，广西中小学研学旅行学会副会长）
　　　　　魏巴德（亲子猫＆研学猫董事长）
　　　　　王亚超（北京中凯国际研学旅行股份有限公司董事长）
　　　　　丁海秀（旅游教育出版社副社长）
　　　　　姜福炎（文化和旅游部人才中心研学旅行指导师高级考评员）
　　　　　郭海峰（资深媒体人，湖南广播电视台《跟着课本去旅行》栏目制片人）

顾　问

吕龙根（北京第二外国语学院教授）

编委会

总 主 编：韩玉灵（北京第二外国语学院教授，中国旅游人才发展研究院执行院长）
　　　　　邓德智（浙江旅游职业学院教授）
副总主编：石媚山（青岛酒店管理职业技术学院文旅学院院长）
　　　　　李岑虎（文化和旅游部人才中心研学旅行指导师考评员）

委　　员：（按姓氏笔画顺序排列）

王　彬	王　慧	王　霖	王立龙	王亚娇	王先波	王春梅
王雪艳	毛　欣	仇晓岚	邓鹏飞	占　飞	叶伟军	叶娅丽
申建伟	田张珊	由　杰	仪孝法	边喜英	邢琦娜	吕佳蔚
朱丽男	朱海峰	朱嘉奇	乔海燕	伍　欣	任　鸣	刘　芬
刘　筱	刘　斌	刘亚男	刘庆安	刘佳蓉	刘胜海	刘雁琪
池　静	汤　静	孙芳真	苏建宏	巫常清	李　旭	李　勇
李　娌	李凤堂	李秋君	李胜桥	李冠瑶	李媛媛	杨　栋
杨乃桂	杨崇君	肖　靖	吴　桐	吴家旅	何东萍	谷　音
辛宇杰	宋　扬	宋垟竹	张　浩	张　丹	张　栋	张双军
张会臣	张明月	张晓旭	张楗让	张慧婕	陈　超	陈　苇
陈芸先	陈俊华	陈凌凌	武　猛	林诗佳	林莉雯	尚明娟
罗　瑛	岳继萍	周　俊	周　航	周海磊	邹宜秀	郑晓堂
赵　明	赵双全	赵东勋	赵芳鋆	赵晓芳	胡　磊	侯小刚
侯晓宇	侯雪艳	俞小红	施美彬	秦晓林	袁秋菊	贾玉芳
夏　军	钱　钧	徐　彬	徐　峰	徐倩文	殷　鹏	高　霞
郭小汇	郭艳萍	席忠华	唐　波	黄丽春	曹银玲	裘黄丽
常冬冬	章永平	梁　东	梁媛媛	韩丽英	程　冰	程慕斌
焦昱安	楼历月	甄培莺	甄鸿启	裴　炜	廖延斌	谭　慧
潘晓琳	薛兵旺	霍　炜	魏莉霞			

《研学旅行课程设计》（第4版）编委会

主　编

李岑虎（文化和旅游部人才中心研学旅行指导师考评员）
辛宇杰（中国旅行社协会研学旅行分会副会长）

副主编

乔海燕　魏莉霞　郭小汇　李　勇

编　委
（按姓氏笔画顺序排列）

王　慧　田张珊　由　杰　吕佳蔚　李　娌　何东萍　张会臣　潘晓琳

出 版 说 明

自 2016 年 11 月 30 日，教育部等 11 部门联合出台《关于推进中小学生研学旅行的意见》以来，研学旅行作为教育新形式、旅游新业态在国内蓬勃发展，成为教育和文旅行业的新增长点。但在迅速发展的同时，各地研学旅行行业也遇到了服务不规范、标准不统一、专业人才极度缺乏的窘境。因此，推进研学旅行专业人才培养已经成为旅游教育工作者迫在眉睫的任务。

2019 年 10 月，"研学旅行管理与服务"正式列入《普通高等学校高等职业教育（专科）专业目录》，研学旅行专业人才培养正式提上日程。为解决教材缺乏的问题，2020 年 1 月初，旅游教育出版社特邀请韩玉灵、吕龙根、邓德智、李岑虎等 40 余位来自院校、行业、企业的资深专家齐聚北京第二外国语学院，正式启动全国首套"研学旅行管理与服务系列教材"的编写研讨会。此套教材由北京第二外国语学院教授、中国旅游人才发展研究院执行院长韩玉灵，浙江旅游职业学院教授、全国《研学旅行指导师（中小学）专业标准》起草人邓德智共同担任总主编，各高校、教研院学科带头人担任分册主编、编委，组成系列教材编委会。此套教材于 2020 年 8 月正式出版，一经推出便受到各大旅游职业院校和行业、企业的高度关注。如今已多次再版加印，获得了读者的广泛认可。

与此同时，也有越来越多的高职院校纷纷设立研学旅行管理与服务专业。更具有标志性意义的是，2022 年 7 月 11 日至 21 日，中华人民共和国人力资源和社会保障部公示了《中华人民共和国职业分类大典（2022 年版）》，研学旅行指导师也被纳入其中。在此背景下，我社于 7 月 30 日再次组织研学旅行相关领域的专家，召开了"研学旅行管理与服务系列教材"编写修订研讨会。我们特聘浙江旅游职业学院杜兰晓校长、青岛酒店管理职业技术学院姜玉鹏校长共同担任新版系列教材的专家指导委员会主任。此外，还特聘青岛酒店管理职业技术学院文旅学院石媚山院长、文化和旅游部人才中心研学旅行指导师考评员李岑虎教授共同担任副总主编。

新版"研学旅行管理与服务系列教材"一共12本，分别是《研学旅行概论》《研学旅行指导师实务》《研学旅行指导师实务》（活页版）、《研学旅行课程设计》《研学旅行教育理论与实践》《研学旅行基地运营与管理》《研学旅行安全管理》《研学旅行市场营销》《研学旅行政策法规》《研学旅行产品设计》《户外活动策划与管理》《研学旅行数字化运营》。本套教材编写阵容强大，采用研学旅行最新研究成果，确保教材内容与行业接轨，符合教学需求。

从总体上看，本套教材具有四大特色。

一、全国首套，体系完整

本套教材充分考虑了师生的教学需求，从基础性的研学旅行概论开始，由浅入深，遵循教育学的基本理论，同时也注重指导师实务、课程设计、安全管理、基地运营等实操能力的培养，既全面覆盖研学旅行工作的各个要素要点，又符合本专业学生的知识技能成长逻辑，是国内首套体系完整的"研学旅行管理与服务"专业教材。

二、作者权威，理念先进

本套教材的总主编、副总主编、各分册主编都是各大院校研学旅行的学科带头人和国内研学旅行行业的专家，有着丰富的执教或从业经验。编写内容以一线研学企业的成功经验为依托，紧跟教育部、文化和旅游部对研学旅行的指导意见，同时吸收国内最新研究成果，引入研学旅行先进理念，确保本套教材的准确性、前瞻性。

三、案例教学，操作性强

为方便教学，教材中引入大量案例。这些案例均来自旅行社、研学基地等研学旅行一线单位，参考性强，真正做到以案例导入学习，以案例增进理解，以案例引导实操。

出版说明

四、资料丰富，配套完善

本套教材新增了大量资料、视频等，并以二维码的形式嵌入其中，拓展了教材边界，方便学生学习理解。此外，还有配套的多媒体教学课件、习题、试卷等，让教师对课程的讲授更加得心应手。

本套教材不仅可以作为研学旅行管理与服务、旅游管理等专业师生的教学用书，还可以作为研学旅行机构、研学基地等各类研学企事业单位相关工作人员的重要参考资料，以及教育和文旅行政管理部门进行研学规划时的参考用书。

研学旅行尚处在上升发展阶段，很多概念、理论、方法、模式更新较快。虽然本套教材的编写力求保证内容的全面性、前瞻性，但难免有考虑不周之处，还请广大读者不吝赐教，以臻完善。

旅游教育出版社

2024 年 5 月

修订前言

为贯彻落实党的二十大精神与习近平总书记关于职业教育和旅游工作的重要指示批示，进一步完善高等院校研学旅行相应专业课程建设，我们按照教育部研学旅行相应专业教学标准，结合2024年7月31日人力资源和社会保障部将"研学旅行指导师（4-13-04-04）"职业变更为"研学旅游指导师"的情况，参照《普通高中课程方案和语文等学科课程标准（2017年版）》《义务教育课程方案和课程标准（2022年版）》对《研学旅行课程设计》（第3版）做了修订。修订后的教材遵循研学旅行教育规律，以全面提高研学旅游指导师的课程设计能力和教学实操能力为宗旨，具有以下六大特点。

一、编写强调格局高远，确保底蕴丰实，力求实用性强

本教材在科学把握研学旅行学科特点的基础上，用历史的、发展的、辩证的观点来认识不同的研学课程设计流派，并上升到新的理论高度，保证教材的前瞻性和学科引领作用。

本教材反映的是新时代课程改革和研学旅行实践的经验智慧和大趋势，具有可靠的研学旅行课程设计理论，并力求反映研学旅行课程设计理论研究的精髓及新时代教育改革的时代气息和最新成果。

本教材采用理论说明、案例分析、图片佐证、视频讲解等方法，既注重理论阐述，也突出实践操作，在行文上力求简洁明了、通俗易懂，力避学究气，力争做到易读、易学、易教、易操作。

因此，本教材既可以作为研学旅行管理与服务、旅游管理等高等院校专业师生的教学用书，又可作为大中小学校、职业技能培训机构、研学旅行机构、导游管理组织、旅游风景区等单位开展研学旅行活动的参考用书。

二、强调立德树人任务，突出思想政治教育

本教材强调思想政治建设，注重立德树人教育，把思想政治教育元素融入各项目教学中。【思政园地】模块的设置，将思政目标潜移默化地融入教材之中。此次修订，我们还在适当位置融入了党的二十大精神，尤其是教育目标和教育方针，我们都做了一一补充和完善。

三、采用项目式编写方式，符合职业教育发展规律

根据职业院校教材编写要求和一线教师实际需求，我们把原来的章节式编写方式更改为项目式，更方便教师教学和学生学习使用。

每个项目任务都以【任务导入】开始，引出对本任务的思考，然后进入【任务实施】环节。这个环节的阐述，本着"不绕弯、不晦涩、能模仿、拿来就能用"的理念，编写时努力做到开门见山、开宗明义、直接点题，不拖泥带水。在每个任务阐述完毕，又以【任务思考】的形式对内容进行复习回顾，符合教学规律和高职院校学生的学习规律。最后的"项目实训与提升"，设置了【项目测验】和【综合实训】两个模块。【项目测验】以判断题、单选题、多选题等客观性试题为主；【综合实训】难度较大，属于实操类题目，要求结合所学项目知识，解决现实工作中的课程设计问题。这既是本项目的要求，也是编写本书的初心和最终目的。

四、增加教育部全国职业院校技能大赛高职组"研学旅行"赛项规程的内容，体现"岗课赛证融通"的育人理念

在教育部"1+X"职业技能等级证书培训评价组织亲子猫（北京）国际教育科技有限公司、北京中凯国际研学旅行股份有限公司的大力支持下，我们将《研学旅行策划与管理（EEPM）职业技能等级标准》《研学旅行课程设计与实施职业技能等级标准》内容纳入本教材。此外，此次修订我们适当增加了教育部全国职业院校技能大赛高职组"研学旅行"赛项规程的内容，为读者参加研学旅行大赛

修订前言

提供参考。

五、运用多媒体技术，形成数字化教材，推进教学数字化

本教材增加了大量案例、视频，并以二维码形式嵌入其中。教材中的拓展阅读、课后的项目测验和综合实训答案均以二维码形式呈现，扫码即能看到，体现了教材的数字化发展趋势。同时，教师微课、教学课件等作为配套资源，丰富了教材形式，使教学资源更加多元。

六、调整早期内容，顺应研学旅行行业新发展

对第3版"项目七 研学旅行主题课程方案设计"做了重点修订。将"主题课程"变更为"主题线路"，同本套教材其他科目、研学旅行市场发展现状及大众习惯保持一致，更贴近行业实际。同时，本次修订删除了原先较为晦涩的教育理论，紧贴研学旅行活动实操情况，更具实用价值。我们也删除了一些时间久远的案例，增加了反映研学旅行行业新形势、新业态的案例。

本教材由李岑虎、辛宇杰担任主编，乔海燕、魏莉霞、郭小汇、李勇担任副主编，王慧、田张珊、由杰、吕佳蔚、李娌、何东萍、张会臣、潘晓琳担任编委。李岑虎负责全书大纲的编写、统稿和相关内容编写。除编委会成员外，高霞、周颖霞、秦明、姜绪军、宋垟竹、聂维等人也参与了本教材的编写。

本次修订得到了哈尔滨学院、嘉兴职业技术学院、郑州商贸旅游职业学院、安徽省旅游培训中心、吉林工程技术师范学院、济宁学院、青岛酒店管理职业学院、广西蓝天航空职业学院、德阳农业科技职业学院、吉林省研学旅行协会、吉林经济管理干部学院、上海市甘泉外国语中学、亲子猫（北京）国际教育科技有限公司、北京中凯国际研学旅行股份有限公司、山西省研学旅行协会、广西中小学研学旅行学会、邹城市教育和体育局、西安培华学院、西安新未来劳动教育研学实践基地等单位专家的鼎力支持，更有北京第二外国语学院韩玉灵教授的真挚关爱和吕龙根教授的谆谆教诲，在此一并表示衷心的感谢！

由于作者水平有限，本书缺点和错误在所难免，敬请批评指正，把您的意见发到邮箱 siteven@163.com 中，以便我们及时修订。

编者

2024 年 8 月

目录 CONTENTS

项目 1　研学旅行课程设计概论

任务一　厘清课程设计的意义 / 003

任务二　掌握课程设计的原则 / 008

任务三　掌握课程设计的要素与环节 / 012

任务四　讲究课程设计的策略 / 018

项目 2　研学旅行课程主题设计

任务一　掌握课程主题选题的方法 / 033

任务二　掌握课程主题命名的要求 / 039

项目 3　研学旅行课程目标设计

任务一　研究课程目标设计的理论依据 / 053

任务二　掌握课程目标设计的基本原则 / 061

任务三　掌握课程目标设计的方式步骤 / 065

项目 4　研学旅行课程内容设计

任务一　熟悉研学旅行课程内容的特点及类型 / 075

任务二　研究研学旅行课程内容的选择依据 / 080

任务三　掌握研学旅行课程内容的选择方法 / 084

任务四　学会收集和整理研学旅行课程内容 / 088

项目 5　研学旅行教学方式和教学方法设计

　　任务一　掌握主要的研学旅行教学方式 / 095

　　任务二　掌握常用的研学旅行教学方法 / 106

项目 6　研学旅行课程资源设计

　　任务一　分析课程资源的主要类型 / 127

　　任务二　掌握课程资源的开发和利用 / 133

项目 7　研学旅行主题线路方案设计

　　任务一　明确主题线路方案设计要求 / 147

　　任务二　掌握主题线路方案设计要素 / 154

　　任务三　掌握主题线路方案设计格式 / 165

　　任务四　编写主题线路方案实施流程 / 168

　　任务五　掌握主题线路方案实施要求 / 173

　　任务六　研学旅行课程手册编写设计 / 176

项目 8　研学旅行专题课程方案设计

　　任务一　明确专题课程方案设计要求 / 183

　　任务二　掌握专题课程方案设计要素 / 189

　　任务三　掌握专题课程方案设计格式 / 192

项目 9　研学旅行教学过程设计

　　任务一　研学准备，设置问题 / 200

　　任务二　研学导入，提出问题 / 208

　　任务三　研学新课，解决问题 / 215

　　任务四　研学总结，拓展问题 / 220

　　任务五　研学评价，反思问题 / 225

附　录 / 235

参考文献 / 268

项目 1

研学旅行课程设计概论

全国中小学生研学实践教育基地——龙华烈士纪念馆（上海市龙华烈士陵园）

项目导读

本项目是整本教材的开篇,首先介绍了研学旅行课程设计的概念及意义,分析了研学旅行课程设计这门课程的新要求,提出了课程设计的基本原则,然后就课程设计的要素和环节作了说明,最后梳理了研学旅行课程设计的五种策略。

学习目标

了解研学旅行课程设计的概念;熟悉课程设计的意义;熟悉研学旅行课程设计的新要求;掌握研学旅行课程设计的基本原则;掌握研学旅行课程设计的要素与环节;掌握研学旅行课程设计的基本策略。

思维导图

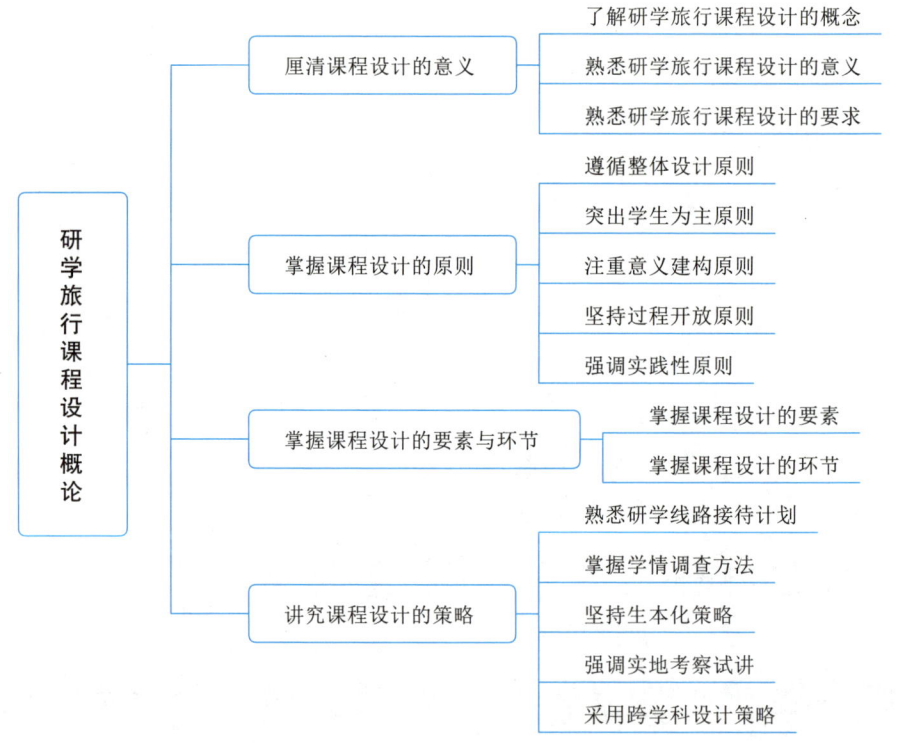

项目 1　研学旅行课程设计概论

任务一　厘清课程设计的意义

任务导入

浙江省开化县某小学每周开展一次"开化纸传统技艺实践探究主题活动"。老师们在设计课程时，提前去开化纸制作基地调研、磨课、试讲，然后设计出泡树皮、煮树皮、打纸浆、试搅、制胶、调制纸浆、抄纸、晾晒、轧纸等整个工序均由学生自己完成的一套研学实施方案。上课时，同学们信心十足，不断敲打、搅拌、抄纸，忙得热火朝天，学生们的动手能力、问题解决能力明显提高。学生用自己造的纸画画、印古诗、粘纸扇……收获不仅在纸上，更多地在纸外。这样的课程让同学们走出校外，开阔了视野，陶冶了情操，学到了课本上没有的知识，不仅培养了学生的劳动意识、审美意识、家国情怀，也培养了他们的批判质疑、勇于探究、实践创新的科学精神和团队协作精神。（乔海燕供稿）

案例思考

1. 结合本案例，你认为指导师前期的研学旅行课程设计有什么意义？
2. 你认为目前的研学旅行课程设计有什么要求？

任务实施

一、了解研学旅行课程设计的概念

根据课程设计的含义，我们认为：研学旅行课程设计是以研学旅行课程理论为指导制定研学旅行课程标准、选择和组织研学旅行课程内容、预设研学旅

· 003 ·

行活动方式的活动，也是研学旅行课程目标、研学旅行教育经验和预设研学旅行活动方式的具体化过程。

在这个过程中，教育者以研学旅行课程理论为基础，遵循研学旅行规律的要求和目的地资源的特点，借助一定的教学方式和方法，结合学生实际情况确定研学目标，根据这一目标准备研学内容，并对研学内容进行计划、组织、实施、评价、修订，以最终完成研学旅行课程目标。

二、熟悉研学旅行课程设计的意义

课程设计是研学旅行不可或缺的环节，一个完整的课程设计，对于研学旅行活动的准备、实施，对于研学旅游指导师（以下简称"指导师"）的培养、执教都有着非常重要的意义。

（一）课程设计是整个研学旅行过程的实施预案

指导师进行课程设计时，要全面思考和确定研学目标、研学内容、研学方法、研学过程、研学评价，并选择判断学生是否达到预期目标、对研学旅行是否满意的方法。课程设计要对整个研学旅行过程制定出全面的实施方案，并设计出突发性应急预案，确保做到"活动有方案，行前有备案，应急有预案"，依据课程设计方案全面指导研学旅行活动。

（二）课程设计能弥补研学旅行教材的不足

研学旅行教材包括学校教材和基地教材。通常认为，学校教材和基地教材是由专业人士编写的，以充足的学校教材和基地教材为依据，研学旅行课程设计便变得轻而易举了。但过分依赖学校教材和基地教材，以至于将其他更有意义的研学经历排除在外，也不足取。因为大多数教材是给全国各地所有的学生使用的，具有普遍性意义，但是其具体性、针对性明显不足。因此，课程设计能确认学校教材和基地教材是否适合本校学生使用，并确保其内容正是学生必须要了解并且必须要学会的知识——和必修的研学旅行课程相吻合，避免过分依赖学校教材和基地教材。

（三）课程设计能培养出优秀的指导师

课程设计有助于指导师让学生按照规范的流程开展具体研学旅行学习活动、纠正学生行为，以帮助学生有效地达到预定的学习目标，这样的指导师才更有可能成为优秀指导师。

项目1 研学旅行课程设计概论

（四）课程设计能提高指导师的研学旅行教学自信心

经过深思熟虑设计制订的研学旅行课程方案能给指导师带来研学旅行的安全感、自信心，甚至能全面调动指导师的教学激情，指导师会觉得身心放松，准备充分。尤其是在研学旅行教学专家团队的协助和监督下设计的课程，有了这些，指导师会对自己信心十足，感觉自己的教学水平、教学经验都能胜任本次研学旅行教学任务。只要指导师花时间去思考和精心设计，研学旅行教学就会变得丰富多彩，达到预期效果。

（五）课程设计能得到各方帮助，在各审查环节得到进一步优化，确保顺利执教

指导师不仅需要撰写课程设计方案，还要在研学旅行活动前将这些方案上交给教学专家团队过目商讨，有的还需要将课程方案上交给学校校长或基地领导审查，听取他们的意见。有些校长或其他领导还要求指导师定期上交提前写好的课程设计方案，以确保并督查指导师对研学旅行教学内容和教学方法进行了深入细致的思考。这些专家和领导会尽可能地帮助进行课程设计的指导师，确保指导师顺利执教并开展研学旅行活动。

三、熟悉研学旅行课程设计的要求

研学旅行课程作为一门新兴的学科，与学校传统的学科相比，发生了很大的变化，研学旅行课程设计的内容也表现出自身的特殊性，对研学旅行课程设计提出了新的要求。

（一）研学旅行教学根本目的发生了变化

习近平总书记在党的二十大报告中指出，教育是国之大计、党之大计。培养什么人、怎样培养人、为谁培养人是教育的根本问题。育人的根本在于立德。要全面贯彻党的教育方针，落实立德树人根本任务，培养德智体美劳全面发展的社会主义建设者和接班人。

研学旅行要以立德树人、培养人才为根本目的，让广大中小学生在研学旅行中感受祖国大好河山，感受中华传统美德，感受革命光荣历史，感受改革开放伟大成就，增强对坚定"四个自信"的理解与认同；同时学会动手动脑，学会生存生活，学会做人做事，促进身心健康、体魄强健、意志坚强，促进形成正确的世界观、人生观、价值观，培养他们成为德智体美劳全面发展的社会主

义建设者和接班人。

（二）研学旅行课程形式发生了变化

以往学校的课程基本都是在校园内部完成，是大一统的校园课程，而现在的研学旅行则是典型的校外教育活动，是学校教育和校外教育衔接的创新形式。研学旅行课程设计必须把校外教育资源和学校教育有机结合起来，并在校外研学旅行基地实施，形成校内课程与校外课程互补的课程形式，其课程形态逐渐呈现出多元化的趋势。

（三）研学旅行教学内容发生了变化

近百年来，学校传统教育一直注重知识的讲解和方法的传授，学生被动接受知识和技能，制约了学生个性的发展。而现在的研学旅行课程内容强调学生的自主性，要为学生自主活动留出余地；突出学生亲身经历各项活动的实践性，在"动手做""实验""探究""设计""创作""反思"的过程中进行"体验""体悟""体认"，在全身心参与的活动中，发现、分析和解决问题，体验和感受生活，发展实践创新能力；要求活动内容具有开放性，打破学科界限，鼓励学生跨领域、跨学科学习，要引导学生把自己成长的环境作为学习场所，在与家庭、学校、社区的持续互动中，不断拓展活动时空和活动内容，使自己的个性特长、实践能力、服务精神和社会责任感不断获得发展；同时要求对活动主题的探究和体验具有整合性，要体现个人、社会、自然的内在联系，强化科技、艺术、道德等方面的内在整合。

研学旅行课程想要在有限的时间和有限的空间内，实现研学旅行教学内容与学校教学内容的有机融合，就需要未来的指导师具有研学旅行课程设计能力。

（四）研学旅行课程学习的场所正在发生变化

传统的学校教育存有很多校园课堂不能解决的问题，因此需要走出校园去继续实施教学活动，从而提高教育教学效果。在大数据高速发展的时代，AR、VR、5G、算法、云宇宙等已经进入学生的生活，微博、微信、QQ使得学生的学习变得越来越便捷，自媒体微课使得学生可以随时随地学习。飞机、高速铁路、高速公路等现代化交通工具和设施的快速发展，使得地域之间的界限越来越模糊，学生走出校园探究学习的想法越来越现实，因此仅仅依靠学校课堂进行教育已经不能适应新时代发展的需要了。

（五）研学旅行学习方式正在发生变化

传统的学校学习方式是一种接受式学习，而现代社会则呼唤学生能够自主学习、探究学习、合作学习。联合国教科文组织将未来的文盲定义为不会学习的人，因此研学旅行教育要积极采用考察探究、社会服务、设计制作、职业体验、党团队教育、博物馆参观、劳动教育的方式，培养会学习的新时代合格人才。

（六）教育工作者的角色正在发生变化

韩愈指出："师者，所以传道受①业解惑也。"传统观念下的老师是知识的化身，传授知识是老师的主要责任。而现代社会，知识的传播途径发生了颠覆性变化，老师在某些方面的知识未必比学生多，因此老师的职责必须随之改变，老师要成为教学的组织者、管理者，学习的指导者、引领者，而这正是指导师的职业角色。想要在研学旅行教学中扮演指导师的角色，就需要指导师具备自我设计的能力。

正是由于研学旅行课程设计出现的上述诸多变化，以及表现出的这种特殊性，指导师要想承担起研学旅行教学的重任，就需要学好研学旅行课程设计这门课，在学习中实践，在实践中学习，从而提升自己的研学旅行课程设计能力。

任务思考

学习研学旅行课程设计有哪些意义？

扫一扫，看答案

---

① "受"通"授"。

任务二　掌握课程设计的原则

任务导入

山西晋城某景区导游员小秋接到旅行社领导安排的带研学旅行团任务后，按照之前带旅游团的惯例，大致浏览了一下设计好的行程单项目内容，说了一句"我备完课了"，然后直接打着导游旗，前往接洽地，接团开课。在景区基地，面对古老的建筑艺术瑰宝，导游小秋自己一边讲，一边走，绘声绘色，滔滔不绝，根本不看学生的表情，也不顾及学生的感受，全程一个人讲完，汗流浃背。小秋最后一句："同学们，今天的讲解就到这里，谢谢大家聆听，再见！"大家这才知道研学旅行结束了。学校随团老师非常不满意，便问道："讲完了？怎么没有一点动手、体验的环节啊？这样的研学怎么和旅游一样啊？"

案例思考

1. 案例中导游小秋说"备完课了"，他是怎么"备课"的？小秋前期的"备课"和后期的"上课"让师生不满意，两者有什么因果关系？
2. 研学旅行课程设计应把握什么原则？

任务实施

研学旅行课程设计的原则是指对研学旅行课程所包含的事实、原理、情感、经验及学习环境中非预期性的知识、态度、价值观等方面进行设计时所坚持的准则。研学旅行课程设计应该遵循以下五项原则。

项目 1　研学旅行课程设计概论

一、遵循整体设计原则

　　研学旅行课程设计是一项系统工程，它是由研学目标和研学对象的分析、研学内容和方法的选择，以及研学评价等子系统构成的，各子系统既相对独立，又相互依存、相互制约，组成了一个有机的整体。研学过程中研学目标要通过研学内容、研学资源、研学方法来实现，研学内容、研学资源、研学方法会受到研学目标的支配，即研学目标、研学内容、研学资源、研学方法要达到相互匹配、和谐一致。

　　课程设计遵循这项原则，对实现课程设计的科学性、艺术性、整体性和可行性具有重要意义。要遵循这一原则，必须注意以下几个问题。

　　第一，研学目标对研学内容、资源、方法起着控制作用。研学目标是研学活动的方向。

　　第二，研学内容的确立、研学资源的选用、研学方法的制定，是要为达到研学目标而服务的。脱离这些研学要素，研学目标就难以达成，而离开研学目标去追求研学内容的精、研学资源的新、研学方法的活，不仅无益于提高研学质量，而且非常浪费时间。譬如，研学旅行非常流行创设研学情境、角色扮演、激励集会等研学方式，但有的只是流于热闹的形式、华丽的外表，却没有深刻的思想内涵，失去研学目标指引的各种研学活动可能会使研学旅行出现"稚化"倾向。

　　第三，研学过程是选用资源、采用方法、完成研学任务、实现研学目标的过程。只有研学目标导向正确，研学内容精要，所选资源有利于信息传递，研学方法合乎学生的认知规律，才能使研学过程得以有效推进。

二、突出学生为主原则

　　研学旅行课程是从尊重生命、珍爱生命、体验生命历程的角度来设置的，它是杜威"教育即生活"的进一步延伸，是以建构主义教学观为基础的。建构主义认为，教学活动的本质是学生根据自己的已有经验去理解对象信息和知识内涵的个性化过程。研学旅行课程中所有的变化都与"人"有关。譬如，研学旅行课程的设置体现了多样性，即多视角、多层次、多类型、多形式地为学生学习提供更多的选择空间，以助于学生个性健康发展。人的个性的多样性在研学旅行课程设置的高度上得到了极大的重视，说明研学旅行课程观重视的是人，人的个性、自信、勇敢、尊严比任何知识都来得真实、重要，这是教育的返璞归真。因此，研学旅行课程设计要善于不断地创设具有激发性的研学情境，诱导学生发挥主体性，创设宽松、和谐的研学环境与研学氛围，让学生的个性得以充分展现。要遵循这一原则，必须注意以下三个问题。

第一，在课程设计中要充分体现学生的主体性和学生的首创精神。

第二，课程设计要关注学生的兴趣与经验。激发学生学习的兴趣是指导师解决"要我学"到"我要学"的重要步骤，指导师备课的过程就是精选材料以激发学生学习兴趣的过程。没有快乐的教育谈不上生命教育，所以指导师要非常注重从学生的经验与兴趣出发，开始快乐课堂的旅程。

第三，要让学生有多种机会在不同情况下去应用他们所学的知识，要让学生能够根据自身行动的反馈信息来完成对客观事实的认识，并制订出解决实际问题的方案。

三、注重意义建构原则

建构主义认为，学习总是与一定的社会文化背景，即与"情境"相联系的，在实际情境下进行学习，可以使学习者能够利用自己原有认知结构中的有关经验去"同化"或"顺应"当前学习到的新知识，从而达到对新知识的意义建构。

按照建构主义的指引，创设真实的问题情境便成为课程设计的首要任务，它是一种支持学生进行意义学习的各种真实问题的组合。研学旅行不仅仅是为了掌握现成的知识结论，更重要的目的是将学习的知识迁移到新情况中，让学生理解问题的复杂性，从而创造性地解决问题。要遵循这一原则，必须注意以下几个问题。

第一，指导师要能发现一些对学生来说是真实的同时又与研学活动相关的问题。

第二，指导师要切实激发学生的学习动机，引导学生挑战各种复杂的问题情境。

第三，让学生进行角色扮演，模拟在真实问题情境下的各种角色的行为，以便将来在真正的问题情境中可以得心应手。

四、坚持过程开放原则

研学旅行的学习过程是自由开放的，指导师在进行课程设计时，必须考虑

项目1 研学旅行课程设计概论

到要给学生充分自由的发展空间，必须开放所有的学习过程，使学生能顺应当代学习生活的变化，最终得以自我实现。

第一，指导师要能够让学生发现研学旅行的学习内容，能够透过知识传授看清学生技能的提升过程，提高学生的思想觉悟，保持和发展自我，进而激发学生的学习热情和动机，促进学生能力的提高。为此，指导师可以根据现有的课程资源、自身已有的经验，设计出不同的研学方式和活动过程。

第二，采用多种形式开展研学旅行活动，譬如，可以选用课题研究性学习、社会参与性学习、体验性学习和实践性学习等研学方式，可以采用调查、访问、考察、实验、制作、劳动、服务等研究方法，让学生有多元表达的途径，促使学生投入对研学旅行知识奥秘的探究中去。

第三，对学生学习结果的评价也要采取开放的态度，而不是简单地以分数来评价学生的研学旅行效果。要坚持评价的方向性、指导性、客观性、公正性等原则，突出发展导向，坚持学生成长导向，杜绝对学生的作品随意打分和简单排名等功利主义做法。同时做好研学旅行写实记录，指导学生客观记录参与活动的具体情况，为研学旅行评价提供必要基础。另外，还要做好研学旅行档案袋建立工作，档案袋是学生自我评价、同伴互评、教师评价学生的重要依据。

五、强调实践性原则

研学旅行是学校理论教育与校外实践教育相结合的教育教学形式，学生需要在校外旅行的实践中发现想要研究的问题，进而去解决问题。实践性原则要求在进行课程设计时，要确保课程设计的可操作性，然后再整体围绕学生感兴趣的具体问题或研学主题展开内容设计。设计时要以任务目标为导向，要求学生亲自动手、动脑，完成研学旅行课程。

秉承实践性原则，研学旅行课程设计上要因地制宜，依托日常生活的不同环境，通过"行、旅、学、研、思"等环节的整合设计，让学生在体验、体悟、体认中实现旅中有学、学中有研、研后有思的深度学习模式，培养学生的创新精神和实践能力。

 **任务思考**

研学旅行课程设计应该遵循哪些原则？

扫一扫，看答案

任务二　掌握课程设计的要素与环节

阅读材料，思考问题

古都南京研学旅行活动行程设计方案

一、研学对象

安徽省阜阳市 10~16 岁学生

二、行程安排

第一天：阜阳—南京（380 千米车程约 4.5 小时），住南京

6：00—6：30 学校集合出发，车赴南京，车上开营仪式。

11：30—12：30 享用午餐。

下午游览雨花台风景区（游览时间 60 分钟）。雨花台风景区是全国重点文物保护单位，全国爱国主义教育示范基地、国家首批 AAAA 级旅游景区。景区由名胜古迹区、烈士陵园区、雨花石文化区、雨花茶文化区、游乐活动区和生态密林区六大功能区组成。

之后参观南京科技馆（游览时间 90 分钟，周一、周二闭馆）。宇宙探秘展厅展品约 30 件（套），围绕星际幻想、探索之路、体验与探险、太空剧场 4 条游线展开。通过参与、游览，进一步了解宇宙、太阳系、地球、航空航天技术，以及模拟、仿真和虚拟现实技术。

第二天：南京，住南京

6：30 起床，7：00—7：30 享用早餐。

上午游览国家 AAAAA 级旅游景区，伟大的民主革命家孙中山先生的陵墓——中山陵（游览时间 90 分钟，周一闭馆）。这里是首批全国重点文物保护单位，首批国家重点风景名胜区和国家 AAAAA 级旅游景区。登 392 级台阶鸟瞰金陵。

11：00—11：30 享用午餐。

下午游览爱国主义教育示范基地——侵华日军南京大屠杀遇难同胞纪念馆（游览时间 90 分钟）。这里是中国首批国家一级博物馆，首批全国爱国主义教

项目1 研学旅行课程设计概论

育示范基地，全国重点文物保护单位，首批国家级抗战纪念设施、遗址名录，也是国际公认的"二战"期间三大惨案纪念馆之一。

之后入住酒店。

第三天：南京—阜阳

上午南京市内拓展培训，结营仪式。午餐后乘车返回！

案例思考

1. 本方案课程设计的要素是否齐全？是否为研学旅行课程方案？
2. 真正的研学旅行课程设计有哪些要素？课程设计有哪些环节？

研学旅行课程在设计时，既要考虑课程设计的基本原则，同时还要熟悉教育理念、指导师、研学对象、研学目标、研学内容、研学过程、研学方法、研学评价等诸多内容要素。但是，无论哪一种课程设计模式，都应包含研学对象、研学目标、研学方法、研学内容、研学评价五个基本要素。

一、掌握课程设计的要素

（一）研学旅行对象

研学旅行的主要对象是学生。为了做好研学旅行工作，必须认真分析、了解学生的情况，掌握他们的一般特征和初始能力，这是做好课程设计的基础。在研学过程中，学生处于研学旅行活动的主体地位，研学目标的完成情况通过学生的研学效果及其行为和情感变化反映出来，研学旅行最终是由学生自己完成的。因此，课程设计要特别重视对学生的分析，在分析学生一般学习规律的基础上，了解学生需求、初始能力、接受能力个别差异等，对学习的外部环境与刺激及其内部学习过程发生和进行的智力与非智力因素加以统筹分析，以便更有针对性地对学生因材施教，促进学生更好地开展研学旅行。

（二）研学旅行目标

研学旅行课程设计的目的是优化实现研学旅行预期的目标。指导师在具体实施研学前必须明确"要到哪里去"的问题，通过研学活动，学生应该掌握哪些知识和技能，培养何种态度和情感，提升什么样的核心素养，用可观察、可测定的行为术语精确表达出来。同时，也要尽可能地表明学生内部心理的变化。在课程设计理论与方法中，师生的活动、研学资源和资源的设计与选择、研学方法的确定及其应用，均要围绕实现研学目标来进行，同时又都要受到研学目标的制约。

（三）研学旅行方法

研学旅行方法是指在具体条件下，为实现研学旅行预期目标所采用的途径和办法。研学旅行方法就是在明确"要到哪里去"后，解决"怎么到那里去"的问题，也就是为了完成特定的研学旅行目标，所采用的研学旅行模式、程序、方法、组织形式和对研学资源的选择与使用的总体考虑。研学旅行方法包括研学旅行组织方法、研学旅行内容传递方法和研学资源管理方法三类。研学组织形式、研学结构程序策划、研学资源材料设计与开发等，均属于研学旅行方法的范畴。在课程设计视野中，研学旅行方法是研学过程的综合解决方案，是保证研学目标实现的有效途径，必须作为课程设计的重点。研学旅行中，一般会采用小组合作、交流讨论、动手实验、劳动体验、设计制作等方法。

（四）研学旅行内容

研学旅行内容是指导师、学生开展研学旅行活动、学习研学知识的载体。我们根据国家有关规定，将研学旅行课程整合为六大类型：优秀传统文化类、革命传统教育类、国情教育类、国防科工类、自然生态类和劳动教育类，并对每种类型的研学方法和研学流程进行设计，这都是课程设计的重点环节。研学旅行内容的选择原则和依据，以及内容的收集整理和归纳方法都应该是课程设计的主要内容。

（五）研学旅行评价

研学旅行评价就是根据研学旅行目的和原则，利用所有可行的评价方法及技术对研学旅行过程及预期的一切效果给予价值上的判断，以提供信息，改进研学工作，并对被评价对象做出某种资格证明。通过研学旅行评价，我们可以了解研学旅行目标是否达到，看看"有没有到那里去"，从而作为修正设计的依据。它通过确立评价指标体系，利用科学方法对收集到的研学反馈信息进行分析与处理，从而获得对研学旅行课程设计方案和实施过程进行修改的信息，以使研学旅行趋于完善。研学旅行评价包括诊断性评价、形成性评价、总结性评价三部分。

除了上述五种基本要素之外，本教材还对研学旅行主题线路设计、专题课程设计等内容进行了详细的阐述。

需要注意的是，将一个完整的课程设计过程分解为诸多要素是为了便于深入地分析、理解和掌握课程设计本身。在实际工作中，应从研学旅行系统的整体功能出发，保证"学生、目标、内容、方法、评价"这五大基本要素的一致性，使其相辅相成，产生"1+1>2"的整体效应。同时也应注意到研学旅行系统是开放的，研学旅行过程是动态的，涉及的许多因素是变化的，研学旅行课程设计工作应在科学的基础上灵活、创造性地进行。

二、掌握课程设计的环节

研学旅行课程设计是一项非常复杂而系统的工作，涉及教学、旅游、交通、餐饮、住宿等多个领域。我们在设计时，需要遵循一定的步骤与环节，以确保后期研学旅行教学实践工作的顺利开展（图1-1）。

图1-1　研学旅行课程设计的主要环节及流程示意图

（一）确定研学旅行主题

研学主题是研学旅行的灵魂，研学过程中的所有环节设计都应围绕主题来展开。我们在设计研学主题时，需掌握分析学生需求的方法与技术，找准学生在研学旅行中的真问题，并且找准这些真问题与指导师已有经验或兴趣等的结合点，以此选定合适的课程主题。课程主题选定首先要符合小、实、专、新四个标准；同时，还要给这个课程主题拟定一个合适的标题，这个标题需既反映实质又新颖有趣。

（二）设定研学旅行目标

设定研学旅行目标首先要了解研学旅行中存在的问题，分析学生的实际情况与期望水平之间的差距，确定总的研学旅行目标，解决"为什么教"的问题；其次根据研学旅行总目标，撰写具体合适的课程目标，解决"教什么""达到什么要求"的问题；再次对学生特征进行分析，确定学生的初始能力，了解学生的一般特征，分析学生的学习风格；最后阐明研学旅行目标，把研学内容分解成很多具体的研学旅行目标，用一种非常明确、具体的，可以观察和测定的行为术语，准确地表达出来，形成一个目标体系。

（三）选择和运用研学旅行资源

描述研学过程中所需的研学旅行资源，按照学校统一安排和与研学旅行资源单位协商的结果，做出最佳选择，阐述运用研学旅行资源的设想，解决"怎么教""教什么"的问题。

（四）编制研学旅行内容

编制研学旅行内容时，指导师首先要在广泛搜集与课程主题相关的素材的基础上，根据课程目标、指导师的经验或兴趣、学校意见等确定课程内容。然后，按照课程的实施顺序把课程的内容、方法、时间等有机地组织起来，搭建课程结构，编写课程大纲。

（五）设计研学旅行过程

研学旅行课程实施方案按照实施时间的顺序可分为：研学旅行前、研学旅行中和研学旅行后三个基本步骤。按照实施步骤和任务，这三个基本步骤可划分为五个基本环节，即研学准备，设置问题；研学导入，提出问题；研学新课，解决问题；研学总结，拓展问题；研学评价，反思问题。设计研学旅行过程，首先要细化研学旅行课程实施过程，从研学准备阶段开始吸引学生的注意力与兴趣，一直到研学旅行结束，再到研学旅行结束后的迁移、应用指导、服务提升等都要尽可能做到引人入胜。其次，要确定研学旅行顺序，设定研学活动程序，避免实施过程的随意性，解决"怎么规范化教"的问题。

（六）设计研学旅行实施方法

研学旅行课程教学实施方法是研学旅行课程设计的重点环节，主要包括研学旅行课程模式、研学旅行教学模式、研学旅行教学方法及其流程设计。研学旅行实施过程中，指导师应选择恰当的研学旅行课程模式，运用符合学生学习特点的教学模式和教学方法，让学生尽可能参与、融入研学旅行学习中来，解决"用什么方法教"的问题。

（七）设计研学旅行评价活动

为了检测学生的研学旅行学习效果，促进学生研学旅行学习，课程设计时要设计出针对性强、形式多样、生动活泼的评价活动。评价标准是研学旅行课程目标；评价对象包括指导师"导"的行为和学生"学"的行为；评价类型可分为诊断性评价、形成性评价、总结性评价；评价方法包括自我评价、同学互评、指导师评价、家长评价、基地评价、旅行社评价；评价目的是了解是否达到研学目标，从而确定"效果如何"。

（八）撰写研学旅行讲义

为避免研学旅行教学过程的随意性，保证研学旅行规范化、程序化实施，课程设计时要撰写研学旅行讲义，并将讲义或脚本内容制作成 PPT 课件，讲义中应包括研学内容、研学流程、研学方法、评价活动等。制作的 PPT 或视频，有使用条件或者必须使用 PPT 的研学旅行课程可以使用，没条件或者不宜使用 PPT 的研学旅行场所可以不用或者不制作。

（九）完善课程设计方案

优质的研学旅行课程方案设计都要经历个人设计方案、集体讨论方案、现场完善方案三个过程，要特别注意检验"设计研学目标"和"设计研学过程"这两个步骤，发现问题及时修改、补充、完善。

任务思考

研学旅行课程设计的基本要素有哪些？环节有哪些？

扫一扫，看答案

任务四 讲究课程设计的策略

任务导入

阅读材料，思考问题

考察琐园村研学基地，设计研学旅行课程

浙江省琐园村是第五批中国传统村落，古建筑群呈星象布局，是中国古代建筑的经典遗产，文化底蕴深厚，古村落的建筑，古朴典雅，雕梁画栋，巧夺天工，别具一格，充分体现出我国古时候建筑师的智慧与才华。江行游天下国际旅行社总经理孙莹莹老师打算把这里作为旅行社的一个研学旅行基地。

他们进行研学旅行课程设计时详细地考察了严氏宗祠、旌节牌坊、务本堂、怀德堂等明清建筑，以及建筑中红军草鞋的制作、铜钱八卦的编制、活字印刷术、磨豆腐制作技术、严了陵事迹、拓片技术、剪纸技术等课程内容项目；考察了进出口线路、学校行程单接待计划，然后走访了学校老师和部分学生代表，看看学生原有的知识结构和学生综合情况。同时考察走访了每个项目的专家一次能教授多少学生，房间能容纳多少学生，并做了一一试讲。譬如，只有一个剪纸的师傅，30平方米左右的研学场地只能容纳10个左右的学生，无法承载大型团队，就不能在此开展这个剪纸活动，也就不能准备这个研学旅行专题课程。假如有200人团队，而且接待计划中注明了研学剪纸技术课程，便可以在实地考察的基础上，把课堂设置在游客服务中心的广场上，同时建议另外聘请20名剪纸师傅传授剪纸文化。制作完剪纸以后再去里面轮流体验剪纸小屋。以上这些既要总体考察，又要具体勘查，不能有细节方面的遗漏。

案例思考

本案例中，孙莹莹老师采用了什么样的研学旅行课程设计策略？

项目1　研学旅行课程设计概论

研学旅行课程设计是一个系统、复杂的创意工作，除了掌握研学旅行课程设计要素和规范化流程之外，还要注重课程设计策略的研究，否则，面对琳琅满目的研学旅行资源，在研学内容的选择上将难以调整取舍，导致研学旅行目标不够明确、研学内容混乱，使课程的设计变得困难重重。结合当下国内的研学旅行教学现状，建议关注以下几种策略。

拓展视频：专家谈研学旅行课程设计策略

一、熟悉研学线路接待计划

研学旅行线路接待计划简称线路接待计划，也称"行程单"。研学旅行线路接待计划既是研学旅行机构根据学校与其签订的研学旅行合同（或协议）制定的研学旅行团在研学旅行线路中各研学旅行目的地的课程活动安排，又是学校委托有关研学旅行机构组织落实研学旅行团活动的契约性文件，同时也是指导师了解研学旅行团基本情况、安排当地研学旅行活动日程、进行研学旅行课程设计的主要依据。

很多指导师设计研学旅行课程时，往往是直接翻开研学旅行线路接待计划，找到自己将要执教的那一个专题课程内容，反复研读、查找资料、圈点勾画，陷入文本内容的汪洋大海之中，最后将自己准备的内容一字不落地灌输给学生。为避免这种填鸭式、灌输式的教学，科学地选择合适的研学内容，我们建议指导师采用"由上到下全面解读研学旅行线路接待计划"的策略，即拿到研学旅行线路接待计划后，首先阅读整个计划的线路行程，了解线路行程设置的理念，掌握线路行程主题；再仔细阅读线路行程方案，了解线路行程方案设置了哪些专题课程内容，每个专题课程想要达成什么样的学习目的；再看某个专题课程由哪几个研学点组成，这些研学点各自有什么特点；然后继续看看线路行程涉及几个研学旅行目的地，这些研学旅行目的地之间有什么关联；仔细阅读研学旅行手册，并查找相关材料；最后仔细阅读和分析研学反思和评价的设置。具体做法可以按照以下步骤进行。

《关于推进中小学生研学旅行的意见》

第一步，看研学旅行线路接待计划内容所在的学段及该学段的教学目标。如果使用的材料中，编写者没有明确地写出该学段的教学目标，可从研学旅行参考书中寻找。如果还没有，可参考《关于推进中小学生研学旅行的意见》《中小学综合实践活动课程指导纲要》《关于全面加强新时代大中小学劳动教育的意见》《大中小学劳动教育指导纲要（试行）》中的教学目标及指导师用书。

《中小学综合实践活动课程指导纲要》

第二步，看本次研学旅行线路接待计划所在的整个研学旅行课程体系中前后研学旅行线路接待计划的教学目标。看前后研学旅行线路接待计划教学目标的目的，主要是使指导师明白本次研学旅行线路接待计划从哪里来，然后又要到哪里去。该研学旅行线路接待计划应承接前一研学旅行线路接待计划的哪一个教学目标点，又可为后一研学旅行线路接待计划的教学储备一些怎样的知识与技能。研学旅行教学是一个渐进的过程，是在渐进中生长，扎根于过去而又指向未来。

第三步，看研学旅行线路接待计划由哪几个专题课程组成。尽可能地以自己对几个专题课程的理解及自己的研学旅行教学经验积累，在这几个专题课程之间建立起一个内在的研学旅行教学逻辑框架。

第四步，看某个专题课程由哪几个研学点组成，这些研学点各自有什么特点；然后再看看线路行程涉及几个研学旅行目的地，这些研学旅行目的地有什么关联。根据这些确定研学旅行内容体系、研学方式方法体系和实施流程体系。

第五步，结合研学旅行线路接待计划和教学目标，分析每个专题课程在本次研学旅行线路接待计划中应承担的教学任务及需实现的研学目标。

第六步，依据所确定的研学教学任务和目标，结合学生的需要、起点能力、学习能力、指导师的风格特点，再根据研学旅行资源情境，设定此专题课程的教学方法和教学模式。

第七步，从研学旅行线路接待计划选择出与教学目标相对应的教学内容，并逐步将所确定的教学内容细化成实现教学目标的、可操作性较强的教学活动。利用研学旅行线路接待计划后的"研学反思和评价"，验证所设定的教学目标及所选教学内容是否符合编者编选此专题课程的意图。

二、掌握学情调查方法

通过解读线路接待计划的策略选择好了教学内容以后，就要对选定的内容是否适合学生进行调查研究，这就是学情调查策略。学情调查的项目包括：学生是否来过这些基地？来过多少个研学点？研学知识内容是否早已掌握？掌握到什么程度？原来指导师用的是什么方式方法？原来没有掌握的那些内容和

项目1 研学旅行课程设计概论

课本有什么关联？这些项目不是指导师的主观臆想，也不是照本宣科，而是切切实实地进行调查研究，真正走入并了解参加研学旅行活动学生的真实状况，以便指导师有针对性地实施教学。实施学情调查策略可以采用以下具体办法。

（一）问卷法

问卷法是指导师在对学生回答的系列问题进行分析的过程中收集学情信息（包括学生研学前的知识储备、学习方法的积淀、对问题的独特看法、价值观和品德觉悟的提升等），以验证本次研学内容是否贴切、预设的研学目标是否基于学生已有的知识经验及认知水平，从而高效、高质地完成研学旅行任务的方法。

问卷法使用的关键在于编写系列适宜的问题。问题的编写应以了解学情、检验所选择的研学内容是否贴切、制定的研学目标是否适宜为目的。调查的内容不宜太过复杂，应围绕着本次研学旅行课程独有的教学价值进行取舍。譬如，可调查学生研学新课前已有的知识、能力和方法；对某些问题等所持的情感、态度和价值观；对研学旅行中基础知识、技能已掌握的情况；对研学旅行中某些研学点乃至对研学主题、思想的理解；对本次研学特色的分析和感知；对具体研学点文化艺术的品析鉴赏能力；提炼、整合研学旅行知识、技能的能力；研学中是否有问题意识，研学中是否有独特发现和独到见解等。

问卷法的问题编写目的不是对学生进行检测与评价，而是帮助指导师获取有益的研学旅行教学信息，以便依据所得的信息修改研学方案中所给出的课程设计的示例，以适合自己的教学风格及学生的认知倾向。

问题的类型与形式可多种多样，譬如，填空题、选择题、判断题、问答题等均可。题目以测查学生的学习能力、性格倾向、学习倾向、情感状态为主；了解学生知识储备、学习需要等的题目不宜过多，以避免造成学生与指导师的误解，认为学情调研是测试试卷的变形；问卷题目数量应以少于5个为宜；每个题目主要测查一个研学点，各题目间的研学点一般不要交叉和重复，并且尽可能按由易到难的层次排列，方便指导师选用。

（二）活动设计法

活动设计法以学生动手做为主，指导师借助学生在活动中的言语行为表现，确定其对研学新内容的情感状态及对研学新内容的认知水平。

譬如，桂林旅游学院指导师"抖研组"设计的"刘三姐来到桂林旅游学院"研学旅行课程，就要求学生为课题加一个副标题"一位_____的歌仙"。

田贵加的是"一位与时俱进的歌仙"、覃柳霞加的是"一位善良好学的歌仙"、廖洁加的是"一位为民谋福的歌仙"、韦尚修加的是"一位百家传颂的歌仙"、杨桓加的是"一位浪漫主义的歌仙"。这些标题看似简单，实际上是一个重新学习构思的活动，加副标题的过程就是重新整理刘三姐来桂林旅游学院思路的过程，也是自己形成刘三姐文化整体认知的过程。

这个例子告诉我们，研学旅行课程设计要考虑学生的参与度。我们认为活动的设计应遵循以下原则：首先是与既定研学内容和研学目标相适应，活动内容不可漫无边际，应主要参考研学内容和目标制定；其次是应便于师生互动，以帮助学生及时获得所需的学情信息；最后是简单易行，活动不应太复杂，避免占用太多的研学时间，喧宾夺主。

（三）访谈法

访谈法主要是采用当面交谈的形式从学生、指导师等处获取有效研学信息，以帮助改善研学旅行课程设计的重要方式。运用访谈法，首先要确定访谈对象，访谈对象既可以是已执教过此类研学旅行课程的指导师，也可以是已参加过此类研学旅行活动的学生，但主要的访谈对象应是即将参加本次研学旅行活动的学生。访谈法需要编写访谈提纲，访谈提纲应根据不同的访谈对象确定不同的问题。针对原来的指导师，可以访谈其认为的主要研学内容和研学重难点，研学旅行过程中学生出现的问题及可采用的教学方法、教学建议和忠告等。针对已参加过此类活动的学生的访谈，重在了解其研学后的知识、能力和价值情感的提升情况，以及研学旅行收获和学习中遇到的问题等。对于即将参加本次研学旅行活动的学生的访谈，访谈问题的编写可以参考问卷法的问题编写原则和角度，摸清学生研学前的基本情况。

案例参考

"刘三姐来到桂林旅游学院"研学旅行专题课程学情调查访谈法提纲
（片段）

（2）访谈已经参加过此类研学旅行活动的学生
①参加这个活动时，你觉得最有意思的部分是什么？
②研学后，你觉得最有收获的部分是什么？
③哪些研学内容是当时体验、探究或者参与过的？你觉得没必要开展的内容有哪些？是什么原因让你觉得这些没有必要开展？
④哪些内容是你觉得应该开展的，或你自己很想参加的？是什么原

项目1 研学旅行课程设计概论

因让你觉得这些部分有趣或有必要开展?

⑤这次研学旅行活动学习到的哪些知识对你学习其他学科有帮助?有什么帮助?

⑥如果有一位指导师将要组织参加这个研学旅行课程,你对这位指导师有什么期望?

⑦在开展这个研学旅行课程时,你喜欢指导师用什么样的方式和方法?

(3)访谈将要参加本次研学旅行活动的学生

①你在此之前是否知道刘三姐?如果知道,你能说出刘三姐的事迹吗?

②对这次研学旅行活动你有什么期待?期待学习些什么?期待怎样学习?

③你对桂林旅游学院有什么了解?关于桂林旅游学院,你还想了解一些什么?

④看"刘三姐来到桂林旅游学院"这个题目,你有什么感受?

⑤在研学前的准备中,你遇到了什么困难或疑惑吗?

⑥你喜欢指导师将来用什么样的方式和方法来开展这个活动?

⑦你会唱壮族的山歌吗?请说说你对它的已有认识或你自己的理解。

⑧你认为刘三姐来到桂林旅游学院的目的是什么?假如你是刘三姐,你来桂林旅游学院最想做的是什么?

⑨现在马上要参加研学旅行了,你对指导师有什么期望?

(广西经贸职业技术学院何莉莉老师供稿)

三、坚持生本化策略

所谓生本化就是以学生为本,以学生的发展为本,把研学旅行与学生的实际结合起来,在研学旅行过程中指导师要满足学生的自我需要,尊重学生的生命力,把对学生的关注扩展到研学旅行活动的每一个环节,让学生积极参与管理,成为管理主体。

研学旅行生本化课程设计是根据研学旅行规律和研学旅行资源特色要求,基于学生的现有知识水平、学习特点与需求,对研学活动的目标、内容、方式、学习情境、评价指导及整个教学过程所做的整体系统化策划和具体安排。研学旅行生本化课程设计重视学生的生命力、学生的发展力和研学旅行教学的应用价值，研学方式方法上注重启发式、探究式、讨论式、体验式、合作式，以此提高研学旅行教学质量和效益，实现可能条件下的研学旅行教学过程最优化。它的整个研学旅行教学过程是开放的、动态的和灵活的，即从研学旅行前的准备预设到研学旅行参与互动，再到研学旅行后的评价反思，整个过程都是动态变化的，每一个环节都是学生亲身参与的。

案例参考

"线装书（图1-2）的制作"生本化课程设计（片段）

图1-2 线装书展现了中华优秀传统文化的魅力，也是非常不错的研学旅行课程内容

（二）研学旅行过程活动生本化

研学旅行过程活动生本化，就是力求在线装书的制作过程中，每个环节都精心设置一些促使学生参与的研学旅行活动。

1. 技能培养

①小组合作让学生自主提出问题，自己解决问题；

②小组合作讨论提出问题，师生共同解决问题；

③学生讨论线装书的构成，讨论制作线装书使用的工具；

④师生分析线装书的制作，展示制作方法；

⑤指导师指导学生制作线装书，学生互助制作线装书。

2. 习惯培养

①学会发言。能清楚表达自己的观点，接受他人的意见并加以改正、补充。

②学会倾听。乐于倾听别人的意见，努力掌握别人发言的要点，对

别人的发言勇于做出评价。

③学会质疑。敢于提出不同的看法，表达个人观点，听不懂时请求对方再讲一次。

④学会组织。主持小组学习，能根据他人的观点，做总结性发言。

⑤学会担当。小组成员之间的职责要定期轮换，培养责任意识，体验多种角色，从而进行换位思考，有利于小组合作。

⑥学会参与。机会均等，要求人人参与，对发言多的进行次数限制，以便他人也有表达的机会，实现全员参与。

⑦学会点评。设计多方位的激励评价机制，采用学生自评、小组互评、生生互评、师生互评等方式，发挥先进、典型学生的示范效应，引导全体学生全方位地参与研学旅行评价过程。

上述课程设计最大特色就是尊重学生的生命力，全程引导学生积极参与。学生在每一个环节中，都需要观察、探究、思考、讨论。而指导师在这种设计中，则巧妙智慧地转换了角色，变成了研学旅行活动的设计者、组织者、实施者、评估者、指导者，而不是机械的传授者。

四、强调实地考察试讲

实地考察策略是指为了解研学旅行线路接待计划的真相，掌握研学旅行教学实施流程，开展好研学旅行课程设计活动，而去研学旅行基地进行直观的详细调查的策略。通过一定的方式对调查对象进行相关的接触与走访，获得第一手的准确资料，确保研学旅行课程设计的质量。开展实地考察，应注意以下流程。

（一）确立实地考察目的和任务

指导师根据教学内容，甄选考察对象，制定考察任务，明确考察目的，对研学旅行线路接待计划中提到的研学旅行基地、研学目的地、研学线路都要逐个考察，一一落实，不能遗漏。

（二）决定实地考察方法

开展实地考察时，要求在实地考察前，对实地考察项目做出完整规划，用最合理的成本、最合适的方法及最适当的时间来执行实地考察，进而获得最适用的课程设计信息资源。实地考察的方法包括走访法、问询法、观察法、实验法、查阅资料法、问卷法，以及研学旅行前的模拟训练法、说课法等。

（三）展开实地考察

设计者带着考察任务，有目的地对研学旅行基地进行实地考察，在考察过程中发现实际问题，运用实地考察的方法和途径去解决发现的问题。在实地考察时，要求考察人员在对研学旅行基地总体考察的基础上，重点考察有代表性的研学点。如果没有重点考察，总体考察就会显得浮泛；而光有个别的重点考察没有总体考察，印象便又会变得支离破碎。

（四）做好分析记录

在考察过程中，要随时对自己观察到的现象进行分析，努力把握住考察对象的特点。在考察过程中，对一些能够具体说明事物的材料要作必要的记录，说明要具有准确性。譬如，研学旅行基地餐厅一次能同时容纳多少人用餐，研学旅行基地宿舍能同时容纳多少人住宿，男女宿舍是否分开，劳动工具有几件，拓片制作模板数量多少，自己研学旅行团人数多少，这里的项目专家讲解的和其他专家讲解的是否一致，研学基地内容和中小学教材哪里有联系，每个研学点最恰当的研学旅行方式方法是什么，等等，这些问题都要一一记录在册。

（五）做好汇总汇报工作

当实地考察完成后，考察人员必须将所有收集来的资料，加以编辑、组织、分类、充实，编写课程设计方案、制作PPT，使考察资料变成可供研学旅行课程设计使用的资料。把不能用来开展研学旅行课程的项目、内容、方法、模式等向有关方面具体清楚地叙述汇报，并提出自己的修改意见或建议。

（六）实地试讲

根据考察结果和领导意见，及时修订课程设计方案，需要试讲课的内容，指导师则前往基地进行试讲，再次更正课程方案。

五、采用跨学科设计策略

中小学研学旅行课程涉及语文、数学、英语、科学、美术、物理、计算机、历史、化学、音乐、美术、思想品德等多个学科内容，超越了某一个学科

项目1 研学旅行课程设计概论

的知识范畴、研究范式,创造性地连接起某个主题的多学科内容并进行整合,开启的是一种创造性的活动、新的认知视野和新的问题解决智慧。研学旅行工作者把这些人类社会和自然界实践过程中积累起来的丰富的经验成果进行加工、整理和诠释,就形成了跨越其他任何单一学科的研学旅行专业知识。学生通过体验和探究的方式交叉渗透学习,将能够获得这些横跨不同学科的知识,对所学知识形成一个整体性和系统性的认知,从而开阔学生视野,培养创新创造能力,养成科学探究精神,增强团队合作意识,提升自身综合素质。

另外,研学旅行课程的内容涉及的这些学科的知识、理论和方法并非独立并行,而是处于交叉协同的状态,并且因为这些科目的交叉与协同产生出了新见解、新知识或新思维。单一学科的知识、内容与方法无法解决研学旅行所面临的复杂问题,都需要依托其他相关学科的知识、理论或方法加盟助力,协同支持,一起发力,最终让学生在研学旅行中遇到的问题迎刃而解。例如研学旅行主题线路方案"走进曲阜六艺城,探究儒家'六艺'文化",这里面涉及我国春秋时期官学开设的"六艺"课程,即礼、乐、射、御、书、数。在今天看来,"六艺"的内容涵盖语文、历史、体育、军事、数学、音乐、美术、物理等多门课程,因此研学旅行课程设计需要多科目共同发力,共同完成。

案例参考

"声音的传播"研学旅行主题线路方案(片段)

(五)研学材料准备

乐器(如鼓、吉他或口琴)、橡皮筋、没有削过的铅笔或类似小木棍、坚固的容器(如鞋盒或纸巾盒)、杯子、瓶子、纸巾、吸管、金属衣架、任何可能会发出有意思声响的东西、各种乐器的图片(选用)、弹簧玩具、装满水的碗、干净的空易拉罐、橡皮圈、透明胶带、绳索。

……

(七)课程内容及实施流程

(1)制造噪声。(学生大声叫喊、用力地跺脚、吹口哨、吹口琴,模仿猴子的尖叫声、狼的嚎叫、狗的狂吠等)。

(2)探索音乐背后的数学。了解音乐与数学之间的优雅联系。音乐的拍子和节奏其实与计算、序列和分数相关,音调和音量则与更高级的数学知识相关——反比关系和三角函数。

（3）探索声音是怎样传播的。拿出准备好的材料，让学生们尽情地进行各种实验。在探索声音的过程中，学生们应该随时将自己的发现记录下来。

（4）探索与讨论——波长与振幅。头脑风暴法、探究、实验、合作、讨论。

（5）声波的歌曲创作，用新学到的科学知识编成歌词，将写作与音乐结合起来，在音乐的启发下，为乐曲作词，等等。

（6）制造乐器，然后用自制的乐器演奏简单的旋律作为伴奏。

（7）STEM音乐会。主持人、评委。

上述案例从研学旅行材料教具的准备，到内容的设计，均涉及物理、音乐、语文、数学等学科知识，这样富有创意的跨学科活动设计与实践让学生们领略到"万花筒"般的认知新体验，在不同学科之间进行探索、制作、体验等，这种跨学科设计的策略对于学生核心素养的培养有十分重要的意义。

 任务思考

研学旅行课程设计应注意哪些策略？

扫一扫，看答案

 思政园地

做学生为学、为事、为人的大先生

【人物】2022年全国教书育人楷模

【故事】教师是人类灵魂的工程师，是人类文明的传承者，承载着传播知识、传播思想、传播真理，塑造灵魂、塑造生命、塑造新人的时代重任。不久前，中宣部、教育部公布2022年全国教书育人楷模名单，12位教师荣获表彰。他们有的深耕思政课堂、传播党的创新理论，有的勇攀科研高峰、取得显著成果，有的一辈子扎根基层、矢志奉献山区教育，有的创新思路方法、为孩子倾注大爱深情……他们充分展示了新时代教师队伍有理想信念、有道德情操、有扎实学识、有仁爱之心的良好精神风貌，是广大人民教师的优秀代表和杰出典范。

【点评】

  在哈尔滨工程大学，杨士莪被称为"一站到底的院士"，因为年过九旬的他，仍然奋战在教学科研第一线，并始终坚持站着给学生上课；"就算吃得千般苦，也要把孩子教出来"，江苏省南京市浦口区行知教育集团总校长杨瑞清坚守乡村41年，把村小发展成现代教育集团；"确保民勤不成为第二个罗布泊"，着眼国家需要，中国农业大学教授康绍忠怀抱着"荒漠变绿洲"的心愿，一干就是37年……翻开教书育人楷模的事迹，一个个动人的时刻、一句句真心的话语，汇聚成人们心中好老师的模样。

  "痴心一片终不悔，只为桃李竞相开。"在学生眼中，老师吐辞为经、举足为法，一言一行都给学生以极大影响。一个人遇到好老师是人生的幸运，一个学校拥有好老师是学校的光荣，一个民族源源不断涌现出好老师则是民族的希望。当前，我国各级各类学校共有专任教师1844.4万人，这支庞大的教师队伍不仅支撑起世界上最大规模的教育体系，更成为中华民族"梦之队"的筑梦人。教书育人楷模是教师队伍中的优秀代表，他们以昂扬的精神、忘我的工作、无私的奉献，浇灌教育田地，润泽学生心灵，展现了当代人民教师的高尚师德与责任担当，诠释了何为"太阳底下最崇高的职业"。

  教育是一门"仁而爱人"的事业，有爱才有责任。以人格魅力呵护学生心灵，以学术造诣开启学生智慧，把自己的温暖和情感倾注到每一个学生身上，才不负教师这一职业。"谁爱孩子，孩子就会爱她"，新疆生产建设兵团第二师铁门关市第一幼儿园教师孙怡从事幼儿教育22年来，用爱心呵护近千名孩子，温暖他们幼小的心灵；山西机电职业技术学院教授李粉霞被学生亲切地称为"霞姐"，她用无微不至的关爱给予学生温暖与力量，帮助他们"在职业学校找到梦想和希望"；"孩子的成长，就是我的成就"，上海市浦东新区特殊教育学校校长周美琴为特殊儿童"筑梦"，扶助千千万万特殊儿童成长……三尺讲台上，教书育人楷模们用实际行动践行坚持以人民为中心发展教育的重要要求。

  习近平总书记深刻指出："老师应该有言为士则、行为世范的自觉，不断提高自身道德修养，以模范行为影响和带动学生，做学生为学、为事、为人的大先生，成为被社会尊重的楷模，成为世人效法的榜样。"一支粉笔，三尺讲台，四季坚守。教师承担着最庄严、最神圣的使命，被寄予了"一个肩膀挑着学生的未来，一个肩膀挑着民族的未来"的期待。

期待更多教师学习楷模、争当楷模，更好担起学生健康成长指导者和引路人的责任，点亮孩子的梦想、托举民族的未来。（丁雅诵）

（资料来源：《人民日报》2022-11-02）

项目实训与提升

项目测验

扫描右侧二维码，开始做题吧。

综合实训

指导师运用学情调查访谈法设计《本地水资源污染调查探究》研学旅行专题课程，请罗列出《对已经参加过此类研学旅行活动的学生访谈提纲》《对将要参加本次研学旅行活动的学生访谈提纲》。

解题思路

项目 2

研学旅行课程主题设计

全国中小学生研学实践教育基地——洛阳博物馆

项目导读

研学旅行课程设计的第一个流程就是设计并确定研学旅行主题,这是开展研学旅行课程设计的最基础的环节。如何设计并确定研学旅行主题,这一项目有两个任务,即掌握课程主题选题的方法和命名的要求。

学习目标

掌握研学旅行课程主题选题的方法,掌握研学旅行课程主题命名的要求。

思维导图

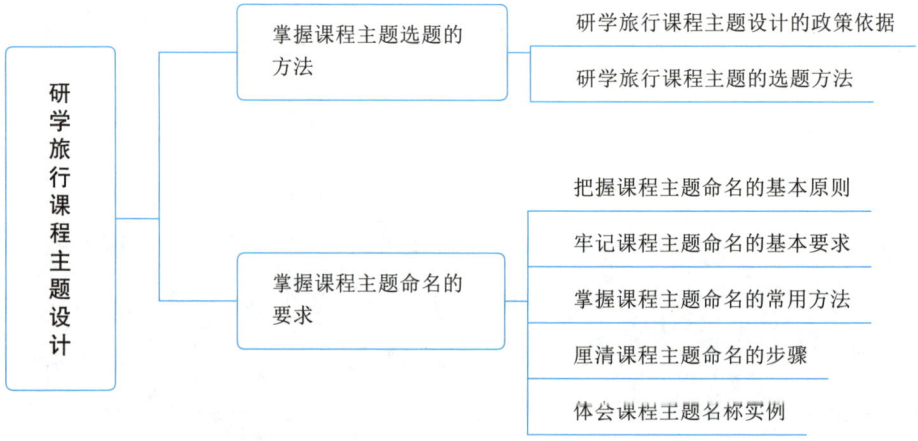

拓展视频:专家谈研学旅行课程主题设计

项目 2　研学旅行课程主题设计

任务一　掌握课程主题选题的方法

 **任务导入**

陕西西安听鉴艺术文化传播有限公司刘莉老师在设计"国际学生感知汉文化研学旅行主题线路"时，邀请基地、社区代表和中外学校师生参与讨论选题。首先引领大家学习讨论我国现阶段的教育方针和党的二十大报告文件，然后依托本区域丝路源点、张骞故里、三国历史背景、文化陕西、诗词长安等意蕴丰富的人文符号，以"学汉语、游汉中、探汉源、知中国"为主题，旨在打造中国文化输出的前沿阵地，让国际学生实地感知中国文化，学习中国文化，思考中国文化。该课程立足于中国文化"走出去"战略，以陕西理工大学、易源天汉坊、汉中知名景点景区、古镇村落、传统民居为实践教学点，面向在中国学习的外国留学生、全球孔子学院师生、海外汉语学习群体，为他们提供学习汉语、感受汉文化、了解中国社会的实践教学服务。

 **案例思考**

1. 你认为研学旅行课程主题设计的依据是什么？
2. 在本案例中，刘莉老师运用了哪些选题的方法来确定该主题线路方案？

 **任务实施**

一、研学旅行课程主题设计的政策依据

主题泛指主要内容，具有核心、焦点、主旨、重心、中心、要旨等内涵，

· 033 ·

研学旅行课程主题是研学旅行教育活动的主旨与核心。国家教育方针政策是课程主题设计的主要理论依据。

《中华人民共和国教育法（2021修正）》第五条规定，我国现阶段的教育方针是："教育必须为社会主义现代化建设服务、为人民服务，必须与生产劳动和社会实践相结合，培养德智体美劳全面发展的社会主义建设者和接班人。"这个方针以法律形式确定了下来，规定了我国未来教育的性质、方向、途径、目标及其规格，对我国研学旅行教育发展产生了重大而深远的影响。

研学旅行课程主题设计，最根本的是要全面贯彻党的教育方针，解决好培养什么人、怎样培养人、为谁培养人这个根本问题。课程主题的选择，要坚持马克思主义指导地位，贯彻习近平新时代中国特色社会主义思想，坚持社会主义办学方向，落实立德树人的根本任务。

研学旅行课程主题设计，要扎根中国大地，同生产劳动和社会实践相结合，坚持注重实践、注重劳动、注重生活实际，努力培养担当民族复兴大任的时代新人，培养德智体美劳全面发展的社会主义建设者和接班人。

二、研学旅行课程主题的选题方法

研学旅行课程主题选题方法主要有整合学科资源法、融合学校活动法、教育目标达成法、发掘社区资源法、运用社会热点法、生活与职业体验法、指导师经验提炼法、学生自主选题法八种。

（一）整合学科资源法

综合课程的优势在于能更有效地引起探究，有益于人的综合能力的培养，有利于人的多种智能的全面开发。研学旅行课程就是一门综合课程，面对各学科蕴含的培养学生素养的问题，通过一个主题将它们统整起来，并围绕这个主题组织、设计活动内容。

譬如，在《语文周报》组织的"跟着课本游燕赵"活动中，西柏坡、赵州桥、狼牙山五壮士、白洋淀、小兵张嘎、地道战等课本中出现的故事均可整合成为红色研学旅行主题。

需要注意的是，在整合时应打破现有的文本常规格局，围绕主题整合学科课程资源。课程主题应当体现综合性、开放性、多样性等特点，使学生不只是"学习"知识，更要"学会""学懂"，不仅要让其"知"和"智"，更重要的是促进其"德"和"能"的发展。

（二）融合学校活动法

2017年教育部颁布的《中小学德育工作指南》在实施途径和要求中指出："要精心设计、组织开展主题明确、内容丰富、形式多样、吸引力强的教育活动，以鲜明的价值导向引导学生，以积极向上的力量激励学生，促进学生形成良好的思想品德和行为习惯。"并建议开展节日纪念日活动和以植树节、劳动节等为主题的教育活动，研学旅行课程主题可以与这些校园德育主题有机结合起来。

案例参考

桂林某小学结合学校科学月活动，以"爱科学 我能行"为主题，充分发挥学校教育技术设备传播信息的优势，对科技教育资源进行开发、利用、管理，运用学校闭路电视系统、校园网络系统、广播系统、多功能厅等视听设备为学生播放科普电影；开放学校图书室、实验室、科技活动室、劳技室，让学生读一本科普书、做一个科学小实验、讲一个科学家的故事、做一件科技小作品，并邀请各级专家、学者进入学校指导本次科技活动。专家进入学校后编辑科普报刊，组织青少年进入科研院所、实验室和科普教育基地参观，组织学生与科学家座谈、交流，开展科学实践活动，认识和了解科学实验过程，撰写科学小论文。（桂林理工大学附属小学陆斌、桂林市惊蛰电商公司韦尚修供稿）

融合学校德育活动的方式不仅丰富了学校德育育人的新途径和纵深发展，也为研学旅行课程提供了丰富的主题，促使学生的德育工作得到进一步完善和发展。

（三）教育目标达成法

立德树人、学生发展核心素养等是对当前我国教育目标的精练描述。核心素养是一种跨界素养，学生核心素养的发展是多维度的，涉及人文、科学、生活、实践等多方面因素。培育学生的核心素养，无论是学校课堂教学还是社会实践活动，在实施过程中都需要设立明确的主题，或者围绕教育目标遴选研学旅行课程主题。

譬如，创设提高学生文化基础的主题，可通过设计专门的文化路线，包括参观博物馆、古城、古镇、历史遗址等具有深厚文化积淀的景点，让学生以史为鉴、以人为鉴，知兴替、明得失，在潜移默化中熏陶人文素养，汲取历史文化中的知识和智慧。

教育目标的达成是一个综合、实践的过程，弘扬爱国主义精神，既是研学旅行的核心使命，也是研学旅行的主题。尊重和传承中华民族悠久的历史和深厚的文化底蕴，是培育爱国主义情感、厚植家国情怀的重要条件。在以爱国主义为核心的研学旅行主题引领下，其要义可以是家国天下、人文特色、教育理想等。

譬如，由"水墨江南""古朴中原""丝路西安""巍巍齐鲁"等地的游览到"风雅江南探风骨""古朴中原寻历史""千年丝路忆汉唐""登顶泰山慕圣贤"的升华，主题的引领与构建、主题的聚焦与升华，勾勒出历史文化脉络，既关注人文历史，也观照现实当下，更关注人的发展。

（四）发掘社区资源法

社区资源是学生学习生活的场所，他们对社区既熟悉又陌生，熟悉是指天天接触，陌生是指对于身边的社区类型、运作及服务功能缺乏全面系统的了解。不仅仅是学生，指导师也一样面临这些问题。为此，指导师可以充分发挥和利用这些资源开展丰富多样的研学旅行课程，其主题也需要根据社区资源的特点进行选择和组织。

将区域特色文化有机融入活动教学，可以突出活动的教育目的和学生的成长指向，让学生在各种活动中感受文化魅力，在文化熏陶中提升人文素养。因地制宜发掘社区教育资源，是遴选课程主题的好方法。

譬如，介绍北京时我们通常会说它是中华人民共和国的首都，全国政治、文化、科技创新的中心，我们可以从中提炼出：祖国首都主题，包含天安门、人民英雄纪念碑、毛主席纪念堂、人民大会堂、中南海等研学地点；古城古迹传统文化主题，包含故宫、长城、北京人遗址、圆明园遗址（图2-1）等研学地点；

图2-1　北京圆明园遗址公园

项目2　研学旅行课程主题设计

建筑与民俗文化主题，包含南锣鼓巷、四合院等研学地点；文化场馆主题，包含中国国家博物馆、中国人民革命军事博物馆、国家图书馆等研学地点；大学主题，包含北大、清华、北航等研学地点；科技主题，包含国家科技馆、中关村等研学地点。

从红色教育基地、中华传统文化、古代著名工程、民居民俗、科普场馆、博物馆、艺术馆、非遗馆、传统农业和工矿企业、各类高校及科研院所、实验室等身边的社区资源中均可以遴选出合适的研学旅行课程主题，社区资源也是研学旅行课程的重要主题来源。

（五）运用社会热点法

研学旅行的一项重要内容是让学生感受祖国大好河山，感受日新月异的科技给人们生活带来的变化，从而增强学生的国家认同感。高速铁路刚刚运行时，可以及时选取和挖掘社会热点资源——乘坐高铁，感受祖国科技的飞速发展。此外，节能环保类的污水处理、垃圾分类与处理等研学主题；高科技农业类的农业物联网、基因育种、高科技植物保护、新型农用机械、温室蔬菜与花卉、农产品加工等研学主题；高科技工业类的机器人智能车间、无人车间、智能中药车间、高端装备制造车间、新能源工厂（如风力发电厂、地热发电厂等）等研学主题；新兴产业的无人机、AR、VR、数字工厂等研学主题；服务业的餐饮、旅店、家政服务等研学主题，都是社会热点。

研学旅行可以将文化熏陶与知识能力的发展有机结合起来，在实施过程中面向全体学生，遵循教育规律，注重知识性、科学性、文化性及趣味性，研学旅行让学生有机会走出教室、走进自然，在此过程中，指导师应精心设计、妥善安排，将自然文化、社会文化与学校文化融合起来，充分挖掘文化的内隐性和旅行的趣味性，让学生素养在轻松愉悦的文化氛围中得到发展，使学生可以感受、吸收社会热点和时代最新进展，亲身体验社会、时代对于人才的需要，以利于教育目标的实践达成。

（六）生活与职业体验法

生活本身丰富多彩，职业类型也多种多样。我们结合中小学职业生涯规划课程设置，将生活中的问题和职业类型有选择地设置为研学旅行课题，并选定适合的课程主题开展研学旅行活动。

譬如，某电视节目讲述了一名小学生的发明创造故事。一次性水杯放于桌面上时，经常因人们不小心而被碰倒，茶水四处流溢，既不卫生又常常会污染其他东西。有一次水杯被碰倒后，将这位小学生即将完成的家庭作业损坏了，于是他就发明了一个能将杯子固定于台面上的杯托。

（七）指导师经验提炼法

研学旅行主题设计过程中，不仅应当充分发挥学生的自主性，还要重视指导师的经历、爱好和特长。指导师在设计活动主题时，可以从个人的经验出发，并且与自身的兴趣和爱好相结合。使用含有指导师个人经验的主题时，指导师对于要开展活动的内容相对比较熟悉，同时由于指导师对自己和学生的知识、能力及兴趣方向等比较了解，这样设计出来的主题活动在实施时会更有保障。如果指导师能够结合业余爱好和兴趣设计活动主题，那么在开展活动时指导师将会更加积极、热情地投入活动之中，并且通过自己的热情激发学生的兴趣，使活动能够持续开展。同时从指导师兴趣出发指导学生开展活动，也有利于指导师发挥自身的特长和潜力，使活动的效果更加理想。

（八）学生自主选题法

研学旅行主题设计过程中，指导师也可以发动学生独立自主地发现和寻找问题，然后师生共同来筛选问题，把问题转化成活动主题。

指导师通过创设情境，激发学生的创造性思维，引导和启发学生从多方面发现和寻找研究课题，鼓励学生在自己所处的自然、社会和生活环境中留心观察、用心体会、细心辨析，探寻自己感兴趣的问题或课题，并将问题及时记录下来，再经过讨论转化为研学旅行的主题。譬如，学科教学所涉及的与实践有关或学生非常感兴趣且想进一步了解的内容，学生个人生活和学习中遇到的问题，学校、家庭、社区生活中学生感兴趣的现象，科技与社会热点问题等，都可以作为研学旅行课程主题来选择。对于自己选择的主题活动，学生参与的积极性和效果自然是不言而喻的。

课程主题的选题方法多种多样，这就需要指导师、学校、研学基地等机构或部门根据资源的实际情况和本部门、本单位的实际情况统筹考虑，选取可行性强、具有教育价值和意义的课程主题。

任务思考

研学旅行课程主题选题方法有哪些？

扫一扫，看答案

项目 2　研学旅行课程主题设计

任务二　掌握课程主题命名的要求

　**任务导入**

郑板桥说:"题高则诗高,题矮则诗矮,不可不慎也。"又有人说:"文题善,佳篇成一半。"这都是在强调标题、题目、名称的重要性。

研学旅行课程最先映入眼帘的是标题,也就是课程主题的名称。研学旅行课程名称的选取是一个"取名"过程,也是内容提炼过程。名称的选取一定要聚焦研学内容,要和研学旅行课程的设计息息相关。在名称设计和选取时要坚持内容为主,即"名副其实"。

案例思考

1. 课程主题命名的重要性表现在哪些方面?
2. 课程主题命名有哪些基本要求?

　**任务实施**

一、把握课程主题命名的基本原则

《说文解字》云:"题,额也。""标题"犹如一个人的额头,通常就是课程主题内容或中心的概括,占据着非常显著的位置。命名时需遵循以下基本原则。

(一)立德树人原则

研学旅行要始终落实立德树人的根本任务,倡导社会主义核心价值观;帮

· 039 ·

助学生了解国情、热爱祖国、开阔眼界、增长知识，提高社会责任感、创新精神和实践能力；让学生感受祖国大好河山、中华传统美德、革命光荣传统和改革开放的伟大成就；增强中华民族的"四个自信"。因此，课程主题命名时要把立德树人原则作为首要原则。

（二）教育性原则

课程主题的名字也就是课程标题，是对研学旅行整体内容的概括，对于研学旅行课程来说，标题是课程重要的一部分。教育性是研学旅行课程的内在要求，主题名称是研学旅行课程教育价值的外在呈现，课程主题的名称要突出教育性原则，实现课程主题教育目标。

譬如，"走进红色沂蒙"研学旅行主题线路，设计人把山东省临沂境内的红色研学目的地串联起来，将临沂孟良崮战役纪念地、沂蒙红色影视基地、华东革命烈士陵园、沂蒙精神展馆、山东省新华书店旧址、沂蒙母亲王换于纪念馆、八路军115师司令部旧址暨山东省政府成立纪念地、《沂蒙山小调》纪念地、中共中央山东分局旧址等红色文化圣地组合在一起，使教育与实践、知与行紧密结合，旨在让学生们了解红色经典，感知红色文化底蕴，吸收革命教育养分，开阔思想政治眼界，提升家国担当素养。通过临沂系列红色研学教育活动，让学生心灵感受一场盛大的红色文化洗涤，凸显红色革命教育主题。

（三）题文一致性原则

题文一致性是课程主题命名时最基本的要求，课程主题要准确地概括课程的核心内容、精神和本质，做到内容真实、观点准确、文字精确、题文一致。主题命名不仅要求文字简练、概念准确、语义清晰，还需要十分清楚地、直截了当地告诉学生课程的内涵与目标，而不是让学生去体会或猜测研学旅行课程内容。

譬如，"走进红色沂蒙——探寻先烈的足迹，接过革命的火炬"课程，主要体现的是红色革命传统教育主题。透过题目我们可以了解革命先辈为了民族独立和人民幸福所进行的艰苦卓绝的斗争，本次研学的目的在于传承革命精神，塑造民族精神，引导学生树立远大理想，也在于培养学生的自我认同和自我激励，这一题目充分彰显了民族革命精神和红色传承，充满感召力和号召力，用词方面也符合科学、规范的基本要求，研学旅行课程围绕这一主题组织素材、安排研学活动也就非常容易了。

项目2 研学旅行课程主题设计

（四）科学性原则

研学旅行的教育属性决定了课程主题命名时必须遵循科学性原则。所谓科学性，一方面是指用词科学，包括选用专业术语，选用已经证实的结论性结果，不能选用未经证实的假想的内容；另一方面是指表述要科学，包括语言陈述方式要符合学生的阅读习惯，陈述内容的思想导向要符合科学认知等。

（五）规范性原则

规范性原则主要是指主题名称用词规范，主题风格符合学生身心发展规范、符合学生综合素质培养的需要。主题名称的内涵应突出实践性，体现研学旅行活动的特征，反映时代的发展和科技的进步。

二、牢记课程主题命名的基本要求

准确规范、简洁醒目、新颖有趣、贴近实际是主题命名的四个基本要求。

（一）准确规范

（1）课程名称要内容准确，表述规范，"有其名必有其实，名为实之宾也"。

（2）课程名称的外延必须与正文一致，即要做到课程主题名称将研学旅行课程研究核心内容交代清楚，与研学目标相吻合。

（3）课程名称的内涵不能太大，也不能太小，要把研学的对象和内容准确地表述清楚。

譬如，"国学研学旅行课程之旅"就因为内涵过于宽泛而让人觉得不知所云。需要根据具体的国学内容要点遴选课程主题，进而准确表述课程名称，如果改为"跟着《论语》学习孔子的治学之道"就具体多了，可以让师生清楚地知道课程的意图与主要内容。

（4）课程名称不能用口号式、结论式、疑问式句型，而应以陈述式句型表述。

（5）课程名称表述不能含糊笼统，应尽可能突出主题的研学内容、研学对象、核心概念。

（6）课程名称不能出现并列式、对仗式词组，能不要的文字尽量删掉。

（二）简洁醒目

标题是一个"语句"，简洁是其显著特点。《现代汉语词典》对标题的解释是"标明文章、作品等内容的简短语句"。标题要做到简洁醒目，请注意以下几点：课程名称长度不要超过20字；课程名称要新颖独特，富有新意；课程名称宜简不宜繁，宜短不宜长，尽量避免概念化语言，多用形象化、具体化语言；课程名称表述方式要符合阅读习惯，避免晦涩的学究语言。

譬如，甄鸿启老师组织山东地理教师开发的"一山一水一圣人"研学旅行课程主题，非常简洁醒目地说出了研学地的三个特色——泰山、趵突泉、孔子，"一山一水一圣人"也符合人们的表述规范，内涵指向明确，无异议。

（三）新颖有趣

创新是推动事物发展的重要力量，新颖生动、不落俗套的事物往往更能引起学习兴趣。新颖让人难忘，但不能哗众取宠；有趣就有吸引力，但不能为了有趣而偏离研学目标。

譬如，文化和旅游部人才中心研学旅行指导师考评员王永君老师设计的"泰山——世界自然与文化双重遗产""泉城——四面荷花三面柳，一城山色半城湖"和"孔子——半部《论语》治天下，寻梦圣人越千年"3个主题线路方案，这3个主题线路标题的选取就做到了简练直接，新颖有趣，既体现了研学地的特色名片，同时又具有美感和内涵，会让学生产生想看下去、想去实地研学的欲望和冲动，从而起到了事半功倍的效果。

（四）贴近实际

课程名称要贴近学生的生活实际，适合学生的年龄特征。研学旅行课程在小学、中学都要开设，因此需要充分考虑到学生的年龄和身心特点，小学生适合趣味性、生活化的标题；初中生需要新颖、有挑战性的标题；高中生适合思考性强一些的标题。这就需要根据不同的学情和研学内容特点选择适合的标题。

案例参考

黄山研学头条胡磊老师在设计"跟着课本去研学——大运河博物馆研学旅行"课程时，就根据学生层级不同设置了不同的研学旅行主题。

小学阶段以"感乡情"为教育目标，以"博物馆中话漕运人脉"为

项目 2 研学旅行课程主题设计

主题，以"运河文物背后的故事""运河人家的生活"为重点，激发学生对运河文化的兴趣，促使学生感受运河民俗文化，了解大运河对社会生活的影响。

初中阶段以"悟市情"为研学目标，以"博物馆中寻漕运命脉"为主题，通过对北京地区大运河开凿历史、经济发展、科技进步的展示，学生可以了解大运河的经济动脉、历史科技文脉，体悟文化融合与交流。

高中阶段以"明国情"为研学目标，以"博物馆中探政治国脉"为主题，探究大运河与政治统一的关系。

三个学段的研学目标依次递进，研学内容呈现螺旋式跃进，关键是不同学段的课程主题本身就具有很好的教育价值和意义。

课程主题名字就像一个人的名字一样，应具有鲜明的个性和特色，一个好的主题名字就是一个好的研学旅行课程的开端，可以有效地引导师生进入研学情境，为开展研学活动奠定基础。

三、掌握课程主题命名的常用方法

研学旅行课程因其特有的体验性、研究性特点，主题的命名应该更加注重教育性和体验性。常用的命名方法主要有聚焦法、抽取法、创新法、"地点+"法等。

（一）聚焦法

教育部发布的《中小学综合实践活动课程指导纲要》推荐了 152 个活动主题。由于客观存在的城乡差异和学情差异，所推荐的主题都比较宽泛，具体到实际研学旅行课程主题，因其缺乏具体的研究对象，不具有直接作为课程主题的条件，如果参考这些主题，可以对某一主题进一步聚焦，使之具备可行性和具体化。

譬如，给 3~6 年级学生推荐的"节约调查与行动"可以聚焦节约某一种自然资源，如水资源、森林资源等，或者聚焦某一种学习用品，如生活用电、演算纸等；"巧手工艺坊"主题可以聚焦到某一种手工艺，如陶罐、剪纸等，给七至九年级推荐的"身边环境污染问题研究"可以聚焦某一种环境污染进行研究，如水污染、土地污染、光污染等；"探究营养与烹饪"可以聚焦为鸡蛋的营养与烹饪等。给 10~12 年级学生设计的"考察当地公共设施"可以聚焦为考察小区运动场的使用与合理化建议;"做农业科技宣传员"可以聚焦为农业良种科技说明及宣传推广;等等。

结合研学旅行课程实际,只需要根据研学旅行资源实际,进一步聚焦主题就可以作为研学旅行课程主题,是当前研学最为方便的一种主题遴选方式。

(二)抽取法

抽取法就是抽取研学旅行课程中的关键词作为标题,这是课程名称命名的常用方法,也是比较稳妥、有效的方法。

研学旅行课程主题分为单一研学旅行主题与综合研学旅行主题,命名时可以抽取不同的关键词作为主题名称。

譬如,长岛研学之旅设定的"观仙境海岸,探海蚀地貌"主题抽取的是自然地貌景观;南京研学之旅主题"探寻六朝古都,触摸历史沧桑"抽取的是历史文化研学内容;西双版纳研学主题"探秘多样生物,体验民族风情"抽取的是生物和民俗关键词。单一主题相对更容易提炼主题名称,综合主题则是并列的、相对独立的,不存在逻辑和先后顺序的关系,可根据实际开展活动的时间长短进行内容上的添加和删减。

(三)创新法

创新法是先对研学旅行课程内容进行提炼,再围绕研学主旨发挥想象和联想,以各种手法创新性地设计标题的方法。创新时可以融入文学构词法,也可以借用学科专业词汇,还可以运用辩证手法。譬如,黄河主题研学中使用的"行走地上河"的"走","探寻农业科技"的"寻",山西人文地理研学中"解密五台山"的"解密","多彩贵州之平塘探秘之旅"的"探秘",都凸显了学生的学习方式及过程,同时涵盖了研学旅行的主题内容。

(四)"地点+"法

研学旅行课程设计实践中还有地点+研学内容、地点+研学方式、地点+主题内容命名法等几种命名方法。

譬如,黄河三角洲研学旅行课程设计中的"领略湿地文化""探秘鸟类世界""探寻农业科技"的直观表述,都是对课程目标及内容的提升;再如,对古诗词歌赋的凝练引用或改编套用——滕王阁研学旅行课程引用的"落霞与孤鹜齐飞,秋水共长天一色"为课程主题名称,而甘肃丝路研学则根据研学点的线路改编王之涣的千年绝句为"黄河远上朔漠间",既凸显了研学主题,又展

项目 2　研学旅行课程主题设计

示了研学旅行线路；又如，风俗俚语也可以用在研学主题名称中，"不到长城非好汉"用来指明长城研学的目的地，"响鼓不需重锤""水高漫不过船"指的是科技研学方法等；还有"人说山西好风光""人人都说沂蒙山好"则是引自歌曲中的"地点＋内容"，从而成了响亮的研学旅行主题名称。

四、厘清课程主题命名的步骤

研学旅行课程方案是研学旅行活动的重要行动指南，直接决定着研学旅行课程线路的设计和研学资源的选择。研学旅行的主题、内容及环节设置，目的地选择，甚至人员配备、服务支撑等，均要以研学旅行课程方案为基础并在其指导下进行。一个好的主题会让研学旅行课程方案富有吸引力和导向性，命名的过程就是对研学课程内容的提炼过程。

（一）明确教育目标

教育目标是遴选课程内容、设计研学课程方案的依据，也是课程主题设计的首要考虑因素，有针对性地拟定教育目标是做好研学旅行工作的第一步。教育目标需要明确而具体，尽量保证可行性，不能大而全，过于空泛。譬如，结合学校德育教育目标开展的红色革命历史教育、劳动教育、感受中华传统美德教育等目标就较为明确。反之，诸如培养学生创新精神、实践能力，让学生热爱大自然等就相对空泛，不适合作为教育目标。

（二）遴选关键词

根据教育目标遴选研学内容、设计研学活动是为了突出研学旅行课程主题，为此需要从课程内容、活动组织方式等方面选取关键词，或者凝练主题内涵来进行创新，从而选取列入标题的相关内容。如果选用的是教育部推荐的活动主题，也需要针对推荐主题的聚焦内容提取关键词或者凝练研学内涵并加以创新。

（三）选择表述方式

如前所述的文学手法、对比手法、辩证法、抽取法等，都能让主题名称具有可读性，且充分体现课程的主旨及教育目标。

（四）锤炼标题文字

用压缩标题的内容、删除标题中多余的字词、改变标题的叙述方式、适当采用简称等方式反复推敲和锤炼标题，可以让课程主题变得准确、简洁、新颖，从而适合参与研学的学生和对象群体。

（五）确定课程主题名称

经过上述程序之后，就可以把拟定的课程主题名称交给研学旅行课程设计师资团队商议了，如无异议，便可确定下来。如有异议，再次根据以上步骤思考，直至被师资团队认可。

五、体会课程主题名称实例

研学旅行课程类型有很多种分法，这里依据教育部等11部门《关于推进中小学生研学旅行的意见》中的自然类、历史类、地理类、科技类、人文类、体验类等活动课程类型，推荐部分研学旅行课程主题并简要说明如下。

（一）自然类

研学旅行活动把校内课堂活动拓展到校外广阔的大自然和丰富的社会生活之中，把书本学习与对实际事物的研究相融合，把静坐的课堂与行走的课堂相结合，把旅行、学习与研究相衔接，体现了研学旅行活动的直观体验性、综合性、整合性和多元性，形成了实施的复杂性、灵活性与因地制宜性，也形成了分类标准的多重性。再加上我国自然环境地域差异较大，研学旅行主题名称也是五彩缤纷。

譬如，"泉城——四面荷花三面柳，一城山色半城湖"就结合了泉城济南的自然地域特色，并运用文学手法，突出济南的鲜明的自然风貌。

我们可以从地形地貌特征、动物植物种类、生态环境保护等方面去了解和感受自然环境，体会自然因素之间的联系，领会人与大自然的辩证关系，培养对大自然的热爱。这类研学旅行课程主题在命名时可以基于当地山水的自身特色，或者以大自然的神奇为切入点，还可以重点表现祖国河山的美丽壮阔，更可以突出"绿水青山就是金山银山"的科学发展理念，重点表现人与自然的和谐。

（二）历史类

中华文明绵延上下五千年，有着顽强的生命力、博大精深、灿烂辉煌、令人向往，是中华儿女的宝贵财富。这类研学旅行课程主题的命名可以侧重传统文化的厚重感，或者凸显传统文化的传承与发展，也可以以当地为人熟知的具有代表性的历史人物、历史事件来命名，或者奉行简洁明了的原则直接点题。

譬如，"北京记忆——穿越古都千年，寻根寻源寻自我"，历史厚重感迎面而来，研学主题鲜明而富有逻辑，穿越千年说的是历史，寻根寻源寻自我说的是研学目标，落脚在寻自我，充分展现了历史文化的研学价值和目标。"踏古寻美回眸千年——北京文化研学旅行课程方案"，侧重点是对北京的美的主题表达。我们可以看出，同一个研学点，主题表达不同，传递出来的研学目标也有很大的差异。

同样是北京历史文化研学，研学目标不同，主题名称也不同。北京中轴线已被正式列入中国世界文化遗产预备名单，以徒步研学方式，让学生用脚步丈量中轴线，体味京华历史文化厚度的主题研学旅行课程，通过进入胡同社区，对话"皇城根"下的生活实相，沿着"老胡同、老人、老故事"的脉络，让学生与非物质文化遗产传人一起，走街串巷，看老北京毛猴、品老北京糖葫芦、听老北京吆喝等活动形式的主题研学，以"京味京韵，龙脉中轴"为课程主题名称，凸显了围绕研学基地资源的主题凝练和内容开发（图2-2）。

图 2-2　北京记忆——穿越古都千年（北京前门大街）

红色革命文化类研学旅行课程可以让学生通过参观红色革命旅游景点，了解革命历史人物，进而了解中国近现代革命的历程，增强学生对国家的认同感，增强学生的"四个自信"，促进学生树立社会主义核心价值观。

（三）地理类

研学旅行课程与地理学科联系尤为密切，这不仅是因为地理学科有着丰富的研学旅行课程资源，同时也是因为地理学科本身就要求地理实践能力的培养，地理类是研学旅行课程中最为常见的研学旅行课程主题类型。

"武夷山自然地理环境整体性与垂直地域分布规律研学"和"烟台山功能

演变及地域文化保护主题研学"都是地理类研学旅行课程的主题命名。

（四）科技类

科技的发展已经渗透到人们生活的各个角落，大家每天都在享受着科技带来的便利。在研学活动中，可以让学生通过考察科技馆、天文馆、航空航天馆、现代工业和农业等，探究科技在人类社会发展各方面的应用，了解其工作原理，联系生活实际以加深印象。同时，可以组织学生进行国防知识学习探究，包括国防中应用的科学技术、军事训练方法等。"大国重器，中国底气——复兴号"，展现的就是我国高铁技术的发展。

（五）人文类

《汉书·王吉传》一书中有"百里不同风，千里不同俗"一说，中华大地幅员辽阔，中国共有23个省、5个自治区、4个直辖市、2个特别行政区，有56个民族、14亿中华儿女，风土人情千差万别，各地区都有着各自特色鲜明的民俗文化。此类研学旅行课程主题的命名可以结合各自民俗特点，重点突出文化传承与发展，亦可以用简练活泼的语言来表现对于当地文化的亲身体验。

譬如，"潍坊——潍水春光叙百家繁华，风筝年画述千年文化""西安——尝一碗凉皮美，听一曲秦腔妙""相约孔孟故里，践行君子之学——孔孟故里研学旅行课程方案""寻华夏根铸民族魂——陕西历史文化研学旅行课程方案"都是在凸显地方文化特色基础上的主题命名。

以"见没见过的人，做没做过的事，想没想过的梦"为发展目标的青少年研学旅行课程，以"读万卷书，行万里路，见万般人"为核心理念，将课程设置为基于文化寻根、重走成吉思汗之路、青春励志主题活动三大板块，以主题演讲、活动体验（The Color Run、千人多米诺航拍等）、文化行走为三大形式，让学生置身华夏沃土，驰骋辽阔草原，近距离聆听思想精华，绽放青春力量，溯源文化魅力。主题研学旅行课程名称取为"青春的舞曲·鄂尔多斯站"，既注重了青春主题，又以音乐篇章的形式串联起课程板块。

（六）体验类

体验类是当前研学旅行课程中最受欢迎的一类，包括社会生活体验、体能拓展训练、职业体验等类型。

社会生活体验主题需要学生深入社会生活中进行学习和探究，到社会中去，了解不同的社会分工，就交通、卫生、饮食、就业情况等进行考察，以增强社会角色体验，体会每种社会角色的重要性，培养社会责任感。这类研学旅行课程主题的命名要体现某种社会角色不同的社会使命，如"不怕火情不怕危险　我是小小消防员"。

体能拓展训练主题主要是增强学生的体能。我们要培养的是"德、智、体、美、劳"全面发展的人才，其中"体"不可忽视。针对学生体能提高开展的研学旅行活动，可以带领学生到野外去，在保障安全的基础上训练学生体能，让学生掌握一些地理知识、急救护理知识，培养学生在恶劣环境下的生存能力，锻炼他们的意志品质。这类研学旅行课程在命名时要注意激励学生挖掘自身潜能、团结同学同伴的原则，如"我自信，我出色，我拼搏，我成功""肩并肩挑战极限，手拉手共创佳绩"就是很好的主题。

职业体验主题主要通过参观一些机构来了解社会机构的功能及这个机构中工作人员的职业性能，从而加深学生对各类职业的认识和社会的了解，满足学生对职业的好奇心，提高学生的职业生涯发展规划的实效性。这类活动在我国开展得较少，随着高中生职业生涯发展规划课程的实施，这类活动是今后研学旅行的热点。

中小学综合实践活动推荐主题汇总

我们常说"工夫在诗外"，研学旅行课程主题的命名更是如此，一个好的课程主题还需要一个好的主题名称来呈现。最关键的还是研学旅行课程主题的选定与明确。

 **任务思考**

研学旅行课程主题命名有哪些要求？

扫一扫，看答案

 **思政园地**

2023年全国教书育人楷模名单公布

人民网北京2023年8月31日电（记者郝孟佳、李昉）

今天上午，教育部召开新闻发布会，公布2023年全国教书育人楷模有关情况，今年全国共评选出12位教书育人楷模。名单如下：

天津市滨海新区塘沽第一职业中等专业学校教师翟津，河北工业职业技术大学教授刘少坤，东北师范大学教授史宁中，浙江省杭州第二中学校长、教师蔡小雄，福建省漳州市实验小学党委书记、教师兰臻，江西中医药大学教授刘红宁，山东省淄博市汇英幼儿园教师韩冰川，河南省洛阳市栾川县特殊教育学校校长、教师吴拥军，云南省曲靖市第二小学校长、教师李青霖，西藏自治区林芝市米林市中学校长、教师德吉卓嘎，兰州大学教授任继周，宁夏职业技术学院研究员许斌。

（资料来源：人民网）

项目实训与提升

项目测验

扫描右侧二维码，开始做题吧。

随堂测验

综合实训

阅读材料：

2020年3月20日，《人民日报》发表题为"全面贯彻党的教育方针 大力加强新时代劳动教育"的文章，指出：当前，社会上还存在着轻视劳动，特别是看不起普通劳动者的不良倾向。从根本上讲，劳动教育就是要在全社会创造浓厚的劳动文化，激发青少年学生热爱劳动的内生动力，教育引导他们学会劳动、学会勤俭、学会感恩、学会助人，立志成长为德智体美劳全面发展的社会主义建设者和接班人。学校是传承中国特色社会主义文化的重要阵地，教育部门要走在学习、宣传、传承劳动文化的前列，结合植树节、学雷锋纪念日、五一劳动节、农民丰收节、志愿者日等，开展丰富多彩的劳动主题教育，培育崇尚劳动的校风、教风和学风；要积极协调新闻媒体大力传播劳动光荣、创造伟大的思想，大力宣传劳动教育先进学校和先进个人，让"四个最"的劳动价值观深入人心。

请根据上述材料，分别给五年级学生、初二学生拟定一份关于劳动教育的研学旅行课程主题名称。

解题思路

项目 3

研学旅行课程目标设计

全国中小学生研学实践教育基地——孙中山故居纪念馆

项目导读

课程目标设计在研学旅行课程方案中十分重要，判断一个活动方案是不是研学旅行方案，首先要判断课程目标是否正确，因此课程目标设计是研学旅行课程设计的重点项目。本项目分为三个任务，主要论述研学旅行课程目标设计的理论依据、基本原则、方式步骤，其中，设计理论依据是课程目标设计的基础，基本原则是课程目标设计应遵循的原则，课程目标设计方式和步骤是本项目的重点内容。

学习目标

掌握课程目标设计的国家政策依据；掌握我国学校教学课程目标设计中的核心素养目标、综合素质目标、劳动教育目标的含义及其内容；掌握课程目标设计的基本原则；掌握课程目标设计的方式和步骤。

思维导图

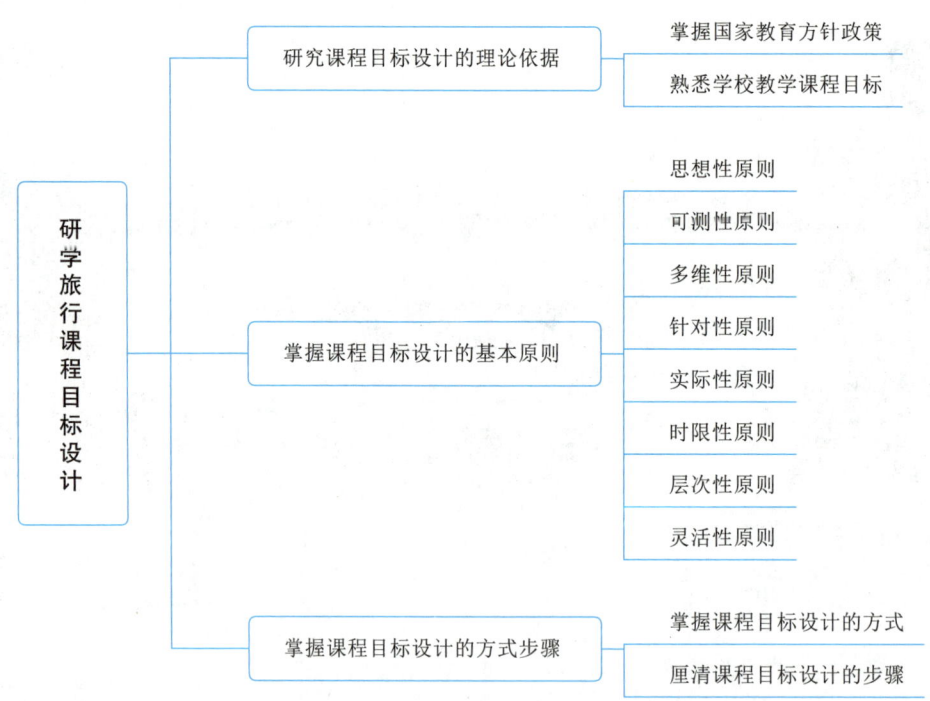

项目3　研学旅行课程目标设计

任务一　研究课程目标设计的理论依据

 **任务导入**

2022年10月16日，习近平总书记在中国共产党第二十次全国代表大会上作报告时指出，教育是国之大计、党之大计。培养什么人、怎样培养人、为谁培养人是教育的根本问题。育人的根本在于立德。全面贯彻党的教育方针，落实立德树人根本任务，培养德智体美劳全面发展的社会主义建设者和接班人。

 **案例思考**

1. 党的教育方针是什么？教育目标是什么？
2. 党的教育目标同研学旅行课程目标有什么关系？

 **任务实施**

研学旅行课程目标是在课程设计与开发过程中，研学旅行课程本身要实现的具体要求，它指的是期望一定阶段的学生在德、智、体、美、劳等方面应达到的程度。课程目标具有重要的导向性和引领指导价值，既是落实立德树人、培养人才的根本任务，也是对研学旅行课程开发、实施和评价提出的总体性质量要求，可以引领研学旅行课程开发和实施的方向，是课程内容、课程实施、课程评价的重要参考标准。在设计研学旅行课程目标时我们务必精准掌握国家方针政策和学校教学课程目标。

一、掌握国家教育方针政策

研学旅行是有意组织的活动,需要有明确的目标和计划。国家陆续出台的一系列相关研学旅行的政策性文件,都对研学旅行课程目标提出了相应的要求。

2014年8月9日,国务院发布《关于促进旅游业改革发展的若干意见》(国发〔2014〕31号),明确提出按照全面实施素质教育的要求,将研学旅行、夏令营、冬令营等作为青少年爱国主义和革命传统教育、国情教育的重要载体,纳入中小学生日常德育、美育、体育教育范畴,增进学生对自然和社会的认识,培养其社会责任感和实践能力。

2016年3月18日,教育部基础教育一司发布《关于做好全国中小学研学旅行实验区工作的通知》(基一司函〔2016〕14号)提出,研学旅行应当拥有培养中小学生的创新精神和实践能力的目标。

《关于做好全国中小学研学旅行实验区工作的通知》

2016年11月30日,教育部等11部门发布《关于推进中小学生研学旅行的意见》(教基一〔2016〕8号),提出研学旅行应当拥有立德树人、培养人才的目标。应当让广大中小学生在研学旅行中感受祖国大好河山,感受中华传统美德,感受革命光荣历史,感受改革开放伟大成就,增强对坚定"四个自信"的理解与认同;同时学会动手动脑,学会生存生活,学会做人做事,促进身心健康、体魄强健、意志坚强,促进形成正确的世界观、人生观、价值观,培养他们成为德智体美全面发展的社会主义建设者和接班人。

2017年7月17日,教育部办公厅发布《关于开展2017年度中央专项彩票公益金支持中小学生研学实践教育项目推荐工作的通知》(教基厅函〔2017〕25号),指出着力提高中小学生的社会责任感、创新精神和实践能力。

2017年9月,教育部发布《中小学德育工作指南》,指出开展各类主题实践、劳动实践、研学旅行、志愿服务等,增强学生的社会责任感、创新精神和实践能力。研学旅行既是实践育人的重要途径,也是立德树人的有效方式。

《关于开展2017年度中央专项彩票公益金支持中小学生研学实践教育项目推荐工作的通知》

2017年9月25日,教育部发布《中小学综合实践活动课程指导纲要》(教材〔2017〕4号),指出综合实践活动课程目标以培养学生综合素质为导向,强调学生综合运用各学科知识,认识、分析和解决现实问题，提升综合素质，着力发展核心素养，特别是社会责任感、创新精神和实践能力，以适应快速变化的社会生活、职业世界和个人自主发展的需要，迎接信息时代和知识社会的挑战。

2017年12月6日，教育部办公厅发布《关于公布第一批全国中小学生研学实践教育基地、营地名单的通知》（教基厅函〔2017〕50号），指出各省级教育行政部门要指导各地各校充分利用研学实践教育基地、营地，组织开展丰富多彩的研学实践教育活动，提高小学生的社会责任感、创新和实践能力。

《关于公布第一批全国中小学生研学实践教育基地、营地名单的通知》

2020年3月20日，中共中央、国务院颁布《关于全面加强新时代大中小学劳动教育的意见》，明确了劳动教育的总体目标，强调劳动教育是中国特色社会主义教育制度的重要内容，要全面贯彻党的教育方针，坚持立德树人，把劳动教育纳入人才培养全过程，贯通大中小学各学段，贯穿家庭、学校、社会各方面，把握育人导向，遵循教育规律，创新体制机制，注重教育实效，实现知行合一，促进学生形成正确的世界观、人生观、价值观。

2022年10月16日，习近平总书记在中国共产党第二十次全国代表大会上作报告时指出，教育是国之大计、党之大计。培养什么人、怎样培养人、为谁培养人是教育的根本问题。育人的根本在于立德。全面贯彻党的教育方针，落实立德树人根本任务，培养德智体美劳全面发展的社会主义建设者和接班人。总书记的重要讲话明确提出了新时代我国社会主义教育事业的总方向和根本方针，为办好新时代中国特色社会主义教育指明了方向、提供了根本遵循，同时也为研学旅行课程目标设计提供了根本依据。

二、熟悉学校教学课程目标

目前我国学校教学课程目标设计主要有三维目标、核心素养目标、综合素质目标、劳动教育目标。

（一）三维目标

1. 基本内容

三维目标是指对学生进行教育过程中教师应该达到的三个目标，即知识与技能、过程与方法和情感态度价值观。

2001年，教育部印发的《基础教育课程改革纲要（试行）》中明确指出基础教育课程改革的 6 个具体目标，其中一个是改变课程目标。"改变课程过于注重知识传授的倾向，强调形成积极主动的学习态度，使获得基础知识与基本技能的过程同时成为学会学习和形成正确价值观的过程。"新课程改革从全面发展、以人为本的理念出发，提出三位一体的课程改革方案，即从"知识与技能""过程与方法""情感态度与价值观"三个维度对课程目标进行建构。

三维目标作为新的课程理念，主张课程回归真正的知识。它的提出，改变课程过于注重知识传授的倾向，强调形成积极主动的学习态度，使获得基础知识与基本技能的过程同时成为学生学会学习和形成正确价值观的过程。

2. 对研学旅行课程目标设计的影响

三维目标为研学旅行课程目标的维度设计提供了借鉴和参考。三维目标旨在促进人的全面发展，所以原来的中小学课程目标主要按照知识与技能、过程与方法、情感态度与价值观三个方面来设置。这种设置清晰、明确，便于逐一落实。但是这种三维目标在实施的过程中往往人为地割裂了彼此之间的关系；三个方面机械照搬，同时发力，平均对待；教学时顾此失彼，应付了事。只强调三维目标，缺乏其他素养本质的培养，存在着一些不利于核心素养全面提升的弊端和遗憾。因此，在研学旅行课程目标设计时，应当与核心素养目标、综合素质目标、劳动教育目标统筹考虑，以促进学生的全面发展，真正提高学生的核心素养。

有一个明确的研学旅行课程目标才能保证这个课程的有效落实。如果指导师习惯了三维目标这种设计方式的话，我们认为一个好的研学旅行课程目标设计，不应该只有原来的三个方面，而应该有四个方面，也可以叫作四维目标。第一是知识性目标，第二是能力性目标，第三是情感、态度价值观目标，第四是核心素养目标，这在教育部等 11 部门《关于推进中小学生研学旅行的意见》之中有着明确的规定（表 3-1）。

表 3-1 四维目标的具体领域和内容

维度	目标领域	具体内容
一	知识性目标	
二	能力性目标	
三	情感、态度价值观目标	
四	核心素养目标	

（二）核心素养目标

1. 基本内容

学生发展核心素养主要指学生应具备的，能够适应终身发展和社会发展需要的必备品格和关键能力（图3-1）。

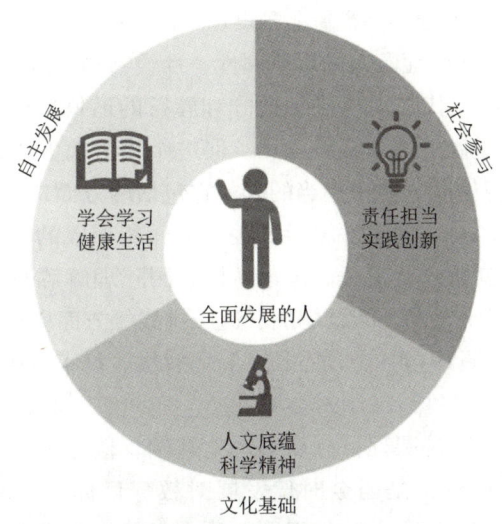

图 3-1　学生发展核心素养

我国学生核心素养培养以"全面发展的人"为核心，其框架由文化基础、自主发展、社会参与三个方面构成，综合表现为人文底蕴、科学精神、学会学习、健康生活、责任担当、实践创新六大素养，具体细化为国家认同等十八个基本要点。

（1）文化基础。文化是人存在的根和魂。文化基础，重在强调能习得人文、科学等各领域的知识和技能，掌握和运用人类优秀智慧成果，涵养内在精神，追求真善美的统一，发展成为有宽厚文化基础、有更高精神追求的人。它包括两个素养：①人文底蕴。主要是学生在学习、理解、运用人文领域知识和技能等方面所形成的基本能力、情感态度和价值取向，具体包括人文积淀、人文情怀和审美情趣等基本要点。②科学精神。主要是学生在学习、理解、运用科学知识和技能等方面所形成的价值标准、思维方式和行为表现，具体包括理性思维、批判质疑、勇于探究等基本要点。

（2）自主发展。自主性是人作为主体的根本属性。自主发展，重在强调能有效管理自己的学习和生活，认识和

《普通高中语文课程标准（2017年版2020年修订）》（节选）

发现自我价值，发掘自身潜力，有效应对复杂多变的环境，成就出彩人生，发展成为有明确人生方向、有生活品质的人。它包括两个素养：①学会学习。主要是学生在学习意识形成、学习方式方法选择、学习进程评估调控等方面的综合表现，具体包括乐学善学、勤于反思、信息意识等基本要点。②健康生活。主要是学生在认识自我、发展身心、规划人生等方面的综合表现，具体包括珍爱生命、健全人格、自我管理等基本要点。

（3）社会参与。社会性是人的本质属性。社会参与，重在强调能处理好自我与社会的关系，养成现代公民所必须遵守和履行的道德准则和行为规范，增强社会责任感，提升创新精神和实践能力，促进个人价值实现，推动社会发展进步，发展成为有理想信念、敢于担当的人。它包括两方面素养：①责任担当。主要是学生在处理与社会、国家、国际等关系方面所形成的情感态度、价值取向和行为方式，具体包括社会责任、国家认同、国际理解等基本要点。②实践创新。主要是学生在日常活动、问题解决、适应挑战等方面所形成的实践能力、创新意识和行为表现，具体包括劳动意识、问题解决、技术应用等基本要点。

2. 对研学旅行课程目标设计的影响

（1）核心素养目标是课程目标新的理论基础。核心素养的提出成为当前教育领域的一个热门话题，是当今时代发展对教育目标的重新定位，从根本上回答了"立什么德、育什么人"的问题。核心素养是关于学生知识、技能、情感、态度、价值观等多方面要求的综合表现，是每一名学生获得成功生活、适应个人终身发展和社会发展所需要的、不可或缺的共同素养。核心素养框架体系为研学旅行课程目标设计提供了新的理论基础，研学旅行课程目标的设计应当融入核心素养。

（2）促进人的全面发展。核心素养分为文化基础、自主发展、社会参与三个方面，综合表现为人文底蕴、科学精神、学会学习、健康生活、责任担当、实践创新六大素养，具体细化为国家认同、理性思维等十八个基本要点，其核心是培养"全面发展的人"。研学旅行课程很好地契合了核心素养中的六大素养，是落实核心素养培养的具体方法，其课程目标设计的出发点是促进学生的全面发展，所以核心素养目标的落实也融入了研学旅行课程目标设计之中。

义务教育课程方案
（2022年版）

（三）综合素质目标

1. 基本内容

2017年9月教育部颁发《中小学综合实践活动课程指导纲要》（以下简称

《纲要》),明确规定了综合实践活动的课程总目标,即学生能从个体生活、社会生活及与大自然的接触中获得丰富的实践经验,形成并逐步提升对自然、社会和自我之内在联系的整体认识,具有价值体认、责任担当、问题解决、创意物化等方面的意识和能力。因此,在综合实践活动课程提出总目标的基础上,具体又分为价值体认、责任担当、问题解决、创意物化四方面内容,并对小学、初中、高中三个学段分别提出具体的学段目标。

2. 对研学旅行课程目标设计的影响

研学旅行作为综合实践活动课程的组成部分,《纲要》对综合实践活动课程目标的规定,是研学旅行课程目标编写的主要依据。

(1)综合素质目标为研学旅行课程目标维度的确定提供了依据。综合实践活动课程目标中的价值体认、责任担当、问题解决、创意物化四个维度和研学旅行课程目标有着密切的关系,为其课程目标维度的确定提供了依据。

(2)综合素质目标为研学旅行课程目标的具体陈述提供了参考。综合实践活动课程目标的陈述内容和研学旅行有很多相似之处。例如,《纲要》对价值体认方面的目标表述是:通过亲历、参与少先队活动、场馆活动和主题教育活动,参观爱国主义教育基地等,获得有积极意义的价值体验。理解并遵守公共空间的基本行为规范,初步形成集体思想、组织观念,培养对中国共产党的朴素感情,为自己是中国人感到自豪。研学旅行课程和综合实践活动课程除了活动方式有差异外,在基本行为规范、集体思想、组织观念、爱党爱国情感等方面都是相通的。因此,综合实践活动课程目标为研学旅行课程目标在内容陈述上提供了参考。

有的指导师在设计研学旅行专题课程时,根据总目标和学段目标,结合具体的课程资源,直接套用综合素质四个目标模式,将其变成专题课程目标,这也是一种有效、快捷的编写方法。譬如,"煤海探秘·我是煤矿小工人"课程设计中,就采纳了这种设计方法。

案例参考:"煤海探秘·我是煤矿小工人"课程设计(片段)

(四)劳动教育目标

1. 基本内容

2020年7月7日教育部颁发《大中小学劳动教育指导纲要(试行)》明确指出劳动教育的总体目标。

准确把握社会主义建设者和接班人的劳动精神面貌、劳动价值取向和劳动技能水平的培养要求,全面提高学生劳动素养,使学生:

(1)树立正确的劳动观念。正确理解劳动是人类发展和社会进步的根本力量，认识劳动创造人、创造价值、创造财富、创造美好生活的道理，尊重劳动，尊重普通劳动者，牢固树立劳动最光荣、劳动最崇高、劳动最伟大、劳动最美丽的思想观念。

（2）具有必备的劳动能力。掌握基本的劳动知识和技能，正确使用常见劳动工具，增强体力、智力和创造力，具备完成一定劳动任务所需要的设计、操作能力及团队合作能力。

（3）培育积极的劳动精神。领会"幸福是奋斗出来的"内涵与意义，继承中华民族勤俭节约、敬业奉献的优良传统，弘扬开拓创新、砥砺奋进的时代精神。

（4）养成良好的劳动习惯和品质。能够自觉自愿、认真负责、安全规范、坚持不懈地参与劳动，形成诚实守信、吃苦耐劳的品质。珍惜劳动成果，养成良好的消费习惯，杜绝浪费。

2. 对研学旅行课程目标设计的影响

（1）劳动教育目标是研学旅行活动中劳动教育课程目标设计的基本依据。劳动教育目标四维理论即"树立正确的劳动观念""具有必备的劳动能力""培育积极的劳动精神""养成良好的劳动习惯和品质"对我国目前的研学旅行劳动教育课程改革必将产生重大影响，是我国各级各类劳动教育课程目标设计最重要的理论依据。

（2）劳动教育目标四维理论是指导研学旅行活动中劳动教育课程目标设计的重要依据。劳动教育目标在促进人的全面发展情况下，通常情况下研学旅行活动中劳动教育课程目标可以直接按照四维目标来设计。

（3）劳动教育目标四维理论为研学旅行课程目标的设计指明了方向。劳动教育目标四维理论中的"树立正确的劳动观念""培育积极的劳动精神""养成良好的劳动习惯和品质"三方面是思想品德和政治觉悟目标，"具有必备的劳动能力"是知识技能目标，因此，劳动教育目标中最重要的是思想品德和政治觉悟目标。

任务思考

举例说明《中小学综合实践活动课程指导纲要》对研学旅行课程目标设计有哪些影响。

扫一扫，看答案

项目3 研学旅行课程目标设计

任务二 掌握课程目标设计的基本原则

 任务导入

广东某旅行社公众号发布中国天眼（贵州）5天研学旅行活动方案，介绍了丹寨非物质文化遗产——石桥古法造纸体验的课程方案，摘要如下：

丹寨非物质文化遗产——石桥古法造纸体验（片段）

【研学背景】

石桥古法造纸，传承地位于贵州省黔东南州丹寨县南皋乡石桥村。由于其制作方法完全传承自古代手工纸，故又称"石桥古法造纸"，其纸品又称"石桥古纸"，已被列入国家级非物质文化遗产保护名录，被称为古法造纸的活化石。走进这个苗家村寨，几乎家家都有古法造纸的作坊，石头砌的大水池，用脚踩捣构皮树的对凹，用于烘干纸的热土炕，制作纸浆的木框槽。在这里，我们可以亲身体验古法造纸工艺及其带来的乐趣。

【研学任务】

（1）古法造纸有哪些工序（列举）；

（2）拍摄苗族老匠人造纸照片，并指出照片中老匠人的操作属于什么工序；

（3）亲身体验古法造纸，并把造出的纸发至朋友圈，描写自己造纸的感受。

【研学目标】

（1）了解古法造纸的历史及其工序；

（2）了解传承古法造纸技艺带来的积极意义。

【课时安排】

07：00—08：00 早餐。

10：00—12：00 了解古法造纸的历史及其工序。

12：00—13：00 午餐。

14：00—17：30 造纸知识交流。

18：00—19：00 晚餐。

19：30—21：00 总结一天的研学项目，写研学日记。

案例思考

1. 案例中的研学目标设计存在什么问题？
2. 结合案例"课时安排"中的内容和方法，你认为本研学目标设计违背了什么原则？

任务实施

研学旅行课程目标的设计必须遵循以下八个基本原则。

一、思想性原则

研学旅行以立德树人、培养人才为根本目的。指导师是从事立德树人工作的教育工作者，最终目的是培养新时代中国特色社会主义新人。因此，研学旅行课程目标设计必须突出政治特性，强调立德树人目标，才能实现教书育人的目的。

二、可测性原则

可测性原则是指我们在陈述课程目标时，应力求目标准确、具体、表述清晰，体现目标的可操作性和可检测性。课程目标的表述要详细规定学生所要达到的发展水平，有明确的数据或可观测的表现，并使之具体化，便于指导师、学生和研学旅行活动各方管理者检测是否达成目标。要避免目标含混不清和不切实际，否则难以理解和把握，在研学旅行教学中无法执行。

三、多维性原则

多维性原则力求使学生获得全面发展，体现目标的多维性。知识与技能的传授并非研学旅行教学的唯一任务，甚至有时都不是主要目标，还需要注重研学旅行过程与方法的设计，更要有核心素养提升的内容。每一位指导师，无论任教哪个专题课程，在每一次的研学旅行课堂上都必须思考学生的全面发展问题。

四、针对性原则

课程目标设计不应是固定的、公式化的，维度顺序也不应是一成不变的，而应相对精准地体现研学旅行课程的性质、课程内容的重点与难点、学生及其在特定社会时期的发展需求。

五、实际性原则

实际性，即根据学生的素质、经历等情况，以实际工作要求为指导，确定切合实际的可达成的目标。为此，应考虑在目前条件下所设立的目标是否可行或可操作，是否高不可攀或没有意义。

六、时限性原则

时限性是指研学旅行课程目标的制定和实施会受到时间的限制，受时间的影响和制约。一方面，研学旅行课程目标都是在特定时间内要达成的，在确定目标时必须指明其时间的区间。另一方面，在不同的时段，课程目标是发展变化的，研学旅行课程设计者要根据环境和课程内部条件的变化，及时地制定出新的课程目标。没有时间限制的课程目标不仅没有办法考核，而且容易造成考核结果不公平。

七、层次性原则

层次性原则是指课程目标设计要考虑到地域差异、学生个体的差异及学习结果的层次性、差异性，根据这些差异制定相应的课程目标，以确保课程目标具有针对性。

八、灵活性原则

在研学旅行课程的开展过程中，研学旅行课程目标受到所处的外部环境和内部环境的影响，会表现出较大的差异性，具有随时被调整或改变的可能，课程目标并不是一经确定之后就一成不变的。因此，在课程目标的设计过程中，一方面，需要考虑到未来可能的变化情况，使课程目标的设计更科学；另一方面，在外部环境等影响因素有变化的时候，需要随时调整课程目标，以更好地适应课程的开展。

研学旅行活动的全面性原则，要求人人参与，力求每个学生都获得发展，不能让任何一个学生掉队。这就要求研学旅行课程目标应体现目标的灵活性，考虑学生之间的差异。指导师教学的高标准就是不管学生的学识高低，都要激发他们对学习的自豪感，让学生喜欢刨根问底，引发学生进行深入思考。

拓展视频：专家谈研学旅行课程目标设计

 任务思考

课程目标设计的原则有哪些？

扫一扫，看答案

项目 3　研学旅行课程目标设计

任务三　掌握课程目标设计的方式步骤

任务导入

教育部《中小学综合实践活动课程指导纲要》课程目标（节选）

（二）学段目标

1. 小学阶段具体目标

（1）价值体认：通过亲历、参与少先队活动、场馆活动和主题教育活动，参观爱国主义教育基地等，获得有积极意义的价值体验。理解并遵守公共空间的基本行为规范，初步形成集体思想、组织观念，培养对中国共产党的朴素感情，为自己是中国人感到自豪。

（2）责任担当：围绕日常生活开展服务活动，能处理生活中的基本事务，初步养成自理能力、自立精神、热爱生活的态度，具有积极参与学校和社区生活的意愿。

（3）问题解决：能在教师的引导下，结合学校、家庭生活中的现象，发现并提出自己感兴趣的问题。能将问题转化为研究小课题，体验课题研究的过程与方法，提出自己的想法，形成对问题的初步解释。

（4）创意物化：通过动手操作实践，初步掌握手工设计与制作的基本技能；学会运用信息技术，设计并制作有一定创意的数字作品。运用常见、简单的信息技术解决实际问题，服务于学习和生活。

案例思考

1. 找出以上案例中的行为动词。
2. 仔细体会以上案例中的课程目标设计的陈述方式。

一、掌握课程目标设计的方式

（一）课程目标的构成

一个完整的课程目标包括 ABCD 四个要素。

A（audience）：行为主体，意为学习者，这里指学生，是目标表述中的主语。行为目标在描写时应指向学生的学习行为而不是教师的教授行为。规范的行为目标开头应当要清楚地表明达成目标的行为主体是学生，例如"学生……""能辨认……""能背诵……""能解释……""能评价……"等描述。

B（behavior）：行为动词，说明通过学习学生应能做什么，是目标表述句中的谓语和宾语。这是目标表述中的最基本的成分，不能省略。课程目标应采用可观察、可操作、可检验的行为动词来描述。

C（condition）：行为条件，说明上述行为在什么条件下产生，是目标表述的状语。如"通过小组探究学习，制定……""在网上收集材料，检验……"等。

D（degree）：表现程度，规定学生达到上述行为的最低标准，用来测量学生学习的结果所达到的程度。如"能准确无误地说出……""详细地写出……""客观正确地评价……"等表述中的状语部分，正是限定了目标水平的表现程度，以便检测。

譬如，在"通过观看视频，学生在 40 分钟课内独立地完成一幅水果绘画作品"课程中，"通过观看视频"是行为条件，"学生"是行为主体，"40 分钟课内独立地"是表现程度，"完成一幅水果绘画作品"是行为动词。

（二）课程目标的设计方式

完整的课程目标体系包括三类：结果性目标、体验性目标、表现性目标。相应地，目标陈述也有三种基本方式：结果性目标陈述方式、体验性目标陈述方式、表现性目标陈述方式。

1. 结果性目标的陈述方式

结果性目标说明学生的学习结果是什么，指教学过程结束后学生身上所发生的行为变化。这种目标指向具有精确性、具体性、可操作性的特点，主要应用于"知识与技能"领域。结果性目标细分为"知识"和"技能"两个子领

项目3 研学旅行课程目标设计

域。"知识"分为了解、理解和应用三个水平,"技能"分为模仿、独立操作和迁移三个水平。具体如表 3-2 所示。

表 3-2 结果性目标的表述

领域	目标水平	行为动词	目标举例
知识	了解水平: 包括再认识或回忆知识;识别、辨认事实或证据举出例子;描述对象的基本特征等	说出、背诵、辨认、回忆、选出、举例、列举、复述、描述、识别、再认等	运用地质年代表等资料,简要描述地球的演化过程
	理解水平: 包括把握内在逻辑联系;与已有知识建立联系;进行解释、推断、区分、扩展提供证据;收集、整理信息等	解释、说明、阐明、比较、分类、归纳、概述、概括、判断、区别、提供、转换、猜测、预测、收集、整理等	运用示意图,说明地球的圈层结构
	应用水平: 包括在新的情境中使用抽象的概念、原则;进行总结、推广;建立不同情境下的合理联系等	应用、使用、质疑、设计、解决、撰写、拟定、检验、总结、推广、证明、评价等	结合实例,说明不同生态系统(类型)对人类活动的影响
技能	模仿水平: 包括在原型示范和具体指导下完成操作;对所提供的对象进行模拟、修改等	模拟、重复、再现、模仿、例证、临摹、扩展、缩写等	绘制太阳大气的圈层结构图
技能	独立操作水平: 包括独立完成操作;进行调整与改进;尝试与已有技能建立联系等	完成、表现、制定、解决、拟定、安装、绘制、测量、尝试、实验等	会用简单的实验仪器,能测量一些基本的物理量
	迁移水平: 包括在新的情境中运用已有技能;理解同一技能在不同情境中的适用性等	联系、转换、灵活运用、举一反三、触类旁通等	根据旅游资源和交通运输状况,结合实际设计旅游出行的时间、线路,设计景区内部线路

案例参考

"走进'纸'的世界"课程目标如下。
(1)能归纳古人发明纸的原因。
(2)阐述蔡伦的贡献及蔡侯纸的优点。
(3)能说出汉代造纸的主要流程。
(4)分析归纳出造纸术对中国和世界文明的作用。

本课程目标主要表述学生的学习结果，而且是知识领域的结果，所采用的行为动词有"归纳""说出""阐述"等，这类目标具有具体性、可操作性的特点，属于典型的结果性目标。

2. 体验性目标的陈述方式

体验性目标主要是描述学生自己的心理感受、情绪体验。所采用的行为动词是体验性的、过程性的，这种方式指向无须结果化的或难以结果化的课程目标，主要运用于"过程与方法""情感态度与价值观"领域。体验性目标分为三个层次水平，即经历（感受）、反应（认同）和领悟（内化）。具体如表3-3所示。

表3-3 体验性目标的表述

目标水平及含义	行为动词	举例
经历（感受）水平：包括独立从事或合作参与相关活动、建立感性认识等	经历、感受、参加、参与、尝试、寻找、讨论、交流、合作、分享、参观、访问、考察、接触、体验等	在特定的活动中，学生获得一些初步的经验
反应（认同）水平：包括在经历基础上表达感受、态度和价值判断；做出相应的反应等	遵守、拒绝、认可、认同、承认、接受、同意、反对、愿意、欣赏、称赞、喜欢、关注、重视、尊重、爱护、珍惜、蔑视、拥护等	喜欢阅读，感受阅读的乐趣
领悟（内化）水平：包括具有相对稳定的态度；表现出持续的行为；具有个性化的价值观念等	形成、养成、具有、热爱、树立、建立、坚持、保持、确立、追求等	具有学习和研究物理的好奇心与求知欲

案例参考

"世界工厂——中国制造（福耀玻璃）"课程目标如下。

（1）感受、认识反映中国经济的制造业的具体形态。

（2）观察科学、严密的生产组织过程，领会精益求精的精神和科技的力量，激发对科学技术应用的兴趣。

（3）从企业创始人曹德旺的成功历程和慈善行为中感受中国人的勤劳有为。

项目 3　研学旅行课程目标设计

（4）培养"我为中国人和中国而骄傲"的民族自豪感和爱国心。

本课程目标主要描述的是学生的心理感受和情绪体验。所采用的行为动词"感受""认识""领会""激发""培养"等是体验性的、过程性的，这类目标难以量化，属于典型的体验性目标。

3. 表现性目标的陈述方式

表现性目标旨在培养学生的创造性，强调学习及其结果的个性化。表现性目标的陈述，不是规定学生在教学过程结束后应该展示的行为结果，而是强调学生在此情境中获得的个人意义。表现性目标主要应用于对实践类和艺术类课程的陈述。表现性目标划分为复制和创作两个水平，具体如表 3-4 所示。

表 3-4　表现性目标的表述

目标水平及含义	行为动词	举例
复制水平： 在指导师的提示下重复某项活动；利用可得到的资源，复制某项作品、产品或某种操作活动；按指导师指令或提示，利用多种简单技能完成某项任务等	从事、做、说、画、写、表演、模仿、表达、演唱、展示、复述等	能够用打击乐器或其他声音材料合奏或为歌曲伴奏
创作水平： 按照提示，从事某种较复杂的创作；按照自己的思想和可得到的资源完成某种服务，利用多种技能创作某种产品	设计、制作、描绘、涂染、编织、雕塑、拓、收藏、表演、编演、编曲、扮演、创作等	能够以各种声音材料或不同的音乐表现形式，即兴编创音乐故事、音乐游戏并参与表演

二、厘清课程目标设计的步骤

研学旅行课程目标分为课程总目标和专题课程目标。课程总目标是根据教育目的和培养目标制定的，是教育目的和培养目标在研学旅行活动中的具体化。课程总目标指示该研学旅行课程的基本任务，是全部课程活动的出发点。专题课程目标是根据课程总目标和课程资源属性制定的，是研学旅行课程总目标在具体专题课程中的细化目标。与总目标相比，专题课程目标的要求更加具体和更具可操作性。

（一）总目标的设计步骤

总目标受三方面因素的影响：学生的研究、当代社会生活的研究、学科专家的建议。总目标的设计一般要经历六个基本步骤。

（1）研究教育目的与培养目标。
（2）分析课程目标来源因素。
（3）分析研学旅行课程的性质。
（4）形成目标草案。
（5）进行论证与修改。
（6）确定总目标。

视野拓展：教育部《中小学综合实践活动课程指导纲要》（节选）

（二）专题课程目标的设计步骤

专题课程目标要考虑课程总目标和课程资源两方面因素。专题课程目标的设计一般经历七个基本步骤。

（1）研究课程总目标。
（2）分析不同学段的学生身心发展水平和认知规律。
（3）了解具体课程资源的属性和特点。
（4）撰写具体课程目标。
（5）审查讨论具体目标。
（6）修订审查后的目标。
（7）确定课程目标。

视野拓展：教育部《中小学综合实践活动课程指导纲要》课程目标（节选）

 **任务思考**

列举结果性目标陈述方式、体验性目标陈述方式、表现性目标陈述方式中的行为动词。

扫一扫，看答案

 **思政园地**

中央宣传部、教育部发布 2022 年"最美教师"先进事迹

为深入学习贯彻习近平总书记关于教育的重要论述，发掘宣传基层优秀教师典型，展示广大教师时代风采，大力弘扬尊师重教良好风尚，在第三十八个教师节到来之际，中央宣传部、教育部向全社会公开发布

2022年"最美教师"先进事迹。

熊有伦、牛雪松、周荣方、李建国、何燕、蒙芳、陈炜、韩龙、祝响响、管延伟等个人和高校银龄教师支援西部计划教师团队，都是来自教育一线的教师和群体。他们中既有坚守在边远艰苦地区的乡村教师和支教教师代表，又有职业教育中达到国家技能大师水平的"双师型"教师典型；既有优秀退役军人到欠发达地区担任乡村教师代表，又有在体育教育领域默默奉献培育为国争光运动员的教师典型；既有深受大学生喜爱的思政课教师代表，也有致力于核心技术自主创新的高精尖教师典型……他们涵盖了高教、职教、基教、幼教、特教等各级各类教育，师德表现和教书育人实绩突出、事迹感人，具有广泛的代表性和示范性，充分展示了教师队伍有理想信念、有道德情操、有扎实学识、有仁爱之心的良好精神风貌。

发布仪式在中央广播电视总台举行，现场播放了"最美教师"先进事迹的视频短片，从不同侧面采访讲述了他们的工作生活感悟。为宣传学习"太空授课"对广大青少年科技教育的重要意义，今年"最美教师"还推选了"最美太空教师"中国航天员中心王亚平航天员为特别致敬人物。中宣部、教育部负责同志为他们颁发"最美教师"证书。

"最美教师"获得者表示，他们将不忘立德树人初心，牢记为党育人、为国育才使命，自觉践行"四有"好老师标准，努力成为"经师"和"人师"相统一的"大先生"，着力培养担当民族复兴大任的时代新人。广大师生表示，这些"最美教师"扎根讲台默默奉献，把满腔热情和全部精力献给教育事业，彰显了新时代人民教师的理想情操、高尚师德和人格魅力，必将激励全体教师学习最美、争当最美，更好担起学生健康成长指导者和引路人的责任，努力培养出更多德智体美劳全面发展的社会主义建设者和接班人，为加快推进教育现代化、建设教育强国、办好人民满意的教育作出新的更大贡献，以实际行动迎接党的二十大胜利召开。

（资料来源：教育部 2022-09-09）

项目实训与提升

 **项目测验**

扫描右侧二维码,开始做题吧。

 **综合实训**

随堂测验

请结合下面材料和中国国家博物馆的北二楼场地实际,为高中学生编写《中国复兴之路研学旅行课程》教学目标。

中国国家博物馆简称"国博",位于北京市中心天安门广场东侧,东长安街南侧,与人民大会堂东西相对称。博物馆总建筑面积近20万平方米,国博藏品数量为100余万件,展厅数量48个。国博是一座系统收藏中国古代、近现代、当代历史及珍贵文物的著名藏馆,是历史与艺术并重,集收藏、展览、研究、考古、公共教育、文化交流于一体的综合性博物馆,是世界上单体建筑面积最大的博物馆,是中华文物收藏量最丰富的博物馆之一。

国博的北二楼研学旅行考察线路:复兴之路—1840年鸦片战争—洋务运动—甲午海战—八国联军进中国—辛亥革命—党组织成立—全民族抗战—解放战争—建设新中国—改革开放—科技创新—中华民族伟大复兴。

解题思路

项目 4

研学旅行课程内容设计

全国中小学生研学实践教育基地——南昌市滕王阁

研学旅行课程设计

项目导读

研学旅行课程内容是研学旅行课程的核心，关系到研学旅行的教育教学质量。本项目从课程内容的概念切入，阐述研学旅行课程内容的特点和类型，明确研学旅行课程内容的选择依据，最后重点介绍研学旅行课程内容的选择方法和收集整理方法。

学习目标

熟悉研学旅行课程内容的含义、特点及类型；研究研学旅行课程内容的选择依据；掌握研学旅行课程内容的选择方法和收集整理方法。学生通过本项目的学习，能够简单设计出符合不同学段学生特点的研学旅行课程内容。

思维导图

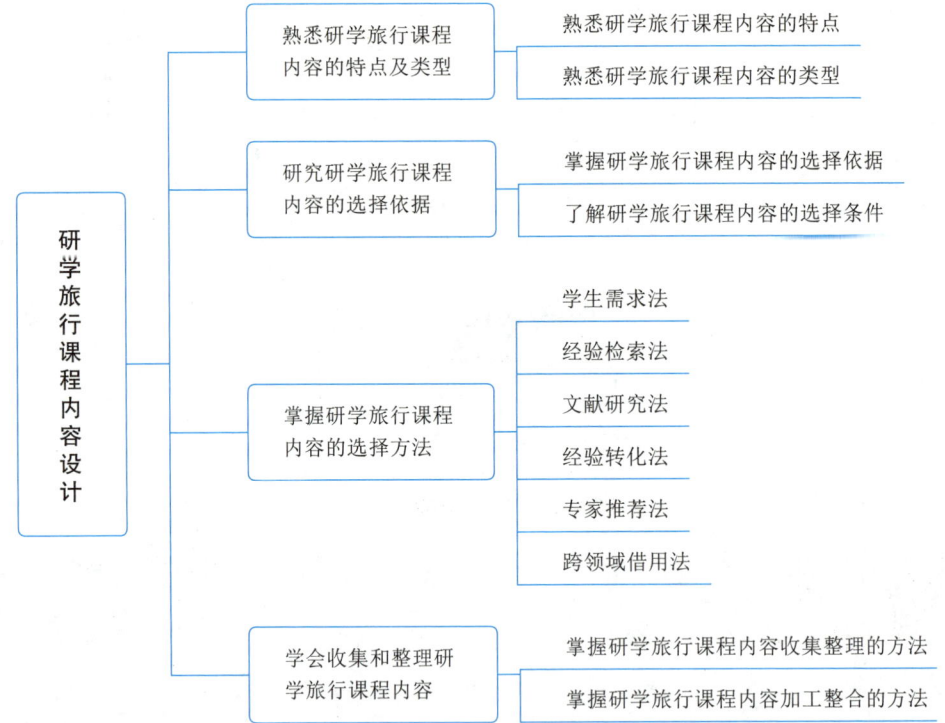

项目4 研学旅行课程内容设计

任务一 熟悉研学旅行课程内容的特点及类型

 任务导入

华南师范大学附属中学南海实验高级中学坚持"学农"活动十六载，将劳动教育课开进田间；顺德区京师励耘实验学校采用研学学分积分制管理，校内＋校外双平台借力发展劳动教育；顺德区罗沙小学带动一个家庭，拉动一片社区开展劳动教育；三水区西南街道第十二小学每学期举行"开耕节""收获节"。

一批具有佛山特色的劳动实践实训基地的正建成投入使用。高等职业院校、中等职业学校开设家政、烹饪、手工、木工、种养、物品维修、非遗传承、志愿服务等适合中小学生参与性学习的生产、服务性劳动实践类课程。课程以文化传承、文旅融创、特色小镇、智慧农业、美丽乡村、文明实践等项目为载体，以灵活多元的方式开展劳动实践，形成行业特点、地域特色。学校建立"劳模工匠进校园"常态化工作机制，组织研发优质课程，充实劳动教学资源，促进线上线下、校内校外劳动教育信息共享和资源对接。

（资料来源：中共佛山市委宣传部网站）

案例思考

 案例中，佛山学校对孩子从小进行的劳动实践教育是否属于研学旅行的范畴？

一、熟悉研学旅行课程内容的特点

（一）研学旅行课程内容的含义

研学旅行课程内容是指以研学旅行目标为根据，遵循不同学段青少年学生的身心发展规律，考虑学生认知活动的特性，对学生所要学习的内容选编而成的研学旅行课程体系。它包含了学生旅行参观、考察和体验的研学点、研学基地载体、活动场馆、基地的资源及其承载的文化、技术、概念、原理、方法和传递的思想与价值观。

研学旅行课程内容的设计与研学旅行课程设计的内容不同。研学旅行课程内容的设计主要体现在对选定的上述内容做进一步的细化设计；而课程设计的内容主要体现在设计的项目要素上，如课程目标设计、研学方式设计、研学方法设计、课程内容设计、资源设计、课程评价设计等。

（二）研学旅行课程内容的特点

研学旅行作为一门课程，其课程内容除了具备一般学科课程内容的特点，即课程内容的系统性、完整性、科学性和规范性以外，还具有以下特征。

1. 内容的教育性

一般的旅游观光活动重在观赏与领略，重在欣赏与体验在自己的生活环境中没有的事物，活动没有明确的教育目的，所以活动内容的选择具有随意性。而研学旅行的课程内容必须与课程目标相一致，并为课程目标服务。

社会是个大舞台，也是全方位的育人场所。走出去，耳闻目睹，亲力亲为，触景生情，比起借助书本的宣讲，更有教育说服力。在设计课程内容时，可以从不同的角度分类考虑，如家国情怀类涉及爱国主义教育、革命传统教育、国情教育、国土意识、国防意识、红色教育、传统文化教育、改革开放教育、现代化教育、"四个自信"教育等；沟通交往协作类涉及集体主义教育、爱的教育、合作意识与能力培养、文明素质教育等；个体发展类涉及理想信念教育、意志品质教育、自我管理教育等。这些类别并不是孤立的，往往在一次研学旅行课程中要涉及多种教育类型，并且要起到综合育人的效果。

2. 内容的实践性

研学旅行课程内容的学习环境为真实的情境和场景。它不同于学科课程的文字表述，也不同于实验室中控制条件下的机械操作，学生是在现实的情境中学习，在真实的情境中实践。课程内容的学习过程就是学习经验的实践过程。

研学旅行活动以自然世界为教材，引导学生亲近自然，了解社会，参与生活，理解各地文化，开展科学考察，在实践中检验真知、产出真知，提高学习效率，丰富知识与体验，感知知识的力量和人生的意义。这些都表现出研学旅行课程内容的实践性，弥补了学校教育教学育人方式的不足，意义非凡。譬如，德国、日本研学旅行中的田地教育就突出了内容的实践性。

3. 内容的体验性

学科课程的学习活动重在向学生传授学科知识，培养学科应有的思维方式，倾向于学科抽象思维的培养。而研学旅行课程的内容具有突出的体验性特征。学科内容在真实的场景中实施，必须真实地满足学生的体验。

研学旅行课程内容设计时要全面考虑以下几种体验。

（1）游历体验。游历体验伴随着研学旅行的全程，包括路线设计体验、时空变化体验、异质环境体验等。古人所讲"行万里路"就是提倡积累游历体验。李白纵游天下，游历丰富，也是其诗歌丰产的原因之一。

（2）生活体验。学校生活相对于社会生活、自然生活而言显得单一，研学旅行既接触美好的自然生活、获取自然体验，又参与复杂多变的社会生活、增加社会体验。这对于学生来说，是一笔宝贵的财富。

（3）情感体验。研学旅行中一些特殊的事情、印记会引起人的情绪反应和情感变化，这种反应和变化既包括喜、怒、哀、乐、惧等常见的情绪，也包括对人、事、景、物、家、国等的情感激荡。

（4）意志体验。到陌生的地方，总会面临一些挑战，人的意志在挑战面前会有一定程度的反应。研学旅行能够培养学生坚强的意志、冒险精神、受挫能力、挑战的勇气，这种体验往往比学校发生的意志体验更加令人印象深刻。

（5）观念体验。研学旅行会接触到更多的人、事、景、物，其中就蕴含着种种人生观、世界观、价值观，还会带给学生关于"诗与远方"的思考，让他们建立异地、异乡的观念体验。

（6）价值体验。价值体验是一种高级形态的体验，它往往在比较中产生。研学旅行提供了比较的现场，要引导学生在体验后思考：什么样的人生更精彩？什么样的事情更有价值？

4. 结果的发散性

科学规律的应用，总会遵循一定的步骤，规律应用过程中形成的思维具有标准性，学习达到课程目标的标准是学生习得了一定的方法，形成了一定的学科思维。而研学旅行课程则不同，一个团队的学生完成了完全相同的学习课程，其学习结果却是各不相同的,每一个学生对同一事物的看法不尽相同,观察和思考问题的角度也会有所差异,所以,研学旅行课程的学习结果具有发散性。

每一个学生从研学旅行课程中最终得到的价值是不等同的,这与学生个体的投入程度、认知水平、感知灵敏度等都有关。作为主办方的学校,则要尽量让每一个学生在获得共有课程价值的前提下,最大化地延展个体自身的课程价值。这一点要在课程实施前跟学生交代清楚,也可以通过激励措施引导学生有更多的发现与领悟。

二、熟悉研学旅行课程内容的类型

（一）优秀传统文化类

优秀传统文化类课程是以旅游服务功能完善的文物保护单位、古籍保护单位、博物馆、非遗场所、优秀传统文化教育基地等单位作为研学旅行目的地而构建的课程类型,主要目的是引导学生传承中华优秀传统文化核心思想理念、中华传统美德、中华人文精神,坚定学生的文化自觉和文化自信。

《教育部办公厅关于开展"全国中小学生研学实践教育基（营）地"推荐工作的通知》

（二）革命传统教育类

革命传统教育类课程是以爱国主义教育基地、革命历史类纪念设施遗址等单位作为研学旅行目的地而构建的课程类型,主要目的是引导学生了解革命历史,增长革命斗争知识,学习革命斗争精神,培育新的时代精神。

（三）国情教育类

国情教育类课程是以体现基本国情和改革开放成就的美丽乡村、传统村落、特色小镇、大型知名企业、大型公共设施、重大工程等单位作为研学旅行目的地而构建的课程类型,主要目的是引导学生了解基本国情及中国特色社会主义建设成就,激发学生爱党爱国之情。

（四）国防科工类

国防科工类课程是以国家安全教育基地、国防教育基地、海洋意识教育基地、科技馆、科普教育基地、科技创新基地、高等学校、科研院所等单位作为研学旅行目的地而构建的课程类型,主要目的是引导学生学习科学知识、培养科学兴趣、掌握科学方法、增强科学精神，树立总体国家安全观，树立国家安全意识和国防意识。

（五）自然生态类

自然生态类课程是以自然景区、城镇公园、植物园、动物园、风景名胜区、世界自然遗产地、世界文化遗产地、国家海洋公园、示范性农业基地、生态保护区、野生动物保护基地等单位作为研学旅行目的地而构建的课程类型，主要目的是引导学生感受祖国大好河山，树立爱护自然、保护生态的意识。

（六）劳动教育类

劳动教育类课程是以现有综合实践基地、青少年校外活动场所、学校劳动实践场所为依托，建立健全开放共享机制，特别是充分利用学校实训实习场所、设施设备，为中小学生提供其所需要的劳动教育服务。把土地、山林、草场等作为学农实践基地，把厂矿企业作为学工实践基地，把城乡社区、福利院、医院、博物馆、科技馆、图书馆等事业单位、社会机构、公共场所作为服务性劳动基地。推动学校充分利用校内学习、生活有关场所，逐步建好配齐劳动技术实践教室、实训基地，丰富劳动教育资源。

劳动教育的主要目的是通过加大动手操作和劳动技能、职业技能的培养，提高广大中小学生的劳动素养，促进他们形成良好的劳动习惯和积极的劳动态度，使他们明白"生活靠劳动创造，人生也靠劳动创造"的道理，培养他们勤奋学习、自觉劳动、勇于创造的精神，为他们终身发展和人生幸福奠定基础，从而引导学生树立正确的劳动观，崇尚劳动、尊重劳动，增强对劳动人民的感情，报效国家，奉献社会。

拓展视频：专家谈研学旅行课程类型

任务思考

怎样辨析优秀传统文化类、革命传统教育类研学旅行课程内容？

扫一扫，看答案

任务二 研究研学旅行课程内容的选择依据

任务导入

山东弘道研学教育服务有限责任公司以"大学沉浮起落与国家发展变化"为主题，设计"北京研学旅行（四日）课程"。设计课程内容时，选择了辅仁大学旧址、燕京大学旧址、北京大学、清华大学、北京师范大学、中国人民大学等地点，并安排了系列研学旅行活动，这些活动都是围绕"大学的来龙去脉和大学与国家命运之间的关系"来设计，主题鲜明，目标清晰，利于对学生进行思想教育。

案例思考

1. 在上述案例中，如果在四天的课程中加入天安门广场、人民英雄纪念碑、人民大会堂、中国国家博物馆、毛主席纪念堂、故宫、八达岭长城、奥林匹克公园、鸟巢、水立方、国家体育馆、颐和园、圆明园、老北京胡同、天坛等内容，你觉得可行吗？为什么？
2. 你认为研学旅行课程内容的选择有什么依据？

任务实施

课程开发者要根据研学旅行课程的目标，并基于学生发展的实际需求，设计活动主题和具体内容，选择相应的活动方式。

项目 4　研学旅行课程内容设计

一、掌握研学旅行课程内容的选择依据

（一）与课程目标相对应

课程内容应与课程目标的要求相对应，确保二者的匹配性和一致性是课程设计有效的保障。因此，在确定好课程目标后，课程内容的选择就必须以课程目标为依据，即有什么课程目标，便有什么课程内容，课程目标与课程内容应趋于一致，这样整个课程才会趋于完整。如果课程目标是培养学生解决问题的能力，那么课程内容就应给出学生发现问题并解决问题的机会；如果课程目标是让学生了解和体验某种民族文化，那么课程内容就应该具有体现这种民族文化的典型资源，让学生有机会走进这种资源情境，近距离观察和体验这种民族文化。

（二）与学生需求相契合

研学旅行课程的设置要以学生的身心发展特点和需求为依据，着力于促进学生的全面发展，充分发挥研学旅行的特质和优势，以多种方式实现既游又学的课程目标。

课程内容要契合学生的需要，要能够激发学生的学习兴趣，从而使学生在学习过程中获得知识、能力、情感、心理等多方面的满足。学生参加研学旅行活动，其实际获得的满足既可以是物质上的，也可以是技能与思维层面的，还可以是精神层面的。

譬如，学生在研学旅行目的地买到了自己心仪已久的物品，他们获得了物质的满足。通过向当地非遗承传人学习某种技艺，他们学会了制造某类产品的方法，读懂了非遗的价值，理解了非遗传承人的想法，他们获得了技能和思维的发展。在革命圣地，他们感受到了烈士们为国捐躯的高尚灵魂，默默许下人生的承诺，他们获得了精神的支柱。

（三）与学生基础相匹配

课程内容要与学生的能力基础相匹配。研学旅行课程内容具有学段性特征，同一研学旅行课程资源，在不同学段的课程中内容的呈现应有所区别。课程内容的深度、广度及表现形式都要与学生的学段特点相适应。

视野拓展：《大中小学劳动教育指导纲要（试行）》（节选）

（四）与课程时间相一致

课程设计者选择课程内容，要与适量的课程时间相一致。有多少时间就安排多少学习内容，要善用课程时间，明确各部分课程内容的重要性，在时间总量固定的情况下，给予最重要、次重要、一般重要内容合理的时间配置，同时考虑各部分课程内容所需的教学活动时间，做到安排得当。比如，对基本概念或事实的介绍一般采用讲授法，所用时间较少，而一些探究、实验方法或技能，需要示范、演练和小组研讨，则要预留更多的时间。

（五）课程内容多元化

课程内容具有多元性。对应于同一课程目标，研学旅行可以有多元化的课程内容。一般来说，在组织研学旅行时，都会同时提供多条线路的课程供学生选择，而不同线路的课程内容，都要能够实现研学旅行课程的总体目标。

（六）反映最新理论成果

研学旅行课程内容应该与时俱进，反映最新的理论研究与实践成果。首先是科学性，课程内容的选择必须避免错误的知识、概念、原理、事实和方法。其次是前沿性，课程内容必须反映最新的或尖端知识的发展，陈旧的内容应排除在课程内容之外。最后是开放性，课程开发者应将不同的观点或解释呈现出来，不形成独断。在研学旅行领域，很多概念和内容都不局限于一种观点或解释，因此在选择课程内容时，开发者有必要将不同的观点或解释都呈现出来，让学生受到更多的启发，有更多的收获。从这一点来说，课程设计者需要突破自身经验或知识的局限，从其他的人或书籍中获得更多的相关内容，以充实自身。

（七）与研学旅行课程资源相结合

课程内容的选择要考虑资源的可行性。如果有丰富的、可用的课程资源，就能支撑这一部分课程内容的学习。如果相关的课程资源缺乏，就要考虑删除或削减这一部分课程内容，或者通过其他的方式获得。

另外，研学旅行课程资源一般都具有多重属性，所以，同一课程内容往往会对应多种课程目标。设计者在选择课程资源的时候尽可能考虑课程资源的多重属性，力求在研学旅行课程实施中实现尽可能多的课程目标。

总之，研学旅行课程内容的设计选择，要与课程目标相对应，与学生需求相契合，与学生基础相匹配。既要考

案例参考："黄河之旅"河南线研学旅行课程设计（片段）

虑课程时间，又要考虑课程资源，反映最新的理论成果。

二、了解研学旅行课程内容的选择条件

研学旅行课程内容的选择受以下条件制约。

（一）受空间条件的制约

研学旅行通常会依据课程目标确定一个目的地，所涉及的课程资源应在该目的地附近的一定空间范围内，各教学单元之间不宜超过一定距离。同时，这种范围的边界受时间和交通工具的制约。

（二）受时间条件的制约

不同的学段，不同的线路，研学旅行所用的时间会有所差异。由于时间的制约，在选择课程资源时，一般不要选择需要长时间停留的目的地，即便是选择了这样的目的地，通常也要选择其中的部分典型内容作为课程资源。

（三）受课程主题的制约

每一条线路的课程都有一个研学主题，课程资源一般应围绕研学主题选择，每一个资源应该表现课程主题的一个部分。一般不另行选择与课程主题无关的资源作为课程内容。

譬如，山东弘道研学教育服务有限责任公司的胡修坦老师以"大学沉浮起落与国家发展变化"为主题，设计了"北京四日研学线路"。设计时，胡老师选择了辅仁大学旧址、燕京大学旧址、北京大学、清华大学、北京师范大学、中国人民大学等地点，并安排了系列研学旅行活动，这些活动都是围绕"大学的来龙去脉和大学与国家命运之间的关系"主题来设计的，主题鲜明，目标清晰，利于对学生进行思想教育。如果把天安门广场、人民英雄纪念碑、人民大会堂、中国国家博物馆、毛主席纪念堂、故宫、八达岭长城、奥林匹克公园、鸟巢、水立方、国家体育馆、颐和园、圆明园、中国人民革命军事博物馆、老北京胡同、天坛等内容都加进去，显然就背离了"大学沉浮起落与国家发展变化"这个主题。

任务思考

研学旅行课程内容的选择依据是什么？

扫一扫，看答案

任务三　掌握研学旅行课程内容的选择方法

任务导入

一直以来，冰雪运动被称为"高岭之花"，参与这项运动的历来都是少数人群。北京携手张家口取得2022年冬奥会举办权，极大地激发了人们参与冰雪运动的热情和激情，这对推动我国冬季运动发展和冰雪运动的大众化，对提高全民身体素质和弘扬奥林匹克精神具有无可替代的价值与作用。

为此，某中学校领导在冬奥会前打算组织本校学生进行一次主题为"聚焦北京冬奥"的研学旅行活动。国家级中小学生冬奥主题研学实践教育实验区承担了此次研学旅行活动方案的设计任务。课程设计者邱沛然、鲁冰倩分别对该校初中、高中的学生代表进行了访谈，并发放调查问卷给全体学生，了解他们的需求，对调查研究中获得的数据进行分析，然后根据学生的需求确定课程内容，设计出了针对初中生和高中生不同需求的两套课程方案。

通过本次研学之旅，同学们聚焦北京冬奥，走进冬奥场馆，了解了赛事盛况，增长了冰雪运动知识、眼界大开、收获满满！

（国家级中小学生冬奥主题研学实践教育实验区邱沛然、鲁冰倩供稿）

案例思考

1. 上述案例中，课程设计者在选择课程内容时，运用了什么样的方法？

2. 上述案例中，所涉及的课程资源点有北京冬奥会和冬残奥会展示中心、国家体育场、国家游泳中心、延庆赛场、崇礼赛场。假如你是课程设计者，对于冰雪运动的一些竞赛项目不太了解，而课程设计中又会涉及这些内容，你会采用哪些方法去弥补？

研学旅行课程内容的选择方法主要有以下6种。

一、学生需求法

学生需求法是指在了解学生需求的基础上，根据学生需求确定与之匹配的课程内容。课程设计者可以通过各种途径和方法对学生进行需求调查研究，并对调查研究中获得的数据进行分析，找到学生集中的需求点，然后根据学生需求确定课程内容。

调查研究的方法包括问卷调查法、访谈法，即通过对学生的问卷调查，统计学生对研学旅行活动的兴趣、爱好等，并制定相关的活动策略，同时还可以结合问卷调查的开展情况，有针对性地走访一些学生，进行更深入细致的调查，掌握更加具体翔实的信息。

这是一种学生基于自身兴趣，从自然、社会和学生自身生活中选择和确定研究主题和课程内容的方法，学生要在课程中观察、记录和思考，主动获取知识，分析并解决问题。

二、经验检索法

较深厚的专业经验和一定的社会经验是对研学旅行课程设计者的基本要求。经验检索法是帮助设计者有效挖掘沉淀多年的专业知识，使其成为文字性知识的一种手段。因此，在实际的研学旅行课程开发过程中，设计者要结合自己的专业经验和知识，将一定的工作方法和技巧内化到课程中。经验检索分以下两个步骤完成。

第一步，使用第一时间闪烁法进行经验检索。这是一种发散性思维逻辑开发，即课程设计者在确定好课程主题或课程内容大纲后，要第一时间进行内容填充，快速将自己当下能够想到的所有内容写下来。设计者可以通过这种方式，先将自己已有的经验和素材在每个课程内容大纲下进行大致归类，再依据相关方法对每个课程内容大纲的内容进行补充。

第二步，使用深度搜索挖掘法进行经验检索。在快速写下自己当下能够想到的所有内容后，课程设计者深度思考是否有需要进一步补充的内容，然后将潜藏在大脑深处的内容挖掘出来。

三、文献研究法

　　文献研究法，即通过查阅书籍、学术期刊及网络资料，掌握国家教育主管部门有关研学旅行的相关规定、国内外开展研学旅行的相关经验和成果，为本次研学旅行的课程设置提供理论支撑与做法借鉴。

　　理论书籍、学术期刊上的理论具有一定的权威性，可以弥补有丰富实践经验的课程设计者在系统理论知识上的不足，因此在进行课程内容开发时，查阅理论书籍、学术期刊资料等文献至关重要。课程设计者在使用了前面几种方法之后，再查相关文献，就能提升课程内容的高度、深度，增强课程内容的系统性。

四、经验转化法

　　课程设计者在课程开发过程中除了运用自己的知识和经验，还可以参考借鉴他人及其他学校以往的研学旅行活动案例进行研究，总结成功经验，汲取失败教训，并将其中成功的经验转化、运用到自己的课程内容设计中。

五、专家推荐法

　　课程设计者在课程开发、设计过程中，还可以参考行业资深专家的知识和经验，有效弥补自身知识和经验的不足。在课程设计过程中遇到技术性问题时，设计者可以直接请资深专家进行指导或协助。这既能大幅度提升课程的操作性和有效性，又能转化与提炼资深专家的知识和经验。

六、跨领域借用法

　　课程设计者在课程开发过程中，可以充分运用跨领域知识方法，触类旁通，为课程开发带来更多的资讯和活力。在使用这一方法时，设计者要对借用的跨领域知识方法有所选择和鉴别，切忌全盘照搬。

项目 4　研学旅行课程内容设计

 **任务思考**

如何选择研学旅行课程内容？

扫一扫，看答案

拓展视频：专家谈研学旅行课程内容的选择

任务四　学会收集和整理研学旅行课程内容

 任务导入

备课花絮

我叫鲁燕雪，既是一名初中地理老师，也是一名研学旅行指导教师，在设计研学旅行课程内容时，首先，我阅读并查找大量国内外有关研学旅行内容和地理学科核心素养相关文献，并对其内容进行梳理和总结，将地理学科核心素养研究和研学旅行研究相结合，寻找与我所教的地理学科有关联性的知识。

针对高中学生，采用问卷调查法和访谈法，对青岛市部分初中的学生及地理教师进行问卷调查和访谈调查，了解青岛市高中地理学科研学旅行的开展情况和学生想要参与的研学旅行课程内容。

同时，我常常走出校园，走向野外大自然，走向研学旅行基地，采用实地调查法对青岛市的地理环境做进一步了解，寻找适合研学旅行的地点和项目，构建基于地理核心素养的初中地理研学旅行课程内容体系。以此为依据，设计出"栈桥—海军博物馆—第一海水浴场—八大关—总督府—青岛啤酒博物馆"和"前湾新港—五四广场—规划展览馆—巨峰景区—崂山"两个研学旅行课程方案。

多年来，我常常留意身边的研学旅行资源和内容，养成自觉收集研学旅行素材的习惯和意识，让这些素材经过加工整理，慢慢变成我的研学旅行课程内容。

案例思考

 上述案例中，作者在研学旅行课程设计时，用了哪些方法来收集整理研学旅行课程内容？

项目 4　研学旅行课程内容设计

课程内容选择出来以后，我们还要遵循一定的原则，按照恰当的方法，对选择出的内容进行收集整理、整合，最终确定出符合研学旅行主题活动要求的课程内容。

一、掌握研学旅行课程内容收集整理的方法

研学旅行课程内容素材丰富，获取渠道广泛多样，如果想有效收集整理，应注意以下几点。

（一）寻找学科关联性知识

研学旅行课程的综合性非常突出，因此，课程内容设计中学科关联性知识的学习非常重要。在设计研学旅行课程时，应由多学科老师一起参与，将学生要完成的学习任务进行整合。设计者应充分考虑将目的地资源与国家课程相结合，特别是语文、历史、地理、生物、化学、物理、美术等学科，提供众多相关资源以便于学生将课堂中学到的知识加以应用，这样学生也就有了更多机会发现和探寻新的问题。

（二）注重思维方法的指导

研学旅行的环境真实而复杂，对于复杂的问题和内容，在处理的过程中通常应将其抽象化、简单化、模型化，即分解复杂的问题，突出重点，使问题细化，以便学生掌握学习方法，提高思维能力。

（三）收集内容要有针对性

对于主题明确的研学旅行，应该设计系统的、全面的专题知识学习环节。这一环节既要有对前期学校课堂知识的回顾，也要有对研学旅行中即将遇到的知识的概述，以及可能会遇到的相关知识的提示。课程内容设计有了针对性，学生学习知识的积极性和研究体验情感才会更加强烈。

（四）增加野外生活技能学习

研学旅行的内容设计不仅仅包含知识的学习，还应该根据研学的主题和形式，设置一些专业技能的学习。譬如，在自然科考类的研学旅行中，可以让学生掌握一些常见的药用植物的辨认方法，学习一些简单的急救措施，了解植物

标本的采集等。如果是野外露营的话，还需要涉及野营地点的选择、野营帐篷的搭建、防虫措施、野营食物的制作等生活技能的学习。这些技能都需要通过亲身实践甚至反复操练才能掌握，仅凭听讲座和阅读课本是无法获得的。

（五）养成收集整理内容素材的习惯

在平时的生活和工作中，课程设计者要养成自觉收集素材的习惯和意识，做收集研学旅行素材的有心人。对于经典成型的素材（大都是经由前人整理、加工之后的素材），基本可以采取"拿来主义"，譬如革命传统教育类中的红军草鞋的制作、井冈山会师情景剧、台儿庄大战遗址考察等；对于日常随机的素材（直接来源于人们的日常工作和生活），譬如"我来做家务""花卉盆景栽培技术"等，结合自己的工作和生活实际，收集整理，加工模仿，存档储备，以备将来课程设计时使用。

二、掌握研学旅行课程内容加工整合的方法

在设计研学旅行课程时，如何将丰厚的研学旅行资源纳入课程内容？在初步选择课程内容、确定课程主题的基础上，还需做进一步的加工整合。

（一）增，让内容更丰富

增，即增加，可以让每一个课程主题的广度和深度都发生变化，让内容更丰富，更能满足学生的需求。增，也可谓增强，增学生之眼界，强学生之实践，努力做到增热点、增特色。

1. 增热点

一条新闻、一个社会话题，都可以设计成活动放入主题中。这些内容的增加，不仅能增强课程内容与学生的亲和感，还可以让学生真正做到学以致用，将知识与现实生活结合起来。

2. 增特色

这里所讲的特色不仅可以是师生的特色，更可以是地域资源的特色，研学旅行课程应将这些特色资源设计成课程内容，使其成为经典主题。同一个话题下，有可供选择的不同特色的主题，彰显的是一种动态生成之美，灵动而经典。

（二）改，让内容更合理

改，变更改进与改善之意，通过对内容的调整，让课程不断完善，让内容更加合理，让师生更易操作，为学生的发展提供更大的空间。

1. 改简约

简约精致是内容设计时的最低标准,也是最高要求。主题下面每个活动内容的设计都应该能够兼顾大、小活动,力求做到每个活动内容都可以独立成为一个课题,老师们可以自由地从中提取任何一个进行二次改造并进行实践操作。

2. 改坡度

关注内容的可接受性,内容选择要适合学生的认知发展水平。关注直观性,尽量选择有直观背景的材料,返璞归真。关注启发性,选择能实现"跳一跳,摘到果子"的内容。

(三)优,让内容更精致

优,指向优化,使得每一个系列下的各个主题更为科学合理、精致有效。

1. 优实践

实践是研学旅行课程的根,可以让人在真实的情境中发现问题,解决问题,尝试用恰当的方式来呈现自己的研究成果表达。这个过程,需要的并不是直接搬用他人知识,而是调用各种学习方式,体验式地进行学习,表述自己的认知。每一个内容的设计,都要着力找到那个可以体验与实践的点,这个优化的过程,是对学科核心理念的一种执着的追求与践行。

2. 优能力

给学生带得走的能力,能力第一,素养第一。为此,在整理课程内容时,要设计合适的主题,帮助学生在实践中调用各种知识学习,以达成能力的提升。

抓住"以学生的实际为中心、以地域特色资源为中心",通过"增、改、优"三个途径让研学旅行课程主题下的内容更为丰富、合理、精致,让活动内容从"可遇"走向"可求",让特色活动内容牢牢植入地方这块肥沃的土壤,成为师生实实在在的活动载体,这是研学旅行课程内容整合时需要注意的问题。

 **任务思考**

如何有效收集整理研学旅行课程内容?

扫一扫,看答案

项目实训与提升

项目测验

扫描右侧二维码,开始做题吧。

随堂测验

综合实训

李大钊故居概况

李大钊故居位于北京市西城区文华胡同24号,北京市级文物保护单位,西城区爱国主义教育基地。从1916年夏至1927年春,李大钊在北京工作、生活十年,先后居住过八个地方。1920年春至1924年1月,李大钊一家在石驸马大街后宅35号(今西城区文华胡同24号)北院居住将近四年,这是他在故乡之外与家人生活时间最长的一处居所。1979年8月21日,李大钊故居被公布为北京市重点文物保护单位。故居为一小三合院,占地面积约550平方米,有北房3间,东、西耳房各2间,东、西厢房各3间。其中北房东屋为李大钊夫妇的卧室,东耳房为李大钊的长女李星华的卧室,东厢房北间为李大钊长子李葆华的卧室,南间是客房。西厢房为李大钊的书房。著名的《十六年前的回忆》就是在这里诞生。

李大钊(1889—1927),字守常,中国共产主义运动的先驱、伟大的马克思主义者、杰出的无产阶级革命家、中国共产党的主要创始人之一。在党的二大、三大、四大当选为中央委员。1924年底,任党的北方区执行委员会书记。1922年受党的委托在上海与孙中山先生商谈国共合作,以共产党员的身份加入国民党,1924年出席国民党一大,当选为中央执行委员。1927年被反动军阀杀害于北京。

解题思路

李大钊所提出的关于中国革命的性质、任务、特点等一系列论述,为中国共产党开创了把马克思主义与中国革命具体实践相结合的光辉先例,他的大量论著,有待于我们继续深入探索和研究。

请结合上述材料和李大钊故居基地实际,为初三学生编写《李大钊故居研学旅行课程》教学内容。

项目 5

研学旅行教学方式和教学方法设计

全国中小学生研学实践教育基地——南昌八一起义纪念馆

项目导读

本项目是开展整个研学旅行活动的重点环节。研学旅行活动实施的质量关键看采用了什么样的教学方式和教学方法。本项目着重介绍了研学旅行教学方式和教学方法的基本概念和特点，并在此基础上对常用的研学旅行教学方式的内涵和流程设计、教学方法的内涵和流程设计做了阐述。

学习目标

了解研学许教学方式、教学方法的概念、特点；掌握研学旅行课程中常用的教学方式、教学方法；掌握每一种研学旅行教学方式、方法的实施流程。培养学生根据研学者的学习特征选择适当的教学方式和教学方法进行研学旅行课程设计、撰写研学旅行教案的能力，并能根据教学方式和方法理论指导开展研学旅行活动。

思维导图

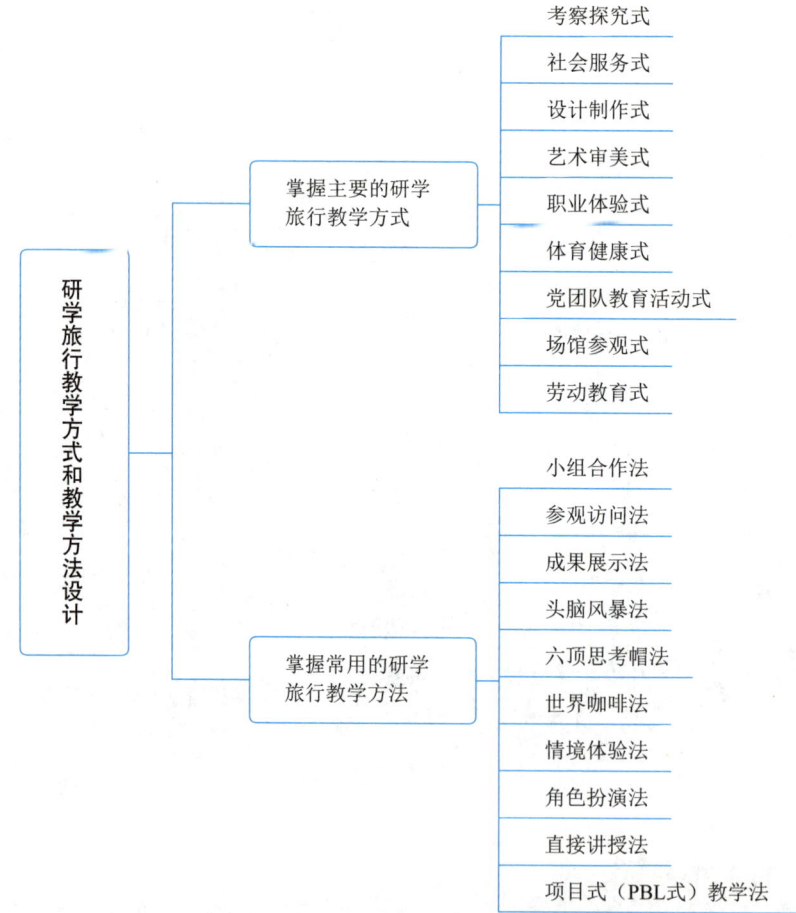

项目 5 研学旅行教学方式和教学方法设计

研学旅行课程实施是整个研学旅行活动的核心环节，指导师必须根据不同的研学旅行课程目标、不同的研学旅行课程内容和不同层级的学生，运用恰当的研学旅行方式和正确研学旅行方法，才能实现预定的研学旅行目标，达到良好的教学效果。

任务一　掌握主要的研学旅行教学方式

 任务导入

某职业高中接到本地香格里拉大酒店委托，开展香格里拉大酒店微观营销环境调查。学校确定2022级酒店管理专业学生参与本次研学旅行活动，方案如下：

【研学主题】香格里拉大酒店的微观营销环境调查分析

【研学时间】3天

【研学目的】

选择一家本地酒店，以小组（5～6人）为单位查阅资料，开展实地调查，分析酒店的内部情况、酒店供应商、中间商、竞争对手、社会公众等因素对该酒店营销的影响，形成总结报告。

【活动要求】

1. 以小组为单位，有组织性、有计划性地通过查阅相关资料，收集所在城市酒店业发展的相关资料。

2. 以小组为单位深入酒店实地调查，一部分学生开展酒店服务体验。

3. 小组成员共同讨论、分析、形成有建设性成果的总结报告。

【研学准备】

1. 任课教师通过学校校企合作部门联系能提供学生实地调研的本地酒店3~5家供学生选择。

2. 学生根据本任务学习，提前设计好调查分析方案，要求调查分析方案内容能聚焦被调查酒店的微观营销环境，围绕该酒店内部各部门协同、酒店供应商、中间商、竞争对手、社会公众等方面展开调查分析。

【组织实施】

1. 计划包括以下四个方面：人员分配、时间安排、解决步骤、设备和工具。

2. 酒店工作体验：迎宾服务、前台服务、餐饮服务、营销服务。其中餐饮服务要求会制作一份顾客喜欢的、能推销的精美早餐，营销服务要设计一场香格里拉酒店文创艺术产品推介会。

3. 每个活动都从以下三个方面记录：收集的资料、过程记录、实施中遇到的问题及解决办法。

4. 小组口头汇报讨论结果。

5. 指导师进行总结、归纳。

【考核评价】

准备PPT进行汇报，要求课件制作精美，观点鲜明，逻辑清楚，论据充分，调查结果数据翔实、真实可靠；汇报人有良好的礼仪规范，语言流畅，脱稿表达。

考核成绩：学生团队互评（60%）+教师评价（40%）。

1. 本案例的主要研学旅行方式是什么？除了主要的研学旅行方式以外还有哪些研学旅行方式？

2. 在一个主题的研学旅行活动中，只能有一种研学旅行方式吗？为什么？

研学旅行方式是指导师在进行研学旅行教学时，为完成研学旅行教学目标，而灵活使用的各种形式，如：考察探究式、职业体验式、劳动教育式等。

在研学旅行活动实践中，出现的研学旅行方式多种多样，我们参考教育部《中小学综合实践活动课程指导纲要》和教育部《大中小学劳动教育指导纲要（试行）》中提到的主要方式，以及研学旅行教学实践中常用的方式及其关键要素，简要地做以下阐述。

一、考察探究式

（一）含义

考察探究是学生基于自身兴趣，在指导师的指导下，从自然、社会和学生自身生活中选择和确定研究主题，开展研究性学习，在观察、记录和思考中，主动获取知识，分析并解决问题的过程，如野外考察、社会调查、综合实践等。

（二）特点和功能

考察探究注重运用实地观察、访谈、实验等方法，获取材料，形成理性思维、批判质疑和勇于探究的精神。

（三）教学流程

考察探究的主要流程包括：明确研学旅行目标；发现并提出问题；提出假设，选择方法，研制工具；获取证据；提出解释或观念；交流、评价探究成果；反思和改进。

二、社会服务式

（一）含义

社会服务指学生在指导师的指导下，走出教室，参与社会活动，以自己的劳动满足社会组织或他人的需要，如公益活动、志愿服务、勤工俭学等。

（二）特点和功能

它强调学生在满足被服务者需要的过程中，获得自身发展，促进相关知识技能的学习，提升实践能力，成为履职尽责、敢于担当的人。

（三）教学流程

社会服务的主要流程包括：明确研学旅行目标；明确服务对象与需要；制订服务活动计划；开展服务行动；反思服务经历，分享活动经验。

三、设计制作式

（一）含义

设计制作指学生运用各种工具、工艺（包括信息技术）进行设计，并动手操作，将自己的创意、方案付诸现实，转化为物品或作品的过程，如动漫制作、编程、陶艺创作等，它注重提高学生的技术意识、工程思维、动手操作能力等。

（二）特点和功能

在课程实施过程中，鼓励学生手脑并用，灵活掌握、融会贯通各类知识和技巧，提高学生的技术操作水平、知识迁移水平，体验工匠精神等。

（三）教学流程

设计制作的主要流程包括：明确研学旅行目标；创意设计；选择活动材料或工具；动手制作；交流展示物品或作品，反思与改进。

案例参考

图5-1　学生在指导师的引导下制作煎饼　摄影：李岑虎

2022年10月中旬，同学们到某实践教育基地参加研学活动，以小组为单位制作煎饼卷大葱（图5-1）。指导师首先告知制作煎饼卷大葱的

项目 5　研学旅行教学方式和教学方法设计

教学目标，指导学生进行制作煎饼卷大葱的理论学习，然后指导师通过课件、图片、视频向同学们展示制作煎饼卷大葱所需的材料、制作过程，引导大家自己创意设计制作煎饼。接着，学生在研学导师的示范演示和指导下，开始动手制作。最后每个小组都制作成功了，并且开心分享了制作好的煎饼卷大葱。活动结束后，指导师和学生对整个研学旅行活动进行了反思，并提出了下次再做煎饼卷大葱的修改意见。大家兴高采烈，感到研学旅行非常有意义。

四、艺术审美式

（一）含义

艺术审美作为学生全面发展的基础课程，注重体验，注重学生身体的协调和鉴赏能力的提升。课程多关注自然风光的描绘、人物与景物的拍摄、建筑结构和风景园林的赏析等。既可以是戏剧欣赏或体验活动，又可以是美术工艺制作类实践活动，还可以组织学生在户外写生、摄影、制片，用画笔或镜头记录美好的生活，也可以带领学生开展行为艺术活动等，内容十分丰富。

（二）特点和功能

在活动过程中，以美育人，以文化人，鼓励学生善于发现美，学会欣赏美。了解我国传统手工艺品的文化背景和制作过程，参与制作，提高动手实践能力，激发对传统手工艺的热爱，提高艺术鉴赏能力及审美、人文素养。

（三）教学流程

艺术审美的主要流程包括：明确研学旅行目标；确定赏析对象；选择并准备活动工具；进行创作或参与制作；交流展示作品，分享心得和感受。

五、职业体验式

（一）含义

职业体验是指学生在指导师的指导下，从实际工作岗位上或模拟情境中见习、实习，体认职业角色的过程，如军训、学工、学农等。譬如，同学们在全国爱国主义教育示范基地——四川省广元市旺苍县木门军事会议纪念馆担任讲解员，传承红色基因；在模拟法庭担任审判员，体验当法官的感受。

（二）特点和功能

职业体验注重让学生获得对职业生活的真切理解，发现自己的专长，培养职业兴趣，形成正确的劳动观念和人生志向，提升生涯规划能力。

（三）教学流程

职业体验的主要流程包括：明确研学旅行目标；选择或设计职业情境；实际岗位演练；总结、反思和交流经历过程；概括提炼经验，行动应用。

六、体育健康式

（一）含义

体育健康与国防教育、心理教育密切相关，常见于青少年基地课程，既可以侧重于体能训练和拓展，也可以侧重于团队合作和心理游戏。体能拓展类课程，如野外生存训练、基地军事训练以及学校入学教育的军训等，都可以很好地弥补城市学生生活空间的不足，让孩子们暂时放飞身心，在广阔的大自然和集体活动中陶冶情操、磨炼意志。

（二）特点和功能

这类课程通常与其他课程整合设计，可以在持续数日的基地研学实践中，加入体育健康类活动内容，实现基地课程的综合教育目的。此外，也可单独设计课程。

（三）教学流程

体育健康的主要流程包括：明确研学旅行目标；选择、准备活动所需物资；帮助学生做好心理建设；活动技术、技巧和流程讲解示范；学生参与活动；总结分享。

项目 5　研学旅行教学方式和教学方法设计

七、党团队教育活动式

（一）含义

党团队教育活动是指由中国共产党、中国共青团、中国少先队组织机构开展的影响学生的身心发展的各种有主题、有目的性的教育活动，如红领巾爱心义卖行动、我为团旗添光彩、党旗下的演讲比赛等。

（二）特点和功能

它注重对学生的政治思想品德教育，培养学生爱国、爱党、爱团、爱少先队组织的理想信念，具有高尚的爱国情怀。

（三）教学流程

党团队教育活动式的主要流程：明确活动目的；制订活动计划；开展教育活动；活动成果展示；反思与改进。

八、场馆参观式

（一）含义

场馆参观是指学生在指导师的指导下，参观、考察专业博物馆、纪念馆、旧址等场所，如中国人民革命军事博物馆参观、国家海洋博物馆参观、抗日战争纪念馆参观、杨家岭革命旧址参观等。

（二）特点和功能

它注重学生的亲历感悟、实践体验、行动反思，形成理性思维，对博物馆的文化展示，使学生了解人类文明、民族历史积淀，获得崇拜感和自豪感，拓展个人视野，培养主动探索和深厚的创新精神。

知识拓展：博物馆与学校合作有多少种模式（摘要）

（三）教学流程

博物馆参观的主要流程：明确参观主题目标；选择博物馆；参观并听讲解；体验探究；参观后的任务实施、实践体会；分享参观后的成果交流讨论会、知识拓展；回顾反思与总结。

九、劳动教育式

（一）性质

劳动是创造物质财富和精神财富的过程，是人类特有的基本社会实践活动。劳动教育是发挥劳动的育人功能，对学生进行热爱劳动、热爱劳动人民的教育活动。当前实施劳动教育的重点是在系统的文化知识学习之外，有目的、有计划地组织学生参加日常生活劳动、生产劳动和服务性劳动，让学生动手实践、出力流汗，接受锻炼、磨炼意志，培养学生正确劳动价值观和良好劳动品质。

（二）特点

劳动教育是新时代党对教育的新要求，是中国特色社会主义教育制度的重要内容，是全面发展教育体系的重要组成部分，是大中小学必须开展的教育活动。

《关于全面加强新时代大中小学劳动教育的意见》

1. 具有鲜明的思想性

劳动教育必须将马克思主义劳动观贯穿始终，强调劳动是一切财富、价值的源泉，劳动者是国家的主人，一切劳动和劳动者都应该得到鼓励和尊重；倡导通过诚实劳动创造美好生活、实现人生梦想，反对一切不劳而获、崇尚暴富、贪图享乐的错误思想。

2. 具有突出的社会性

劳动教育必须加强学校教育与社会生活、生产实践的直接联系，发挥劳动在个人与社会之间的纽带作用，引导学生认识社会，增强社会责任感；同时注重让学生学会分工合作，体会社会主义社会平等、和谐的新型劳动关系。

3. 具有显著的实践性

劳动教育必须面向真实的生活世界和职业世界，引导学生以动手实践为主要方式，在认识世界的基础上，获得有积极意义的价值体验，学会建设世界，塑造自己，实现树德、增智、强体、育美的目的。

在丰富经验、技艺的基础上，尝试新方法、探索新技术，打破僵化思维方式，推陈出新。

（三）主要内容

劳动教育主要包括日常生活劳动、生产劳动和服务性劳动中的知识、技能与价值观。日常生活劳动教育立足个人生活事务处理，结合开展新时代校园爱国卫生活动，注重生活能力和良好卫生习惯培养，树立自立自强意识。生产劳动教育要让学生在工农业生产过程中直接经历物质财富的创造过程，体验从简单劳动、原始劳动向复杂劳动、创造性劳动的发展过程，学会使用工具，掌握相关技术，感受劳动创造价值，增强产品质量意识，体会平凡劳动中的伟大。服务性劳动教育让学生利用知识、技能等为他人和社会提供服务，在服务性岗位上见习实习，树立服务意识，实践服务技能；在公益劳动、志愿服务中强化社会责任感。

（四）教学流程

劳动教育式研学的主要流程包括以下内容。

1. 明确劳动教育目标

活动一开始就要向学生明确劳动教育的四维目标，即"树立正确的劳动观念""具有必备的劳动能力""培育积极的劳动精神""养成良好的劳动习惯和品质"。

2. 选择活动材料或工具

劳动材料和劳动工具是指劳动教育过程中用来讲解说明某事物或某过程的材料、模型、实物、标本、仪器、图表、多媒体等，包括教学设备、教学仪器、实训设备、实验设备、教学标本、教学模型等。譬如，地质考察探究劳动活动中的生物标本、矿物标本、化石、岩石及珍稀动物样品，地质博物馆中的恐龙仿制品，海洋文化探究中的军舰模型，线装书制作中的纸、笔、针线、钉子、锤子、书页、尺子、夹子、剪子等，都是劳动材料、劳动工具。劳动教育式研学课程开始前就要确定本节课各个教学环节需要的教具。

3. 劳动技术和流程讲解、说明、示范

围绕劳动为什么、是什么问题，有重点地进行讲解，让学生懂得劳动的意义和价值。加强劳动观念、劳动纪律、劳动相关法律法规的正面引导，指明轻视劳动特别是轻视普通劳动的危害，让学生明辨是非。加强劳动知识技能的讲解，让学生认清事理，掌握实践操作的基本原理、程序、规则，正确使用工具的方法和技术。讲解要与启发思考、示范、练习等相结合（图5-2）。

图 5-2　指导教师孟凡霞讲解盆景制作　摄影：刘国睿

4. 淬炼操作，让学生动手参与劳动

围绕如何做的问题，注重示范与练习，让学生会劳动。强化规范意识，注重从最基本的程序学起，严守规则，避免主观随意。强化质量意识，注重引导学生关注细节，每个步骤、环节都要精准到位。强化专注品质，注重引导学生对操作行为的评估与监控，做到眼到手到心到，有始有终。

5. 项目实践

围绕劳动能力的培养，让学生完成真实、综合任务，经历完整劳动过程。注重劳动价值体认，引导学生从现实生活中发现需求，选择和确定劳动项目。强化规划设计意识，充分发挥学生的积极性、主动性、创造性，引导学生对项目实践进行整体构思，综合运用所学知识、技术，不断优化行动方案。强化身体力行，锤炼意志品质，敢于在困难与挑战中完成行动任务。

6. 反思交流

围绕劳动价值意义的建构，引导学生总结、交流，促进学生形成反思交流习惯。指导学生思考劳动过程和结果与社会进步、个体成长的关联，避免停留在简单的苦乐体验上。组织学生交流分享劳动的体验和收获，肯定具有积极意义的认识，纠正观念上的偏差。将反思交流与改进相结合，使学生在劳动中获得成长。

7. 榜样激励

围绕劳动的精神追求，树立典型，激发劳动热情。注意遴选、树立多类型榜样，不仅要有大国工匠、劳动模范，还要有身边劳动表现优异的普通劳动者和同学。指导

拓展视频：专家谈研学旅行教学方式

项目5 研学旅行教学方式和教学方法设计

学生从榜样的具体事迹中领悟他们的高尚精神和优良品质。明确要求学生在日常劳动实践中努力向榜样看齐。

8. 劳动教育评价

将劳动素养纳入学生综合素质评价体系。以劳动教育目标、内容要求为依据，将过程性评价和结果性评价相结合，健全和完善学生劳动素养评价标准、程序和方法，鼓励、支持各地利用大数据、云平台、物联网等现代信息技术手段，开展劳动教育过程监测与纪实评价，发挥评价的育人导向和反馈改进功能。

 任务思考

研学旅行教学方式主要有哪些？

扫一扫，看答案

任务二　掌握常用的研学旅行教学方法

 **任务导入**

材料一：从研学旅行教学方式流程来看，每一种教学方式都包含着若干个教学方法，而且每种教学方法都在教学方式中发挥着独特的功能，因此，运用恰当而又灵活的研学旅行教学方法，对于丰富研学旅行教学方式，开展绚丽多彩的研学旅行活动有着重要的意义。

材料二：研学旅行教学方法是研学旅行教学过程整体结构的一个重要组成部分，它直接关系着研学旅行教学工作的成败、教学效率的高低和把学生培养成为什么样的人的问题。指导师如果不能科学地选择和使用教学方法，会导致师生消耗精力大、学生负担重、教学效果差，给研学旅行工作造成不应有的损失。所以，正确选择和设计恰当的研学旅行教学方法，对于更多更好地培养人才具有重要作用。

 **案例思考**

1. 研学旅行教学方法同教学方式有什么关系？
2. 研学旅行教学方法在教学中起什么作用？
3. 研学旅行中常见的教学方法有哪些？每一种教学方法的实施流程是什么？

 **任务实施**

　　研学旅行教学方法是指导师和学生为了实现共同的研学旅行目标，完成共同的研学旅行任务，在研学旅行活动中采用的教学方式、途径和手段的总称。研学旅行教学方法包括指导师指导的方法和学生学习的方法两大方面，是教授指导方法与学习方法的统一。指导方法必须依据学生的学习方法，否则便会因缺乏针对性和可行性而

不能有效地达到预期的目的。但由于指导师在教学活动中处于主导地位，所以在教师指导方法与学生学习方法中，指导方法处于主导地位。

研学旅行实践中常用的教学方法多姿多彩，我们只介绍几种常见的教学法。

拓展视频：专家谈研学旅行教学方法

一、小组合作法

（一）含义

小组合作法是指学生在研学旅行小组或团队中为了完成共同的任务，有明确责任分工的互助性学习。研学旅行中的小组合作学习法不仅解决了学校班级授课中教师难以面向有差异的众多学生进行教学的不足，更是立足于新的研学旅行教育理念，为每一位学生的全面发展创设了适宜的环境与条件。

（二）要求

（1）学生要全员参加。指导师根据明确的研学旅行目标导向，落实学生的个体学习，让每个学生有较充足的时间，按自己的水平进行自我学习。

（2）学生要主动参与。指导师要努力提高学生参与学习合作活动的主动性，要善于精心设计合作学习的内容，让学生在研学旅行过程中学会自己发问、自己分析与解决问题。学生在合作过程中进行争论，才会有所发现、有所创新。

（3）学生要人人有岗位。指导师依据学生能力的大小，引导学生在小组中选择合适的角色，从而促进不同层次的学生在小组合作中都能得到最优发展。

（三）教学流程

（1）首先引导学生选择、确定研学旅行活动主题，制订活动方案（活动目标、活动准备、过程设计）。

（2）按照小组制订的计划开展活动，随时做好活动记录。

（3）活动告一段落时，要及时总结活动的体验，准备小组交流的材料。

（4）在做活动总结时，尽量通过多种形式展示研究成果。

（5）活动结束之后，要求每一位学生对整个活动过程进行反思，以激发学生内心深层次的触动和感受。

> **案例参考**
>
> 在"非遗皮影进校园"研学旅行活动中,北京龙在天皮影基地首先发放《中国皮影戏》教材,告知研学活动目标,引导学生分组合作。全班30人,每6个人一组,共分5个组。每组设组长一名,记录人一名,专门记录本组活动情况。然后分组制订皮影制作计划,体验皮影"非遗"技艺、动手制作艺术品。制作活动结束后,让每个同学都在小组进行发言交流,谈谈自己在皮影制作过程中的收获和体会;然后让同学们分别展示自己的制作成果,让同学们相互评价;最后反思自己的不足。在此过程中,学生获得了亲身体验,提升了对皮影"非遗"的认识,能有效提高学生的观察能力、理解能力、合作能力和创造能力,增强学生的合作意识,培育学生的"工匠"精神。

二、参观访问法

(一)含义

参观访问法是指导师通过有计划、有组织地安排学生到有关单位参观访问,以使得学生得到启发、巩固所学的知识和技能的一种教学方法(图5-3、图5-4)。这种方法的优点是通过典型的现身说法,学生可以迅速接受某一新方法、新事物。参观访问法主要适用于某些无法或不易于在理论上讲述的研学旅行内容。通过参观帮助学生了解现实世界的一些真实情况,了解理论与实际之间的差距。

(二)要求

(1)实行小组责任制,明确集合地点、时间、行进路线等。

(2)学生必须确保按计划有序地进行学习活动,同时重视外出安全及行为礼貌规范。

(3)按要求做好记录。如写参观记录,重点写参观;而写访问记录,则要着重写好问和答。要做到条理清楚,重点内容则要写具体。

(4)参观后进行交流和总结。在参观访问结束后,要组织学生总结活动感受与体会等,让学生在成果展示过程中提升学习质量。

项目 5　研学旅行教学方式和教学方法设计

图 5-3　辽沈战役纪念馆是全国中小学生研学实践教育基地之一，指导师运用参观访问法安排学生前往此地参观有利于开展爱国主义教育

图 5-4　辽沈战役纪念馆雕塑

（三）教学流程

（1）要明确自己所要采访的对象及范围。

（2）联系参观的地点及有关人员。

（3）根据参观访问主题查阅参观访问对象的相关资料。

（4）指导师可协同组织并设计参观访问的路线及人员。

（5）选择并设计参观访问的内容。

（6）要求学生带好记录工具，做好记录。

（7）指导师以例证方式进行具体指导，如在描写参观对象时，要写清方位、布局、形状、色彩、构造、特色、功能等，能用数字说明的尽量用数字说明；注意所写内容的科学性、知识性和趣味性；用词要求准确、形象。

（8）参观行程结束后，进行简短的讨论总结，查看是否达到预期目标。

三、成果展示法

（一）含义

成果展示法就是学生把自己或小组在研学旅行活动中的收获汇集、整理成各种形式的成果（作品），并通过多种方式在班级、年级或学校范围内进行交流、展示和评价。

（二）要求

（1）成果展示是全体学生共同参与的活动，不是少数优秀学生的表演，指导师应尽量给所有的学生提供充分表现的机会。

（2）成果展示不能流于形式、追求热闹，要体现应有的深度。引导学生在展示的过程中，发现自我、欣赏他人，最大限度拓展学生学习的空间，培养学生良好的情感态度与新时代价值观。

成果展示要注意学生的个性差异，指导师对每一位学生所展示的成果的特色，在评价时都要充分考虑到。

（3）学生原有的学习基础不同，成果的水平也会不同。指导师应对学生付出的努力程度给予更多的关注，避免为学生的学习作品或成果分等划类。

（4）成果展示内容和形式要由指导师和学生共同商议，确保展示活动能够有计划、有顺序地进行。

（5）成果展示引导学生对研学旅行成果进行总结和自我反思，为下一步开展研学旅行活动积累经验。

（三）内容

成果展示的内容就是学生围绕研学目标进行主题探究活动的过程和结果，如学生进行调查研究、走访、统计、收集与整理资料、动手制作、动脑创意等活动过程的记录与分析结果。既有成形的成果，如小论文、调查报告、汇报演讲稿、手工作品、自编报刊、图形设计、方案设计，也有在活动过程中产生的初级成果，如观察记录、调查记录、资料摘抄、收集的资料等。

四、头脑风暴法

（一）含义

头脑风暴法（Brainstorming）的发明者是现代创造学的创始人、美国学者阿历克斯·奥斯本，他于1938年首次提出"头脑风暴法"这一概念。Brainstorming 原指精神病患者头脑中短时间出现的思维紊乱现象，病人总会胡思乱想。奥斯本借用这个概念来比喻思维高度活跃，打破常规的思维方式而产生大量创造性设想的状况，是一种激发集体智慧产生、提出创新设想的思维方法，具体是指一群人（或小组）围绕一个特定的主题或目标，通过无限制的联想和自由讨论，进行创新或改善，形成新主意，产生新点子，提出新的办法。

拓展视频：青岛啤酒博物馆指导师运用头脑风暴法教学
（摄制：姜绪军）

（二）特点

在头脑风暴中，每个人都会就某一具体问题畅所欲言，各抒己见，从而产生尽可能多的观点。头脑风暴的效用在于：较之个体之和，群体参与能够达到更高的创造性协同水平。头脑风暴的特点是让学生敞开思想，使各种设想在相互碰撞中激起脑海的创造性风暴，其可分为直接头脑风暴法和质疑头脑风暴法。前者是在专家群体决策基础上尽可能激发创造性，产生尽可能多的设想的方法；后者则是对前者提出的设想、方案逐一质疑，发现其现实可行性的方法。这是一种集体开发创造性思维的方法。

（三）要求

（1）自由畅谈。参加者不应该受任何条条框框限制，放松思想，让思维自由驰骋。从不同角度、不同层次、不同方位，大胆地展开想象，尽可能地标新立异、与众不同，提出独创性的想法。

（2）延迟评判。头脑风暴，必须坚持当场不对任何设想做出评价的原则。既不能肯定某个设想，又不能否定某个设想，也不能对某个设想发表评论性的意见。一切评价和判断都要延迟到会议结束以后才能进行。这样做一方面是为了防止评判约束学生的积极思维，破坏自由畅谈的有利气氛；另一方面是为了集中精力先开发设想，避免提前进行应该在后阶段做的工作，影响创造性设想的大量产生。

（3）禁止批评。绝对禁止批评是头脑风暴法应该遵循的一个重要原则。参加头脑风暴会议的每个人都不得对别人的设想提出批评意见，因为批评对创造性思维无疑会产生抑制作用。同时，发言人的自我批评也在禁止之列。有些人习惯于用一些自谦之词，这些自我批评性质的说法同样会破坏会场气氛，影响自由畅想。

（4）追求数量。头脑风暴会议的目标是获得尽可能多的设想，追求数量是它的首要任务。参加会议的每个人都要抓紧时间多思考，多提设想。至于设想的质量问题，自可留到会后的设想处理阶段去解决。在某种意义上，设想的质量和数量密切相关，产生的设想越多，其中的创造性设想就可能越多。

（四）教学流程

（1）准备阶段。指导师应事先对所议问题进行一定的研究，弄清问题的实质，找到问题的关键，设定解决问题所要达到的目标。同时选定参加会议的学生，一般以5~10人为宜，不宜太多。然后将会议的时间、地点、所要解决的问题、可供参考的资料和设想、需要达到的目标等事宜一并提前通知与会学生，让大家做好充分的准备。

（2）导入阶段。这个阶段的目的是营造一种自由、宽松、祥和的氛围，使得大家得以放松，进入一种无拘无束的状态。指导师宣布开会后，先说明会议的规则，然后随便谈点有趣的话题或问题，让大家的思维处于轻松和活跃的状态。

（3）明确目标阶段。主持人扼要地介绍有待解决的问题。介绍时须简洁、明确，不可过分周全，否则，过多的信息会限制人的思维，干扰思维创新的想象力。

（4）畅谈阶段。畅谈是头脑风暴法的创意阶段。这个阶段要注意：第一，不要私下交谈，以免分散注意力；第二，不妨碍及评论他人发言，每人只谈自己的想法；第三，发表见解时要简单明了，一次发言只谈一种见解。指导师首先要向大家宣布这些规则，随后导引大家自由发言、自由想象、自由发挥，使彼此相互启发、相互补充，真正做到知无不言，言无不尽，畅所欲言，然后将会议发言记录进行整理。

（5）归纳整理阶段。经过一段讨论后，学生对问题已经有了较深程度的理解。这时，为了使学生用新角度、新思维表述问题，指导师或小组书记员要记录大家的发言，并对发言记录进行整理。通过记录的整理和归纳，找出富有创意的见解，以及具有启发性的表述，供下一步畅谈时参考。

（6）筛选阶段。会议结束后，指导师应向学生了解大家会后的新想法和新思路，以此补充会议记录。然后将大家的想法整理成若干方案，根据可识别性、创新性、可实施性等标准进行筛选。经过多次反复比较和优中择优，最后确定 1~3 个最佳方案。这些最佳方案往往是多种创意的优势组合，是大家的集体智慧综合作用的结果。

（7）设想处理阶段。头脑风暴法的设想处理通常安排在头脑风暴畅谈会后进行。在此之前，指导师或记录员应设法收集学生在会后产生的新设想，以便一并进行评价处理。设想处理的方式有两种：一种是专家评审，可聘请有关专家及畅谈会学生代表若干人（5 人左右为宜）承担这项工作；另一种是二次会议评审，即由头脑风暴畅谈会的参加者共同举行第二次会议，集体进行设想的评价处理工作。

五、六项思考帽法

（一）含义

六项思考帽是一种实现平行思考和提高创新思考的工具，是由"创新思维学之父"爱德华·德·博诺（Edward de Bono）博士开发的一种思维训练模式，或者说是一个全面思考问题的模型。它提供了"平行思维"的工具，避免将时间浪费在互相争执上。强调的是"能够成为什么"，而非"本身是什么"，是寻求一条向前发展的路，而不是争论谁对谁错。运用德·博诺的六项思考帽，将会使混乱的思考变得更清晰，使团体中无意义的争论变成集思广益的创造，使每个人变得富有创造性（图 5-5）。

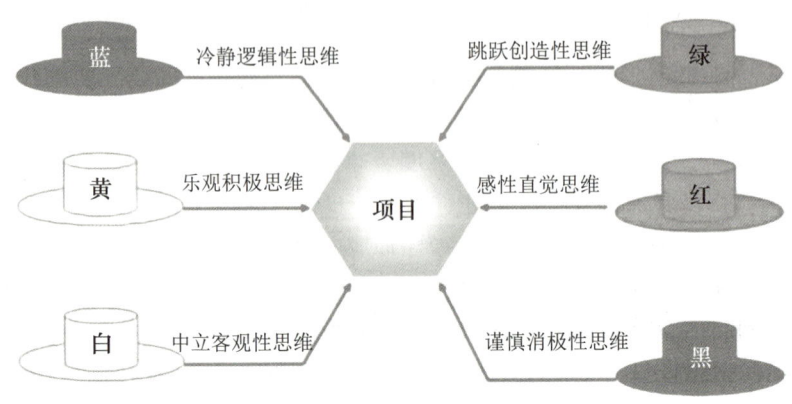

图5-5 实现平行思考和提高创新思考的六顶思考帽法

（二）特点

爱德华·德·博诺认为思考的最大障碍就在于混乱，每个人在看待同一事物时，总是会存在不同的视角，此时特别需要应用平行思考的方法，让每一个人围绕这个事物从每一个不同的视角进行平行观察。因此，他非常强调平行思考（Parallel thinking）的重要性，并设计了六顶不同颜色的思考帽，包括蓝帽、白帽、红帽、黄帽、黑帽、绿帽。

（1）蓝帽。代表对思维的考察、控制、指挥。戴蓝帽的人通常是会议的主持人和协调人，他们要纵观全局，控制整个思维过程，会议结束时要进行总结和汇报。

（2）白帽。代表已经确认的信息、事实、数据，是一种中立的、无法创生的内容。戴白帽的人只要提供准确、中立、客观的信息、事实、数据即可，既不需要诠释，也不需要附带情感。

（3）红帽。代表情绪、情感、直觉，如热情的、钟爱的、怀疑的、不喜欢的。戴红帽的人要立即发表自己对事件的感受，内容应尽量简短，无须解释自己的情感或者其理性。

（4）黄帽。代表积极、乐观、有建设性，与积极的评估有关。戴黄帽的人要从正面的角度去发现逻辑证据所支持的价值、观点、方案和收益，要采用有建设性和启发性的思考方式。

（5）黑帽。代表谨慎、批判、怀疑。戴黑帽的人要指出某个建议的风险、缺点、潜在的问题，不符合事实的经验、政策、建议等。

（6）绿帽。代表新观点和各种可能性。戴绿帽的人要提出各种具有替代性与可行性的解决方案，这些解决方案不一定符合逻辑，但必须具有创新性。

（三）作用

（1）六项思考帽既是平行思维工具，又是创新思维工具，也是人际沟通的操作框架，更是提高团队智商的有效方法。

（2）六项思考帽给人以热情、勇气和创造力，让每一次会议、每一次讨论、每一份报告、每一个决策都充满新意和生命力，利于调动学生的积极性。

（3）六项思考帽能够帮助人们提出建设性的观点；聆听别人的观点，集思广益，避免了学生自负现象，增强了团结合作意识。

（4）六项思考帽从不同角度思考同一个问题，从而创造出高效能的解决方案，避免了片面思考。

（5）六项思考帽用"平行思维"取代批判式思维和垂直思维，避免人与人之间的对抗，能激发新思路、新想法。

（6）六项思考帽用形象化的手段驾驭复杂的问题，剔除思维的无助和混乱，摆脱习惯思维枷锁的束缚，以更高效率的方式进行思考。

（四）教学流程

六项思考帽在讨论模式中的典型的应用步骤：
（1）白帽，陈述问题；
（2）绿帽，提出解决问题的方案；
（3）黄帽，评估该方案的优点；
（4）黑帽，列举该方案的缺点；
（5）红帽，对该方案进行直觉判断；
（6）蓝帽，总结陈述，做出决策。
注意：在整个思考过程中，应随时调换思考帽，进行不同角度的分析和讨论。

六、世界咖啡法

（一）含义

世界咖啡是一种创造集体智慧的会谈方法，它通过营造"大家聚集在一起喝咖啡聊天的情景和氛围"，让拥有不同专业背景、不同观点的人围坐在一起，围绕一个相关问题进行无障碍交流，畅所欲言，各抒己见，通过将大家的思维和智慧集中起来解决问题，形成集体智慧（图5-6）。

图 5-6　世界咖啡法的规则

（二）教学流程

（1）环境氛围准备。世界咖啡的环境要像咖啡屋一样进行布置，譬如，桌子上有桌布、鲜花、彩笔、蜡烛，要播放轻音乐，来点小点心。

（2）第一轮研讨。4~6 人围坐一桌开始第一轮研讨，组长介绍世界咖啡会谈的规则和主题。研讨围绕一两个对他们个人非常有意义的问题进行，每人 2~3 分钟。第一轮结束的时候，组长留在这个桌子上整理归纳，其他人到另外的咖啡桌上。

（3）第二轮研讨。另外，咖啡桌的组长欢迎新参与者并和他们共享此前的会议精华，介绍本咖啡桌上次讨论的基本观点。逐一听取其他咖啡桌组员的观点，讨论继续进行，并随着新一轮讨论的开始，讨论进一步加深。组长在两次研讨的基础上整理完善本咖啡桌的观点。

（4）第三轮研讨。第二轮结束的时候，根据世界咖啡的设计，参与者继续转到其他没去过的咖啡桌开始新一轮的讨论。按照第二轮的流程，组长引导其他咖啡桌成员继续探究新的问题或者深入讨论原来的问题。

（5）第四轮研讨。三轮或更多轮以后，各组组员回到第一轮所在的小组，整个小组集合在一起分享从其他咖啡桌了解到的印象最深刻的观点和经验，组长不断记录和完善本咖啡桌的主题、领悟和学习结果。

项目 5　研学旅行教学方式和教学方法设计

（6）进行研讨小结。组长和组员对本咖啡桌的观点进行梳理、汇总和筛选，并推荐一位代表，准备本咖啡桌集体汇报的内容。

（7）汇报成果。各咖啡桌代表依次向指导师汇报，其他咖啡桌成员可以点评交流。

（8）确定行动方案。指导师根据各咖啡桌的意见，总结出最有价值的设想和最关注的问题，确定切实可行的方案。

（三）设计原则

世界咖啡法的设计要遵循以下原则。

（1）提出会议内容，即明确研讨目标和参加人数及参加会议的地点。

（2）创造宜人的环境，即环境舒适、参与者被尊重、心理安全、人性化的环境。

（3）探究真正重要的问题，即关注核心问题，激发参与者的热情，鼓励开放创新，确保会谈成效。

（4）鼓励每个人的贡献，即鼓励每个人有意义地参与并且有实在的期望，确保全面参与和投入。

（5）交流并连接不同的观点，聚焦核心问题，鼓励不同的观点并且探究不同观点的相互关系，注意吸纳不同的文化和观点。

（6）共同倾听不同的模式和见解，分析深层次的问题，凝聚集体的力量，达成思想上的共识和一致。

（7）接受并分享集体智慧，分享共同成果，形成可执行操作的方案和方法。

拓展视频：青岛啤酒博物馆指导师运用世界咖啡法教学
（摄制：姜绪军）

七、情境体验法

（一）内涵

情境体验教学法是指指导师在教学过程中，指导师有目的地引入或创设具有一定情绪色彩的、以形象为主体的生动具体的场景，以引起学生一定的态度体验，从而帮助学生理解研学旅行内容，并使学生的心理机能得到全面发展的教学方法。情境体验教学法的核心在于激发学生的情感。

（二）教学流程

1. 带入情境

即把学生带入研学旅行基地，从众多的研学旅行课程资源中选取某一典型场景，作为学生观察的客体，并以指导师语言的描绘，鲜明地展现在学生眼前。

2. 演示情境

即以实物为中心，勾画必要背景，构成一个整体，来演示某一特定情境。以实物演示情境时，应考虑到相应的背景，如"漓江上的竹筏""蓝天上的飞鸟""高速铁路上的火车"等都可设计出研学课程背景，激起学生广远的联想。

3. 再现情境

用图画展示情景，用图画再现研学旅行课程情境、再现学校课文情境，把学校课本知识、研学旅行基地知识内容形象化、具体化。研学旅行手册插图、特意绘制的挂图、剪贴画、简笔画等都可以用来再现研学旅行课程情境。例如北京大学旧址研学旅行课程中，开展五四爱国运动情景剧，通过美术、声像等设备，展示当年的历史背景和情景，学生置身于当年那场红红火火的爱国运动情境中，激发了学生的爱国主义热情，励志刻苦学习，精忠报国，达到育人效果。

4. 渲染情境

用音乐渲染情境，以音乐特有的旋律、节奏，塑造出与研学旅行课程在基调上、意境上，以及情境发展上对应、协调的音乐形象，把学生带到预定的研学旅行的意境中。播放乐曲或歌曲，教师自己的弹奏、清唱，以及学生的演唱、哼唱都是行之有效的办法。

5. 表演情境

研学旅行情境教学中的扮演角色是担当研学旅行课程情境中的某一角色进行表演。由于学生自己进入、扮演角色，这时候的角色已经不再是研学旅行资源中的角色，不再是在研学旅行手册、课本中的静止角色，而就是自己或自己班集体中的活生生的同学。角色扮演，表演情境，这样学生会对研学旅行手册、课本中的角色产生亲切感，自然而然能加深内心体验。

6. 描述情境

在情境出现时，指导师或学生伴以语言描绘，或解说，或描绘，或者有感情地渲染，这对学生的认知活动起着一定的导向性作用。语言描绘提高了感知的效应，情境会更加鲜明，并且带着感情色彩作用于学生的感官。学生因感官的兴奋，主观感受得到强化，从而激起情感，促进自己进入特定的研学旅行情境之中。

7. 反思情境

学生对整个研学旅行过程进行反思，与生活学习中的个人思想品德和个人能力相联系，反思自己的不足，找出自己的差距。例如，学生通过开展五四爱国运动情景剧表演，明白了弱国无外交，帝国主义列强始终在盯着我们，结合当前国际形势，一直到目前，西方列强，一直打压着我们中华民族，中国必须强盛，我们新时代青少年必须深刻反思自己在学习、生活中的种种不足，立志刻苦学习，肩负使命，精忠报国。通过学生的反思，达到育人效果。

8. 提升情境

通过对情境的反思，指导师引导学生总结研学旅行中的收获，改正自己的缺点，提升自己的思想品德和学习能力。例如，学生通过开展五四爱国运动情景剧表演，反思自己在学习、生活中的种种不足，联系自己生活和学习实际，努力提高自己为人民服务的本领，肩负起中华民族伟大复兴使命。

八、角色扮演法

（一）内涵

角色扮演法，是指导师在教学中，通过研学旅行情景模拟，要求学生扮演指定的行为角色，并对学生行为表现进行评定和反馈，以此来帮助学生提升自身综合素养、提高个人行为技能的一种教学方法。

（二）教学流程

角色扮演方法的教学流程：

（1）选择剧情。根据研学旅行资源和教学目标，选择有多种人物性格的研学旅行剧情。

（2）布置场景。指导师需要根据教学目标和内容准备教学材料和道具，布置表演的场景，为学生提供角色扮演活动的流程、每个角色的介绍资料、角色扮演活动的教学评价表。此外，指导师还可以根据角色需要，适当给学生提供服装或道具。

（3）选择小组。采用学生自愿组合和指导师制定相结合的方法，成立各种工作小组，共同完成研学旅行任务。

（4）分配任务。指导师根据各个小组的分工，布置相应问题，说明相应任务，强调研学旅行过程中的合作和沟通。要强调这是一个小组作业，而不是个人表现。学生一起努力来呈现一次有效的表演。由小组长负责和班级中其他人的沟通。譬如，淮海战役的支前大军情景剧任务分工（表5-1）。

表 5-1 淮海战役的支前大军情景剧任务表

名称	组长	成员	任务
导演组			负责情景剧策划、导演等全部剧务工作
担架组			负责剧中担架制作、伤员运送
小车组			负责剧中小车征集、管理、运输
大车组			负责剧中大车征集、管理、运输
挑子组			负责剧中挑子制作、管理、物资运输
弹药组			负责剧中弹药管理、运输
船只组			负责剧中船只制作、管理、运输
牲畜征收组			负责剧中牲畜征收、管理、运输
粮食征收组			负责剧中粮食征收、管理、运输
伤员救护组			负责剧中伤员救护运输

（5）选拔演员。小组成员选好演员，准备表演。小组集体分析讨论决定角色扮演的人物和表演的大体思路，集体描述人物并大致勾勒出行动的可能进程。学生要挑选人物场景并讨论这些人物是如何对情景做出反应的，最大限度地激发学生参与的能动性和积极性，保证角色扮演活动的顺利进行。

（6）组织观众。观众的存在更能保证情境的真实性，有助于学生表演发挥，并让学生产生真实的情感体验。观众也要承担配合表演、维持秩序、参与互动、表演评价等具体的任务，让每一个学生参与到角色扮演活动中。

（7）开展表演。这是角色扮演教学方法的主要教学阶段，既是对前面计划安排的检验，又是对后面评价、反思工作的引领。开展表演要设定时间限制，明确后续工作要求。根据具体情况，每个小组有 10 分钟的表演时间，在第 8 分钟的时候，提醒一次。在表演后，指导师可以指导各组进行一次小型的讨论，也可以延迟到所有的小组表演结束后进行讨论，还可以让扮演者来描述他们扮演角色的感受。

案例参考：平遥县衙博物馆《巧断铜钱案》情景剧（片段）

（8）回顾讨论。小组成员回到组内讨论表演体会，小组长准备向全团报告小组的讨论结果。指导师指导全团同学回顾整个过程。保存整个过程的文稿或录像等资料。

（9）活动评价。指导师要引导、帮助学生不断开展自评、互评活动，采取多种激励措施，全面评价学生。

九、直接讲授法

（一）内涵

直接讲授法，也叫讲授法，即讲授式教学方法，是教师通过语言系统地向学生描绘情境、叙述事实、解释概念、论证原理和阐明规律的一种教学方法。讲授法是一种古老而又广为应用的传统的教学方法，有人批评它是"照本宣科""满堂灌""填鸭式"的教学，其导致了学生机械地、被动地学习，抑制了学生的主体参与，不利于学生能力的发展。如果教师能够正确运用讲授法，那么它的确是一种传授知识的有效方法。尽管颇受非议，但是指导师如果运用得当，直接讲授法却是行之有效的一种研学旅行教学方法，是指导师向学生传授知识不可或缺的手段。

（二）教学流程

直接讲授法的教学流程如下。

（1）回顾知识。回顾以前学校学过的、与研学旅行基地资源有关的课本知识；确定学生已经掌握了以前学过的知识，并懂得课本知识和以前的研学旅行知识，与现在将要学习的研学旅行新知识之间的联系。

（2）确定目标。在研学旅行课的一开始，用学生可以理解的语言把研学旅行教学目标陈述清楚。

（3）导入新课。导入研学旅行新知识，认真组织研学旅行新内容，并且用趣味性的方式陈述出来。反复检查是为了确定学生是否理解了信息。

（4）开展新课。开展研学旅行新课程教学时，引导学生以组为单位，单独进行研学实践时，继续监督学生，检查差错。指导学生研学实践的全过程，确定他们进行了正确的研学实践，评估成绩，提供正确的反馈、指导意见。

（5）布置作业。只有当指导师确信学生能正确地完成研学旅行任务时，才能布置研学旅行课后的作业。

（6）回顾反馈。研学旅行过后，按照约定的方式和方法，指导师要定期回顾，提供正确的反馈。指导师要进行周期性的检查，从而确定新的研学旅行知识已经被学生掌握。

十、项目式（PBL式）教学法

（一）内涵

项目式（PBL式）教学法指的是"基于项目的学习模式"（Project-Based Learning，PBL），也称为项目教学法，它以项目为载体，以学习为目的，将复杂而真实的问题分解成一个又一个具体的项目，学生通过完成这些项目，掌握相关的各种知识和技能，提高综合素养。

（二）教学流程

（1）选择项目。选择合适的项目是PBL教学模式运用的关键，指导师在选择项目时需要注意以下几点。首先，选择的项目要与核心目标保持一致；其次，选择的项目的内容应该是学生比较感兴趣、可操作性强、可以吸引学生主动参与的；最后，选择的项目最好要层层推进、富有挑战性，使学生不仅能学习知识，而且能利用知识解决问题。例如有关城市森林公园的研学旅行课程，可以设计一个提交城市森林公园改造可行性研究报告的项目，学生通过参观、调查、文献研究和设计等多种活动层层推进，并最终完成这个项目。

（2）制订计划。在明确了选择项目的基础上，要对如何完成项目制订出可行的计划。

（3）执行计划。在实施PBL项目教学的过程中，指导师要让学生直接参与到项目的执行中，并通过引导、辅助、支持的方式去配合学生，要不时地创造机会、提供空间、创设各种情境，激发学生的创新思维，使学生在学习中自主探索、发现，在合作交流中相互启示，在师生讨论中相互碰撞、形成共识，从而激发学生的创新欲望和需求，帮助学生形成一种良好的学习探究习惯。

（4）完善方案。由于PBL教学模式需要解决的是真实且复杂的问题，而已经制订的计划在执行的过程中可能还会存在一些瑕疵，所以指导师可以引导学生通过讨论交流，对方案进行修订和完善。

（5）展示成果。PBL教学模式在展示项目成果时应突出以学生为中心的理念，激发学生的创造性，引导学生决定成果展示的类型和内容。

（6）评价反思。对项目的完成过程和结果进行评价和反思并得出结论。PBL教学模式评价应避免简单化，而关注过程性评价。

项目 5　研学旅行教学方式和教学方法设计

> **知识拓展**
>
> **教学方法的选择依据**
>
> 　　研学旅行教学是一种创造性的艺术活动,指导师应结合实际,恰当地选择和创造性地运用研学旅行教学方法,展示自己的教学艺术,并形成自己的教学风格,来优化教学,完成研学旅行的任务。
>
> 　　一般来说,研学旅行教学方法选择的主要依据如下。
>
> （1）研学旅行教学目的、任务的要求。
> （2）研学旅行教学过程、原则和特点。
> （3）研学旅行课程资源内容和特点。
> （4）学生的兴趣、水平、智能、态度、学风与习惯。
> （5）研学旅行教学时间长短。
> （6）指导师的思想与业务水平、经验与能力、教学习惯与特长。
> （7）师与生双边活动的配合、互动的状况与质量。
> （8）研学旅行基地的物质条件、研学设备、社会条件、自然环境等。
> （9）研学旅行过程中的突发性事变。
>
> 　　常言道:"教学有法,但无定法。"又说:"运用之妙,存乎一心。"教学方法的选择与运用,既要讲科学规范、切合实际,又要重机智与创新。
> （辛宇杰供稿）

 **任务思考**

研学旅行教学方法主要有哪些?

扫一扫,看答案

项目实训与提升

 **项目测验**

扫描右侧二维码,开始做题吧。

随堂测验

 **综合实训**

广西横县位于广西东南部，总面积3464平方千米，人口115万，是全国最大的茉莉花生产基地和加工基地。横县种植茉莉花有文字记载的历史已有400多年。公元1566年，横州州判王济在《君子堂日询手镜》中记述，横县"茉莉甚广，有以之编篱者，四时常花"。明版《横州志物产》也有类似记载，明朝诗人陈奎咏花作诗云："异域移来种可夸，爱馨何独羹云斜，幽斋数朵香时泌，文思诗怀妙变花。"说的就是茉莉花。

横县茉莉花花蕾大、花期长、香气浓郁持久，是茉莉花中的上品，被新闻界和茶叶界誉为"中国茉莉花之都"。2000年6月，被国家林业和草原局、中国花卉协会正式命名为"中国茉莉之乡"。

横县种植茉莉花已有400多年的历史，主要用于窨制茉莉花茶，也可提取香精，所产茉莉花茶香气浓郁，鲜灵度高，香气持久耐泡，爽口宜人，深受山东、东北等消费者的欢迎。广西壮族自治区横县汶塘茉莉园生态农业开发有限公司针对中小学生开发了茉莉花文化研学旅行课程。

请运用小组合作法编写茉莉花茶文化探究课程教案。

解题思路

项目 6

研学旅行课程资源设计

全国中小学生研学实践教育基地——南宁青秀山风景区

研学旅行课程设计

项目导读

本项目首先介绍了研学旅行课程资源的含义和类型，随后介绍了研学旅行课程资源开发和利用的方法。

学习目标

了解研学旅行课程资源的含义；熟悉研学旅行课程资源的类型；掌握研学旅行课程资源开发和利用的方法。

思维导图

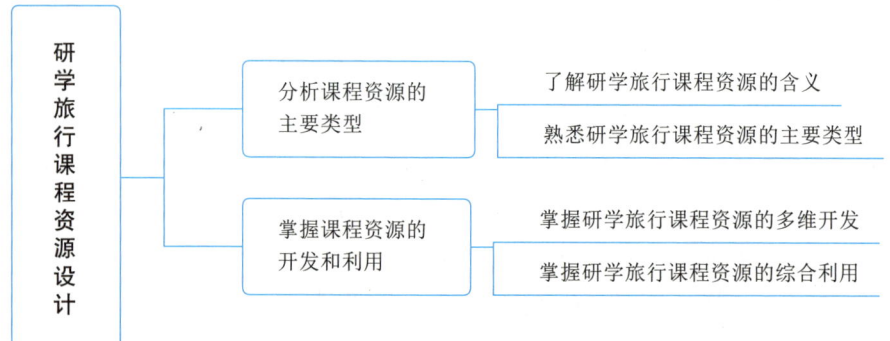

拓展视频：专家谈研学旅行课程资源

项目6　研学旅行课程资源设计

任务一　分析课程资源的主要类型

哈尔滨市研学旅行课程资源简介

哈尔滨，位于中国东北，黑龙江省西南部，不仅是黑龙江省的省会，更是一座副省级城市，是中国东北地区北部政治、经济、文化中心。独特的地理位置和历史文化底蕴，使其成为一座兼具异国风情的美丽都市。这里不仅汇聚了我国北方少数民族深厚的历史文化，还融合了中外多元文化，是中国的历史文化名城和研学旅游胜地，享有"冰城""东方莫斯科""东方小巴黎""世界音乐之都"及"中国啤酒之都"等诸多美誉。

哈尔滨以其红色文化、金源文化、冰雪文化、音乐文化和欧陆文化而名扬四海。这座城市不仅魅力四射，更拥有丰富的研学旅行课程资源。如哈尔滨松花江风景区、太阳岛风景区、伏尔加庄园、东北虎林园、亚布力滑雪场、中央大街、圣索菲亚大教堂等，每一处都展现了自然的壮美与人文的独特，让人流连忘返。

哈尔滨还是一座红色基因深厚、革命传统优良的城市。这里是马克思主义早期在工人中传播的地区之一，也是最早建立东北地区党组织的城市，更是党领导早期抗日武装的城市，以及全国解放最早的城市。通过参观侵华日军731部队罪证遗址，人们能够深刻反思历史，铭记中华民族抵抗侵略、捍卫国家尊严的艰辛历程。在东北烈士纪念馆，广大研学对象得以缅怀赵一曼、赵尚志等革命先烈，重温东北抗日联军的光辉历史，追溯抗战十四年的峥嵘岁月。此外，"国防七子"中的哈尔滨工业大学和哈尔滨工程大学，更是弘扬大国工匠精神，展现强大国防力量的所在。走进金上京会宁府遗址，对研学对象而言，是学习和理解民族史的重要课堂。

在哈尔滨，人们还能体验到冰壶、滑雪等冰雪体育研学课程，在四季之中都能感受到冰雪研学的魅力。此外，鱼皮画制作、麦秸画制作、桦树皮画制作、剪纸等少数民族非遗文化研学旅行课程，为研学对象提供了别具一格的文化研学体验。（辛宇杰供稿）

案例思考

1. 什么是研学旅行课程资源？
2. 本案例中的哈尔滨市有哪些类型的研学旅行课程资源？

一、了解研学旅行课程资源的含义

研学旅行课程资源的概念本身有广义与狭义之分。广义的研学旅行课程资源指有利于实现研学旅行课程目标、培养新时代学生核心素养的各种因素，是富有教育价值、能够转化为研学旅行课程或服务于研学旅行课程的各种条件的总称。狭义的研学旅行课程资源仅指形成研学旅行课程的直接来源。从研学旅行核心素养目标实现的角度看，凡是对其有利的因素都应该归属于研学旅行课程资源，其中既包括资源包、文献资料、研学旅行基地等物质资源，也包括学科专家、教师、指导师、学生、项目专家、导游、讲解员等人力资源。

二、熟悉研学旅行课程资源的主要类型

研学旅行课程资源类型多种多样。本书主要对《教育部办公厅关于开展"全国中小学生研学实践教育基（营）地"推荐工作的通知》中提到的五大优质课程资源和教育部《大中小学劳动教育指导纲要（试行）》中提到的劳动教育资源加以阐述，即优秀传统文化资源、革命传统教育资源、国情教育资源、国防科工资源、自然生态教育资源和劳动教育资源六种类型。

（一）优秀传统文化资源

优秀传统文化资源包括旅游服务功能完善的文物保护单位、古籍保护单位、博物馆、非遗场所、优秀传统文化教育基地等单位资源，能够引导学生传承中华优秀传统文化核心思想理念、中华传统美德、中华人文精神，坚定学生

的文化自觉和文化自信。

> **"弘扬传统文化 研学内乡县衙""十个一"研学旅行课程新鲜出炉**
>
> 　　内乡县衙是河南省首批研学旅行示范基地，有着丰富的官德文化、楹联文化、廉政文化等优秀传统文化资源。内乡县衙研发的研学旅行课程可总结归纳为"十个一"（参观一次官德研学基地、观看一场知县审案表演、吟诵一次县衙官德名联、观赏一场县衙动漫电影、制作一次古代官箴拓片、参加一次清代秀才考试、聆听一场非遗宛梆演唱、体验一次宛西民俗活动、参与一次知县出巡仪式、召开一次研学主题班会）。这些课程的设计，重点是按照内容丰富、形式多样的要求，采用模块化、层次化设计，结合内乡县衙旅游资源实际和文化特点，贴合不同学段学生特点和研学需求，注重体现"研中学""游中学"两大重要概念，使得学生可以在实践与体验中直接受到教育，具有较好的可实施性和可拓展性。
>
> 　　（来源：凤凰网 河南综合 2018-11-08）

（二）革命传统教育资源

　　革命传统教育资源包括爱国主义教育基地、革命历史类纪念设施遗址等单位资源，引导学生了解革命历史，增长革命斗争知识，学习革命斗争精神，培育新的时代精神。譬如，陕西省杨家岭革命旧址是中共中央驻地旧址，位于延安城西北2千米处，为国家AAAAA级旅游景区。1938年11月至1947年3月，毛泽东等中央领导和中共中央机关在此居住和办公。其间，中共中央继续指挥抗日战争敌后战场并领导了解放战争，领导了大生产运动和整风运动，召开了党的"七大"和延安文艺座谈会。于1942年在此建成中央大礼堂，1945年4月23至6月11日在中央大礼堂隆重召开了党的第七次代表大会。2019年12月，杨家岭革命旧址正式被评为国家AAAAA级旅游景区。这里的毛主席的菜园、毛主席旧居、中央会议厅遗址、原中央招待所，还有这里发生的历史事件，如毛主席会见美国记者安娜、周恩来遇险、邓小平婚礼、延安文艺座谈会、中共七大、全党整风运动等都是革命传统教育资源。

（三）国情教育资源

　　国情教育资源包括体现基本国情和改革开放成就的红色场馆、美丽乡村、传统村落、特色小镇、大型知名企业、大型公共设施、重大工程等单位资源，能够引导学生了解基本国情及中国特色社会主义建设成就，激发学生爱党爱国之情。

（四）国防科工资源

国防科工资源包括国家安全教育基地、国防教育基地、海洋意识教育基地、科技馆、科普教育基地、科技创新基地、高等学校、科研院所等单位资源，能够引导学生学习科学知识、培养科学兴趣、掌握科学方法、增强科学精神，树立总体国家安全观，树立国家安全意识和国防意识。

（五）自然生态资源

自然生态资源包括自然景区、城镇公园、植物园、动物园、风景名胜区、世界自然遗产地、世界文化遗产地、国家海洋公园、示范性农业基地、生态保护区、野生动物保护基地等单位资源，能够引导学生感受祖国大好河山，树立爱护自然、保护生态的意识。

知识拓展

生态研学旅行正成为海南重要名片（节选）

海南省是我国知名的岛屿，拥有滨海沙滩、热带雨林、珍稀动植物、火山与溶洞等丰富的自然生态研学资源。海南省拥有世界级的旅游资源，是名副其实的研学旅行资源富集区，具备极高的研学旅行价值和国际研学吸引力。随着全省生态保护工作的深入推进和文旅融合的高质量发展，生态研学正逐步成为海南岛旅游的重要名片（图6-1、图6-2）。

图6-1 海南省三亚市椰梦长廊

项目6 研学旅行课程资源设计

图6-2 海南省三亚市金陵度假村滨海沙滩风光

《生态研学旅行专题报告》认为，海南岛凭借独特的地理位置、典型的气候类型、深厚的人文历史、丰富的生物多样性特征、完善的自然生态保护措施，为发展生态研学奠定了坚实的基础，以热带雨林国家公园和海洋资源为主体的自然生态研学旅行体系基本成型。海南高度重视自然生态保护与研学旅行融合创新发展，不断推进生态研学旅行与时俱进，取得了显著成效，在全面推动海南自由贸易港建设背景下，海南走出了一条具有自贸港特色的生态研学旅行发展之路，以热带雨林国家公园和海洋资源为主体的自然保护地体系基本成型。

海南岛凭借独特的自然生态资源，广泛凝聚自然生态研学行业资源，逐步成为热带海岛自然生态研学旅行胜地，构建了互联互通的生态研学旅行网络体系，海南生态研学旅行在探索和实践中不断前进，正逐步成为海南岛旅游的重要名片。

（资料来源：海南日报 2022-07-08）

（六）劳动教育资源

劳动教育资源包括综合实践基地、青少年校外活动场所、学校劳动实践场所，家庭日常劳动场所、劳动实训基地、土地、山林、草场、厂矿企业、城乡社区、福利院、医院、博物馆、科技馆、图书馆等单位资源，让学生动手实践、出力流汗，接受锻炼、磨炼意志，培养学生的正确劳动价值观和良好劳动品质。

 **任务思考**

研学旅行课程资源有哪些类型？都有什么作用？

扫一扫，看答案

项目6 研学旅行课程资源设计

任务二　掌握课程资源的开发和利用

一座秦岭山，半部中国史

秦岭和合南北、泽被天下，是我国的中央水塔，是中华民族的祖脉和中华文化的重要象征。秦岭西起甘肃临洮，中贯陕西省南部，东抵河南鲁山，东西长1600千米，南北宽300千米，主峰太白山海拔3771.2米。

秦岭是我国重要的生态安全屏障。秦岭是《全国主体功能区规划》中"两屏三带"生态安全战略格局的重要组成部分，是长江与黄河两大水系的分水岭，以分水岭为界，北部属黄河水系，南部属长江水系。秦岭范围内流域面积在100平方千米以上的河流有195条，年平均降水量820毫米，多年平均水资源总量达192.5亿立方米。秦岭是南水北调中线工程的重要水源涵养区，供水量占南水北调中线总调水量的70%。

秦岭是中华文明、中华地理的精神标识和自然标识。在漫长的历史发展过程中，秦岭哺育了中华文化。上古时期的炎帝、黄帝、伏羲等中华民族的先祖们曾长期在秦岭北麓活动，周秦汉唐等13个王朝先后在此建都，古丝绸之路从这里出发，《诗经》《史记》《汉书》等经典著作和汉字、造纸等伟大创造滥觞于此。秦岭范围内有丰厚的历史文化、红色文化、民俗文化资源和人文景观，底蕴悠久深厚，全国重点文物保护单位32个，省级文物保护单位172个，AAAA级以上旅游景区38个。

秦岭是重要的生物基因库。秦岭良好的生态环境造就了东西承接、南北过渡、区系交替、种类繁多的"生物基因库"，素有"动植物王国""天然药库""生物基因库"的美誉。秦岭范围有种子植物3800余种、鸟类418种、兽类112种，分别占全国总数的13%、29%、22.4%，120种动物和176种植物被列入国家和省级重点保护对象，是许多古老和孑遗生物的家园。大熊猫、金丝猴、羚牛、朱鹮并称"秦岭四宝"。

秦岭是我国自然资源富集区。秦岭森林密布，林业用地面积占总面积的80.4%，森林覆盖率69.65%。秦岭范围内共有保护单元518个，其中，国家大熊猫公园1个、自然保护区33个、饮用水水源保护区40个、风景名胜区14个、国家植物园1个、森林公园50个、地质公园7个、湿地公园11个、重要湿地17个、重要的大中型水库15个。秦岭有30种矿产资源保有储量列全国前十位。有丹参、杜仲、绞股蓝等中药材600余种，是我国重要的"天然药库"和"中药材之乡"。

保护好秦岭生态环境，对确保中华民族长盛不衰、实现"两个一百年"奋斗目标、实现可持续发展具有十分重大而深远的意义。

（资料来源：陕西秦岭生态环境保护网）

案例思考

1. 秦岭自然保护区的研学旅行课程资源有哪些？
2. 如何开发和利用秦岭自然保护区的研学旅行课程资源？

任务实施

一、掌握研学旅行课程资源的多维开发

（一）聚合力量，创建多元开放的研学旅行资源环境

（1）强化教育、发改、文旅等政府主管部门的统筹协调职能，整合各种研学旅行资源，促进社会场馆、实践基地和演艺文创等企事业单位、科研机构等向学生和其他研学对象开放，并通过法律法规来指导规范各行业单位的职责和义务。例如，2022年11月21日，山东省教育厅、省发展改革委、省文化和旅游厅三家联合研究制定了《山东省省级中小学生研学基地、营地管理办法》，进一步推动全省中小学生研学实践工作开展，切实发挥研学实践在培养中小学生社会责任感、创新精神和实践能力中的重要作用，实现省级中小学生研学基地、营地运行管理规范化、制度化，创建多元开放的研学旅行环境。

（2）发挥研学旅行基地主阵地作用，因地制宜打造特色研学旅行资源。例如，某抗战纪念馆利用有限场地，开展研学对象参与抗日战争情景剧的体验活动，并以研学旅行活动为切入点丰富基地的企业文化，提高研学旅行对象的爱国爱党、自立自强的意识和能力。

（3）发挥企事业资源优势，凸显研学旅行实践多元化。发挥企事业现有研学旅行实践资源优势，深化校企合作，丰富和拓展研学旅行的实践场所，如与博物馆、纪念馆、植物园、农业基地等合作。

（二）整体规划，开发融入研学旅行理念的课程资源

（1）利用好当地独特资源，整体规划，顶层架构，将研学旅行培养核心素养、强调身心参与、激发创新创造等理念潜移默化地融入各专业教学实践之中。吃透研学旅行的最终目标，根据不同学段学生的年龄特点，将立德树人根本任务融入其中，让学生在研学旅行中与自然、社会相联结，进而激发其主动性、创造性。

案例参考

穿越白垩纪恐龙峡谷，让上亿年的化石"活"起来

山东莱阳白垩纪国家地质公园王正东老师在设计本基地研学旅行课程时，依靠独特性和不可复制性的白垩纪地质公园资源优势，把生硬的科学考察资源变成了学生喜闻乐见的研学旅行活动课程。他合作的研学旅行团队指导师们结合基地资源，根据学生实际情况，开发出一系列动手性强、体验性强的研学实践课程。课程引领中小学生穿越亿万年的白垩纪恐龙峡谷，亲临野外地质公园挖掘现场，模拟考古学家挖掘、修复。在了解地质结构和古生物化石基本知识的基础上动脑动手、考察探究，让上亿年的化石"活"起来，让课本里的知识"走"出来、"动"起来，为孩子们了解古生物、近距离接触科学提供了不可替代的研学实践场所，让学生真正感受到了科学的无穷魅力。整个课程活动激发了学生的主动性、创造性，更加坚定了对我们国家的认同和热爱。

（2）挖掘课程育人、科研育人、实践育人等维度的研学旅行资源。积极挖掘各专业领域的各种研学旅行元素，建构研学旅行课程体系，带领学生主动参与考察探究、职业体验、社会服务、社会调研、实践调查、实操实训、采风创作等研学实践课程；加强各类专业教育中研学实操技能训练，增强学生参与研学旅行的自觉性与主动性，实现基础教育、职业教育与研学旅行的有机融合。

（3）研学旅行作为跨学科的实践性课程，是落实研学旅行立德树人根本任

务的重要载体，可整合社会服务、设计制作、职业体验等相关内容，开设研学旅行主题活动。学生主题活动主要有：考察探究（如野外考察、社会调查、研学实践等）、社会服务（如公益活动、志愿服务、勤工俭学等）、设计制作（如动漫制作、编程、陶艺创作等）、职业体验（如军训、学工、学农等）、科技创新体验与实践（如科技发明与制作活动、科技创新主题探究与试验、科技创新应用实践与学习体验等）、党团队教育活动、博物馆参观等。

（三）积极建构，开发研学旅行实践基地资源

（1）利用校内研学旅行实践基地资源。指导师在进行研学旅行课程资源设计时，要充分发挥学校自身专业优势和服务社会功能，积极开发和利用校内研学旅行实验、实训场地，依照研学旅行的要求设置科技创新、创业孵化等研学实践项目；将研学旅行场所搬到景区场馆、田间地头、工厂车间，到城镇乡村创建研学旅行实验区，培养学生对研学旅行产业新业态、研学旅行新形态的适应能力，丰富研学旅行资源。

（2）拓展校外研学旅行实践场所资源。梳理省、市、区各类社会实践资源，充分利用现有综合实践基地、青少年校外活动场所、学校实践场所资源。主动与各行业研学基地和实训基地合作，实现资源共享。

（3）开发研学旅行基地特色课程。研学旅行基地课程开发是在对学校、基地、社区、景区等课程资源进行合理的分析与科学评估的基础上，将课程开发活动置于基地所能凭借的课程资源上，从而突破单一狭隘的传统教学模式。进行研学旅行基地的课程资源开发与设计，既能够提高基地现有资源的使用效率，又能够充分挖掘和利用蕴藏在基地、社会和自然中的课程资源，以基地特色产品、产业、文化等为依托，多维度进行课程的开发和实施，把基地内外各种环境资源整合起来，发挥研学旅行对象的动手实践能力和解决问题的能力。

（四）构建学校联盟，实现研学旅行资源共享

中国幅员辽阔，城乡之间研学旅行资源千差万别。城市学校可以充分利用校外资源，主要包括园区、景区、博物馆、科技馆、高校、工厂等场所，而农村学校可以发挥农业科普和自然教育的优势，主要包括自然风景、农业区域、农耕文化、林业牧场等。打造一批城乡结对学生研学体验试点学校，促进城镇和农村学校在研学旅行方面资源互补、优势互补。鼓励有着共同目标的学校，围绕研学旅行的共同战略目标建立学校联盟，开展全方位交流与合作，共享研学旅行资源，促进研学旅行协调发展。创新研学旅行模式，激发区域内研学旅

行活力，打造研学旅行特色。

通过开展城乡结对、构建学校联盟，更好地促进城乡学校学生的交流与合作。让城镇的学生走进农村，亲身体验社会主义新农村的田园生活、研学实践；让乡村的学生走进城市，体验感悟社会主义现代化城市的快速发展和科学技术的进步。引导学生关心爱护他人，热爱祖国、热爱党；培养学生吃苦耐劳、团结协作、自强不息的精神。

（五）构建学校、社会、基地单位协同的师资团队

（1）指导师可以充分利用学校的专业教师团队、旅行社的旅游师资团队，以及其他各专业项目专家团队，在研学实践活动中，利用研学旅行的教学方式和方法，开展相应专业研学旅行教学活动。充分发挥学校"双师型"教师的作用，在传授自身专业技能的同时，强化对具体研学实践的指导，通过专业理论与研学实践相结合，增强学生立德树人的责任感、使命感和荣誉感，切身感悟研学旅行带来的崇高感和幸福感，为学生树立正确的社会主义核心价值观奠定基础。

（2）针对研学旅行师资队伍数量和专业性不足的问题，承办单位可将在研学、旅游、文化、科技、艺术等方面有一技之长的教师，按照专业背景、技术专长和项目需要，随时随地匹配到研学旅行课程项目之中。组建社会志愿者辅导团队，把家长、工匠、传统技艺师傅、非遗传承人、老干部、老党员、老教授、老专家、老艺人、老科技工作者等组织动员起来，为学生的研学实践提供教学辅导。

（3）指导师要有效利用、积极配合各类专业师资，协同开展研学旅行，共唱研学旅行大戏。

二、掌握研学旅行课程资源的综合利用

（一）优秀传统文化资源利用

（1）设计中华优秀传统文化类型的研学旅行课程时，要以弘扬爱国主义精神为核心，以家国情怀教育、社会关爱教育和人格修养教育为重点，深入阐释发掘中华优秀传统文化讲仁爱、重民本、守诚信、崇正义、尚和合、求大同的时代价值，凝练精神标识，结合新时代特点和研学旅行的实践要求，赋予中华优秀传统文化蕴含的核心思想观念、人文精神、道德规范等新的内涵，并将其渗透到研学旅行的主题式学习任务中。

山东省曲阜市以至圣孔子著称，号称"东方圣城"，儒家文化就是当地的一大特色。曲阜市的一名指导师李老师设计的"走进东方圣城，探究儒家文化，做有担当的时代新人"儒家文化研学旅行主题线路，不但突出了仁爱、民本、诚信、正义、和谐、大同的儒家文化思想特色，也结合新时代特点，培养学生的家国情怀，充分体现了中华优秀传统文化的育人魅力。

（2）设计中华优秀传统文化类型的研学旅行课程时，应充分体现生活性、特色性、系统性、综合性、开放性等特征，并结合现实条件，根据"主题元素"编制多个"专题项目"，根据"专题项目"维度创建多个"研学活动"。同时，将精选的中华优秀传统文化元素嵌入中小学研学旅行的目标制定、活动设置与考核评价中，从而形成"文化模块—文化主题—文化专题—文化活动"纵向贯穿的研学旅行课程框架。

（3）设计中华优秀传统文化类型的研学旅行课程时，要依托文化遗迹、历史博物馆、非遗文化场馆、科技馆等研学基地资源，烘托布置相互映衬、错落有致、传统文化主题突出的空间环境，创设与学生年龄阶段相适宜的身体与思维活动场域，让学生通过现场观瞻、探究考察、具身体验等途径，发现、理解、感悟具有丰富内涵的中华优秀传统文化世界（图6-3）。

图6-3 中国文字博物馆是重要的中华优秀传统文化类研学基地

（4）设计中华优秀传统文化类型的研学旅行课程时，指导师可以尝试运用格式塔视觉原理，通过形状、色彩、光线的搭配与变换，充分调动学习者的视、听、闻、触等多重感官刺激，为开展以中华优秀传统文化为主题的中小学研学旅行营造一个感官交互、情景交融的学习空间，让研学参与者能够全身心浸润其中，真正看见、触摸和闻到所要学习的内容，不断提高思考力和创

项目6 研学旅行课程资源设计

造力。

（5）设计中华优秀传统文化类型的研学旅行课程时，应依循"乡情—县情—省情—国情"等真实的自然环境和社会环境，将梳理、甄别、萃取中华优秀传统文化资源与拓展研学旅行学习空间相结合，从历史、地理、社会等多层面深入创造性地发掘、整理和开发具有散落化、隐形化、基因化特点的当地传统文化资源，进一步活化传统文化的现代性表达，因地制宜地转化成研学内容，丰富研学的主题和形式，最终实现中华优秀传统文化与现代研学旅行课程的无缝衔接。

（6）在开展中华优秀传统文化类型的研学旅行活动时，指导师应积极引导学生以客观、科学、礼敬的态度对待中华优秀传统文化，鼓励学生以"文化体验"和"文化解码"的学习方式，主动获取知识经验和文化信息，不断探索传统文化新时代内涵。

（7）在开展中华优秀传统文化类型的研学旅行活动时，需要突破传统学校教育的时空限制，将教学空间由静态的课堂和教材转换到自然环境、学生的生活领域和社会活动领域，让学生在真实的"文化（环境）—教育"场域中渐进提升对自然、社会以及自我的认知。引导学生更加全面准确地认识中华民族的历史传统、文化积淀、基本国情，认清中国特色社会主义的历史必然性，坚定走中国特色社会主义道路、实现中华民族伟大复兴中国梦的理想信念。

（二）革命传统教育资源利用

革命传统教育资源的研学利用形式力求丰富多样，如参观、座谈、辩论、演讲、访问革命前辈、阅读革命回忆录、祭奠革命先烈、观看革命历史题材的电影和戏剧、开展剧评和影评撰写活动、举办文艺汇演等多种形式，这些形象直观、自然渗透、寓教于乐、生动活泼的教育形式，体现了研学旅行的多样性、趣味性和实效性，提升了研学旅行质量，能够引导学生了解革命历史，增长革命斗争知识，学习革命斗争精神，培育新的时代精神，并激励青少年继承革命传统，鼓舞学生奋发图强，为实现中华民族伟大复兴的中国梦而努力奋斗。

> **案例参考**
>
> 　　山东邹城田黄中学历史教师来老师引导学生学习阅读八年级历史教材上册第22课"抗日战争的胜利"内容。在学校的支持下，来老师鼓励学生走出学校课堂，借助田黄周边革命传统教育资源，譬如，十八趟林场、尼山区抗日英烈园、尼山区抗日纪念碑、尼山区抗日纪念馆、抗日

· 139 ·

小学、抗日后方医院、八路军兵营、红色广场等山东省爱国主义教育基地资源，开展校外研学旅行活动。利用周六的时间，组织学生考察尼山区红色教育基地、访问亲历抗战的老兵及其后人等；布置学生自行查阅抗战资料；举办抗日战争英雄事迹故事会；以小组为单位，讲述山东军民抗战的故事；组织学生课后讨论各自喜欢的抗战纪录片；举办山东抗战民歌演唱会，让学生体会抗战时期中国军民团结、共御外敌侵略的革命爱国主义精神。

（三）国情教育资源利用

国情教育资源的利用，可依托能够体现基本国情和改革开放成就的美丽乡村、传统村落、特色小镇、大型知名企业、大型公共设施、重大工程等单位资源开展课程设计。因国情教育涉及的内容丰富，所以也可以将能够体现国家和民族的历史、地理、政治、经济、文化、人口、资源的场所作为课程开展的目的地。

此类型的研学课程资源利用应采用丰富的教学形式，除讲授、实地参观外，还可以组织调查研究、访问探讨、专题讲座，用"卫国志士""建国功臣"的事迹报告会等形式激发学生的爱国之情，运用多样的教学环境和形式，达到直击心灵、体悟深刻的学习效果。要注重"重温历史"与"感受现实"紧密结合，用历史昭示现实，用现实印证历史，力求能够全面展示国情现状，真正把校内外的教育有机结合起来，从而达到向学生进行国情教育的目的。

国情教育研学课程的开展能够使学生全面地、历史地、实事求是地认识我国国情。首先是了解祖国，其次是在了解祖国的基础上培养学生的爱国情感，最后是在了解祖国和培养爱国情感的基础上升华为报国之志，即达到知国、爱国、报国的研学目标。

案例参考

广西霞客研学实践教育管理有限公司颜亮老师依托百色市百色起义红色教育资源，设计出研学旅行课程"百色起义英烈知多少"，让学生自己分组到百色市区民政局、百色起义纪念馆等单位查找百色起义革命先烈，多处寻访百色起义革命先烈后人，了解英烈事迹，不仅提高了学生的参与兴趣，而且极大地调动了学生进行亲身实践、亲自观察的积极性，培养了学生的动手、动脑能力。

项目6　研学旅行课程资源设计

（四）国防科工资源利用

国防科工资源利用，可将高端国防科工资源尤其是人工智能、大数据等前沿成果开发成为研学旅行课程资源，充分发挥天文台、野外台站、重点实验室和重大科技基础设施等高端国防科工设施的研学资源功能。

课程设计要突出学生的主体地位，倡导自主、合作、探究的研学方式，根据学生的年龄特点和认知规律，由浅入深、由易到难地采用参与体验、考察探究、设计制作等研学方式，包括国防科工领域专家讲座、抗日英雄故事演讲、少年英雄事迹话剧表演、军事题材影片观看、射击投掷、越野攀登、武器模型制作、战场救护等，激励学生继承老一辈无产阶级革命家爱军精武、报效国家的优良传统，也可开展小警察、小消防队员、小工程师、小科学家等职业体验活动，培养学生的社会责任感和勇于创新的品格，做到思想性、知识性和趣味性的有机结合。

在教学目标和教学过程中要引导学生形成科学世界观、价值观和科学道德观，树立科学态度和精神，培养青少年学生自强不息、百折不挠的民族性格，让学生认识到只有人民军队的壮大、国防科技的兴盛和全体公民国防意识的增强，才能筑牢保卫伟大祖国的钢铁长城，从而激发青少年投身国防科技事业的热爱。

（五）自然生态资源利用

自然生态资源，可以依托世界自然遗产地、世界文化遗产地、国家海洋公园、自然景区、风景名胜区、野生动物保护基地、生态保护区、城镇公园、植物园、动物园、示范性农业基地、自然博物馆等单位，通过开展接近自然、了解生态的研学课程，引导学生感受祖国大好河山，树立爱护自然、保护环境的意识。

研学课程可以因地制宜，围绕自然资源普查、自然环境保护、水资源保护、野生动植物的现状和保护、城市生态建设等项目展开设计。教学活动应注重引导，遵循放手原则，给学生足够的独立思考的空间，尊重每一个学生的兴趣爱好。方式上可多种多样，寓教于乐，如开展篝火晚会、户外野营、爬山接力赛、自然笔记、垃圾分类等主题活动，真正让学生亲近自然，探索大自然的奥秘，培养观察能力，激发热爱自然的情感，与大自然和谐相处。

自然生态类课程的开展可以让孩子们从心底里认识到人与自然和谐共处的重要性，真正践行"保护环境，从我做起"，进而影响他们生命观的建立，达到生态环境教育的真正目的。

（六）劳动教育资源利用

劳动教育资源，可以充分利用现有综合实践基地、青少年校外活动场所、学校劳动实践场所，建立健全开放共享机制，特别是充分利用学校实训实习场所、设施设备，为中小学生提供所需要的服务。可安排一批土地、山林、草场等作为学农实践基地，确认一批厂矿企业作为学工实践基地，认定一批城乡社区、福利院、医院、博物馆、科技馆、图书馆等事业单位、社会机构、公共场所作为服务性劳动基地。推动学校充分利用校内学习、生活有关场所，逐步建好配齐劳动技术实践教室、实训基地，丰富劳动教育资源。在课程设计中有目的、有计划地组织学生参加日常生活劳动、生产劳动和服务性劳动，让学生动手实践、出力流汗，接受锻炼、磨炼意志，培养学生的正确劳动价值观和良好劳动品质。

劳动教育的研学课程在设计中，不仅要通过手脑并用、亲手操作、亲身劳动的过程提高学生的劳动素养，更要培养学生勤奋学习、自觉劳动、勇于创造的精神，真正实现以劳树德、以劳增智、以劳强体、以劳育美的目标。

课程的设计要结合地域特色，科学地融入种植、传统手工劳作、非遗传承、创意设计、职业体验等劳动教育课程，如"村镇+""农户+"等形式，以满足多样化的研学需求。力求让学生将自己的体力和智力倾注在劳动过程中，并收获一定的成果。学生在劳动中会因自我付出而创造事物，感受劳动的乐趣与意义，从而牢固树立劳动最光荣、劳动最崇高、劳动最伟大、劳动最美丽的观念，体会劳动创造美好生活，体认劳动不分贵贱，热爱劳动，尊重普通劳动者，培养勤俭、奋斗、创新、奉献的劳动精神。

任务思考

1. 如何开发研学旅行课程资源？
2. 如何合理利用国防科工资源开展研学旅行活动？

扫一扫，看答案

项目6 研学旅行课程资源设计

项目实训与提升

 **项目测验**

扫描右侧二维码，开始做题吧。

随堂测验

 **综合实训**

阅读材料，回答问题。

黄河流域绵延万里，覆盖9省（区），区域跨度大，人文地理各异，自然生态多样，蕴含丰富的研学实践教育资源。根据沿黄青少年研学实践活动启动大会精神及黄河流域研学联盟章程要求，2021年11月沿黄9省（区）山西省教育厅、内蒙古自治区教育厅、山东省教育厅、河南省教育厅、四川省教育厅、陕西省教育厅、甘肃省教育厅、青海省教育厅、宁夏回族自治区教育厅联合组织开展了首批黄河流域精品研学课程评选，在各省遴选推荐和联合评审的基础上，确定了首批黄河流域精品研学课程10门、优秀研学课程10门，并于2022年3月18日发文公布首批黄河流域精品研学课程和优秀研学课程名单。

首批黄河流域精品研学课程（14门）

序号	课程名称	申报单位	属地
1	"行走黄河·品鉴济南"研学课程	济南市学生发展指导中心	山东省
2	品读黄河家国情 传承兵家强国梦——孙子文化园精品研学	孙子文化园	山东省
3	黄河流域生态环境探究之巨淀湖自然生态研学之旅	潍坊市中小学生示范性综合实践基地	山东省
4	领略黄河历史文化，践行红军长征精神	白银市中小学生综合实践基地	甘肃省
5	见证治沙奇迹 争做国防卫士	榆阳区补浪河女子民兵治沙连景区	陕西省
6	基于疫情背景下的黄河源旅游体验馆设计与参观	青海师范大学附属第三实验中学	青海省
7	黄河三门峡 魅力天鹅城	河南省三门峡市示范性综合实践中心	河南省
8	我心中的母亲河——走近母亲河	黄河博物馆	河南省
9	扬黄河鼓韵——走进兰州太平鼓	兰州市中小学生综合实践基地	甘肃省
10	追随黄河流域变迁，寻访古今生态发展	德州市齐河动植物科普教育基地	山东省

续表

序号	课程名称	申报单位	属地
11	传承根祖文化　延续历史文脉	洪洞大槐树寻根祭祖园有限公司	山西省
12	揽黄河"几字湾"，铸钢铁"工匠魂"	包头市中小学综合实践教育中心	内蒙古自治区
13	四川黄河流域精品地学研学综合实践课程	四川和谐教育研究院	四川省
14	行走黄河　寄学于行	宁夏银川青少年综合实践基地	宁夏回族自治区

首批黄河流域优秀研学课程（10门）

序号	课程名称	申报单位	属地
1	行走黄河口　生态大课堂	黄河口生态旅游区	山东省
2	"重温铁道游击队传奇"研学课程	山东省铁道游击队景区	山东省
3	黄河之滨，生命起源	德州市齐河动植物科普教育基地	山东省
4	黄河之尾　陶韵千秋	齐文化博物院	山东省
5	讲好泰山故事　传承世界遗产	山东泰山研学教育有限公司	山东省
6	探寻英雄足迹　重温红色岁月	河南省濮阳市示范性综合实践基地	河南省
7	"江河寻源、文化寻根"研学课程	青海师范大学附属玉树实验学校	青海省
8	登泰山 游黄河　踏寻孔子足迹去研学	山东泰山研学教育有限公司	山东省
9	在小浪底体验黄河治理	黄河小浪底旅游开发有限公司	河南省
10	以纳米治黄、精细中取清	纳米综合实践科普基地	山东省

（资料来源：山东省教育厅网站 2022-05-06）

根据以上材料，你认为黄河流域蕴含着哪些丰富的研学旅行课程资源？结合实际，请谈谈如何利用好黄河流域研学旅行课程资源。

解题思路

项目 7 研学旅行主题线路方案设计

自然生态研学旅行基地——山东绿鑫春生态农业发展有限公司科普园

项目导读

本项目是全书的重点之一，是研学旅行课程设计的关键部分。本项目从研学旅行过程的基本环节开始，重点介绍了主题线路方案设计的要求、主题线路方案设计的基本要素，然后介绍了主题线路方案的设计格式、实施流程，提出了研学旅行主题线路方案实施的基本要求，最后对研学旅行课程手册的设计做了简要说明。

学习目标

了解研学旅行主题线路方案的含义；明确主题线路方案设计的要求；掌握主题线路方案设计要素和格式，以及实施要求。掌握编写主题线路方案实施流程和研学旅行课程手册的方法。

思维导图

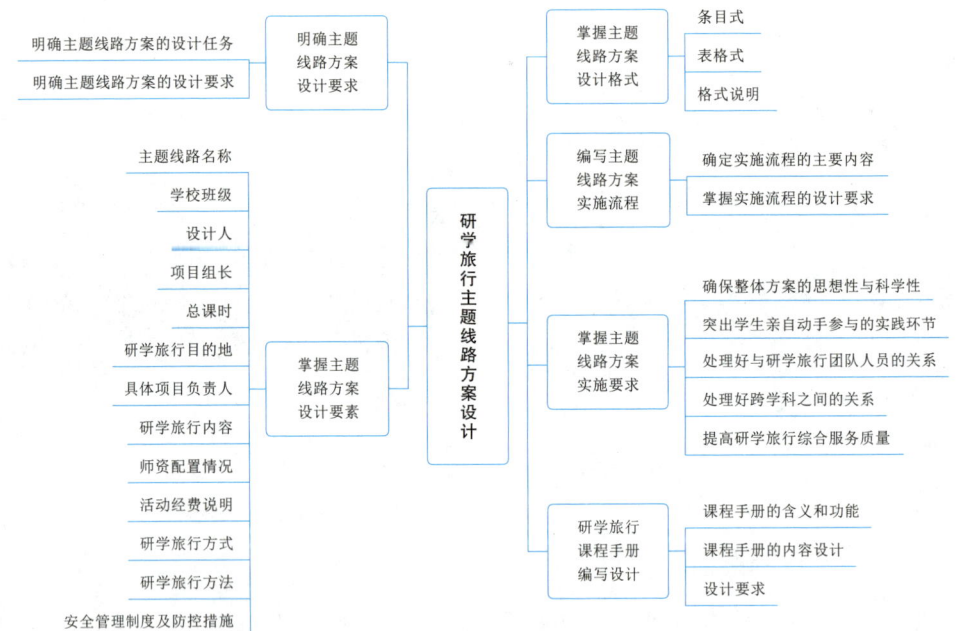

项目 7　研学旅行主题线路方案设计

任务一　明确主题线路方案设计要求

 任务导入

2024 年高考语文北京卷微写作（节选）

从下面三个题目中任选一题，按要求作答。不超过150字。不透露所在区、学校及个人信息。

（2）年级准备开展"走进名人故乡"主题研学活动，计划在目的地研学两天，现征询同学们对目的地的建议。你建议去哪里？请说说理由。要求：明确写出名人及其故乡，重点陈述理由，理由合理。

（上海市甘泉外国语中学甘泉书院李勇整理）

案例思考

本题中的"主题研学活动""计划"，其实就是我们研学旅行中常说的研学旅行主题线路设计，请问：

1. 本试题要求回答的主题线路方案设计的主要任务是什么？
2. 研学旅行主题线路方案的设计有什么要求？
3. 研学旅行主题线路方案主要包含哪些要素？

研学旅行课程方案包括主题线路方案和专题课程方案。本项目重点介绍研学旅行主题线路方案。

一、明确主题线路方案的设计任务

（一）主题线路方案的含义

研学旅行主题线路方案是指导师根据研学旅行活动所用的研学旅行资源单位教材、学校教科书和学校教学总要求，结合研学对象具体情况，按照研学旅行目标来编制的整体的研学旅行进度计划。类似于研学旅行实践中的"一日研学行程单""三日研学旅行线路行程"，也类似旅游行程中的"北京四日游行程单""二日游旅游线路"和中小学教师的"学期教学进度计划""课题（单元）计划"。简言之，研学旅行主题线路方案是指导师对某次研学旅行教学的总体规划与准备，是研学旅行活动的前提和依据。

（二）主题线路方案的任务

研学旅行主题线路方案要在研学旅行开始前编制设计，为此要完成以下三个任务。

（1）确定本次研学旅行所要实现的研学目的与任务。

（2）按照行程时间来安排主题线路的进程，包括研学课时数、研学旅行目的地、研学旅行课程主要内容、研学旅行活动的方式和方法。

（3）提出针对本次研学旅行如何改进教学、提高研学质量的设想与举措等。

二、明确主题线路方案的设计要求

（一）熟悉研学旅行过程的含义

研学旅行过程（简称"研学过程"）是指指导师和学生在共同实现研学旅行任务中的活动状态变换及其时间流程，它由相互依存的教、学和游三个方面构成。具体来说，研学旅行过程是指导师根据研学旅行教学任务和学生身心发展的特点，有目的、有计划、有组织地引导学生积极主动地到校外进行认识活动，掌握文化科学基础知识和基本技能，发展智力和体力，培养良好的道德品质、审美情趣及健康的个性，提高核心素养，从而促进学生身心获得全面发展的过程。

（二）掌握研学旅行过程的要素

关于研学旅行过程的基本要素，目前主要有以下几种比较有代表性的观点。

①三要素说：指导师、学生、研学内容；②四要素说：指导师、学生、研学内容、研学方法；③五要素说：指导师、学生、研学内容、研学资源、研学方法；④六要素说：指导师、学生、研学目标、研学内容、研学方法、研学资源；⑤七要素说：指导师、学生、研学目标、课程、研学方法、研学资源、研学反馈。

当前，五要素说是一种比较普遍的观点，即指导师、学生、研学内容、研学资源和研学方法是构成研学过程的五个基本要素，这些要素之间相互联系、相互作用，构成了一个动态系统，在研学过程中发挥着各自不同的作用。①指导师在研学过程中起主导作用，具体担负着课程设计和组织管理研学活动的职责；②学生是研学过程的主体，其身心发展特征、认知结构、个性特点、能力倾向都直接影响着研学旅行活动进行的方式、效率和结果；③研学内容是研学旅行过程的客体，是学生学习和认识的对象，是影响和促进学生身心发展的教育材料；④研学资源就是研学旅行课程资源，指研学旅行课程要素的来源，它是实施研学旅行课程必要而直接的条件；⑤研学方法是联系指导师、学生、研学内容和研学资源的纽带和中介，它影响着指导师、学生、研学内容和研学资源相互作用的方式，以及研学活动的效率、效果和质量。

（三）掌握研学旅行过程的阶段和环节

按照时间进度划分，研学旅行过程可分为研学旅行前、研学旅行中、研学旅行后三个基本阶段，简称"研学前、研学中、研学后"三个阶段。

根据每个阶段及其任务的不同，研学旅行过程又可分为研学旅行前的准备、研学旅行中的上课、研学旅行后的服务等环节。

研学旅行前的准备是研学旅行中上课的前提。为了上好课，指导师在开展研学旅行前必须做好准备，即备好课；学生也要做好相应的课前准备。为了巩固和发展研学旅行成果，研学旅行后指导师还要运用其他研学形式为学生提供研学旅行后的服务。研学旅行中的上课是研学旅行过程的中心环节，是实现研学旅行目标的主要手段。为了保证研学旅行的有效运行与改进，还必须对研学旅行过程进行后续的跟踪服务。这样便形成了以研学旅行前的备课为前提，以研学旅行中的上课为中心，以研学旅行后的服务为延续的循序渐进的师生互动的研学旅行过程。

（四）熟悉主题线路的相关内容

指导师编制主题线路方案前要熟悉并掌握下列内容。

1. 熟悉学生

指导师要了解、熟悉学生的来源、学生所在年级、学生现有的知识技能储备状况和对研学旅行目的地综合知识的掌握程度，以及学生的身体状况、家庭状况、习惯特点等方面的信息。

指导师面对的学生都是一个个鲜活的生命，学生们有着共同的年龄特征，也有着个体间的差异和各自家庭的文化差异。所在年级不同、知识技能掌握程度不同、家庭状况不同、来源城市区域不同、习惯特点不同，所用的教学方法都会有所不同。学生的共性与个性差异都是指导师进行课程设计时必须考虑的因素。如果使用千篇一律的研学讲解法，不能因人而异、因材施教，肯定不能达到预期的研学旅行目的和效果。小学四年级的学生和初中三年级的学生由于所在年级段不同，掌握的知识和心理特点也不相同，如果用同一种研学方法施教，那么这样的研学旅行肯定是失败的。

2. 熟悉教材

研学旅行使用的教材既包括研学旅行基地课程教材，也包括中小学现行课程教材。研学旅行课程教材是研学旅行基地根据学校提出的研学旅行主题，结合自身的研学旅行课程资源和文化特色而编制的研学旅行课程参考教材。

熟悉教材时，指导师首先要认真钻研研学旅行基地课程教材和中小学现行课程教材中与本次研学旅行课程有关的内容要点和要求，厘清其中要求学生掌握的基础知识、基本技能和过程方法，找到重点难点；其次再考虑探究、体验等研学旅行的路线和师生互动的方式；然后查阅相关书籍资料；最后才能对本次研学旅行课程的任务内容如何处理、如何施教形成比较全面、深入、独到的思考。

3. 熟悉问题

熟悉问题是指研学前指导师要把研学旅行过程所涉及的问题或预料到的问题整理出来，并确定解决问题的办法，只有这样，在讲课时才能做到心中有数，有的放矢。之后，提前一周交给学生，让学生分组讨论、准备。需要注意的是该问题的设置要与研学旅行内容相关，要与教材相关，让学生们带着问题去讨论、去学习。这个环节要突出分组准备，要培养学生团结合作、责任担当的意识。

在小学六年级的"我来剪窗花纸，探究民俗文化"研学旅行课程中，指导师准备问题时，提前一周就让学生准备了剪刀、红纸、美工刀、订书机、垫板、圆规、尺子、铅笔、橡皮擦等工具。同时提出五个问题：第一，剪纸艺术起源于什么时间？第二，民俗节日中能看到哪些不同类型的剪纸作品？第三，关于剪纸的诗句自己熟悉的有哪些？第四，简单的剪纸方法有哪些？第五，作为中国的优秀少年，怎样传承中华民族的剪纸文化？指导师把这五个问题提前一周交给学校，告知学生研学旅行活动时要围绕这些问题开展研学课程，让学生分组准备，提前了解这些问题。

4. 熟悉主题

确定研学旅行课程主题是开展研学旅行的第一步，它直接决定着研学旅行

项目 7　研学旅行主题线路方案设计

能否顺利开展以及开展后的课程实施效果。主题要突出研学旅行目的地的地域特色文化，如山东曲阜突出儒家文化主题、云南西双版纳突出热带雨林自然景观和少数民族风情文化、山东青岛突出海洋文化主题、湖北宜昌突出长江三峡主题、河南开封突出饮食文化主题、福建安溪突出茶文化主题。

江苏某旅行社北京研学四日行程中提到的景点有：天安门广场、人民英雄纪念碑、人民大会堂、中国国家博物馆、毛主席纪念堂、故宫、八达岭长城、奥林匹克公园、鸟巢、水立方、国家体育馆、颐和园、圆明园、中国人民革命军事博物馆、老北京胡同、清华大学、北京大学、天坛。

这个研学旅行课程延续了旅游的特点，将北京的所有名胜古迹作为研学旅行主题资源，全都囊括到同一个研学旅行课程之中。看似内容十分丰富，各个学科都有，但是仔细推敲就会发现，这些资源都不具备统一的属性，而且各个资源之间的联系不是十分紧密，课程主题混乱，研学旅行成了简单的旅游，是只游不学的假研学旅行课程。

5. 熟悉研学旅行目的地

研学旅行目的地（Study Tourist Destination）是指以一个或一组研学旅行吸引物为基础，配备足够研学旅行设施与相关服务，能够吸引一定规模数量的中小学生，具有一定规模的空间范围和较为明确的管理机构的研学旅行地域综合体。

研学旅行目的地构成要素的核心内容如下。

（1）有独特的研学旅行吸引物。

（2）有足够的研学旅行活动空间和规模支持。

（3）能提供系统、完备的研学旅行设施和服务。

（4）有当地教育部门的认同、参与并提供各类支持保障。

（5）有一定的可管理性。

指导师对研学旅行目的地的资源选择是设计方案中不可或缺的环节。指导师要根据研学旅行课程主题，对这些研学旅行目的地中的相关资源逐个了解、甄别、筛选，选出合适的研学旅行目的地资源。指导师在选择研学旅行目的地资源时，只有收集整理每个目的地的历史沿革、地理环境、文化脉络、经济发展等知识并将其有机串联起来掌握后，才能在针对不同的学段的学生施教时做到得心应手，游刃有余，才能讲得头头是道，津津有味，信手拈来，皆成妙趣，方能真正提升研学旅行课程的质量和内涵。就像苏霍姆林斯基所说的那样，"只有当教师的知识视野比学校教学大纲宽广得无可比拟的时候，教师才能成为教育过程真正的能手、艺术家和诗人"。

6. 熟悉研学旅行背景

研学旅行背景是某研学旅行基地或者研学旅行目的地等研学旅行资源单位

对本次研学旅行活动的发生、发展、变化起重要作用的客观情况。如历史文化背景、政治背景、旅游资源背景、研学旅行基地背景、食住行情况背景等。有的研学旅行资源单位历史文化底蕴丰厚，旅游资源充足，但是没有研学旅行课程，缺乏饮食和住宿条件，那么该单位依然不能成为研学旅行目的地。

山东莱阳白垩纪国家地质公园王正东老师进行研学旅行课程规划设计时，把白垩纪国家地质公园的地理历史发展文化背景、党和国家领导人指示的政治背景、AAAA级景区旅游资源背景、全国中小学生研学实践教育基地背景、酒店宾馆饭店交通的食住行背景、学校开展研学旅行活动的背景等一一罗列了出来，然后逐个研究，六个背景缺少其中的任何一个都是一次不完美的研学旅行。

7. 熟悉研学点

研学点是指研学旅行主题线路体系中的某一方面比较突出的专题课程，就是通常理解的小课题、小景点、小实践点、小内容等。既类似于中小学教师在教学中提到的教学点，也类似于综合实践活动课程中的实践点。其作用是吸引研学旅行资源周边的视线，从而突出该点的研学旅行资源效果，在整个课程设计中起画龙点睛的作用。研学旅行主题线路由多个研学点组成，既突出了各个部分的特色，同时也把整个研学旅行过程串联在一起，正是这些研学点组成了整个研学旅行课程体系。如果说研学旅行课程体系是一串精美的珍珠项链，那么研学点就是项链上的一颗颗珍珠，正是这些熠熠发光的珍珠组合成了完美华丽的研学旅行课程体系。

譬如，"走进湛江军港，探究中国海洋文化"研学旅行主题线路里，研学旅行内容有参观军港、军史馆、体验军营生活、沙滩寻宝、赶海捡贝壳、木船模型制作、织网撒网等环节，它们就是一个个研学点。

8. 熟悉安全措施

研学旅行要坚持安全第一的原则，研学旅行过程中，指导师备课时要设计出学生安全管理方案，对可能发生的安全事故，提前预测，提前准备，把不安全的节点告知有关单位和人员，做好预防和救助，确保学生安全。

研学旅行安全内容的备课，包括六个方面：研学旅行安全管理工作方案；研学旅行应急预案操作制度；研学旅行产品安全评估制度；研学旅行安全教育培训制度；未成年人监护办法；包括地震、火灾、食品卫生、治安事件、设施设备故障等在内的各项突发事件应急预案，以及定期组织的演练方案。

9. 熟悉方式方法

研学旅行主要的教学方法有：小组合作法、参观访问法、成果展示法、头脑风暴法、世界咖啡法、六项思考帽法等。

研学旅行主要的研学方式有：考察探究、社会服务、设计制作、职业体

项目 7　研学旅行主题线路方案设计

验、劳动教育、党团队教育活动、博物馆参观等。

单立华老师在"走进我心中的母亲河，探究黄河流域历史变迁"研学旅行主题活动备课实践中，不拘泥于一种固定的研学方法，而是结合不同的研学旅行内容，预设了项目教学法、数字化教学法、讲授法、头脑风暴法等多种方式方法，灵活机动，多法并举，因材施教，以期达到良好的育人效果。

（五）熟悉主题线路方案设计方式和过程

1. 方案设计的方式

方案设计按编写主体可分为个人设计和集体设计两种方式。

（1）个人设计是指导师自己钻研研学旅行课程教材和课程资源来设计研学旅行主题线路方案。

（2）集体设计是由各方研学旅行教研团队的指导师共同钻研研学旅行教材和资源，解决研学旅行的重点、难点和研学方法等问题，集体共同设计研学旅行主题线路方案。

2. 方案设计的过程

研学旅行主题线路方案设计的过程包括个人设计方案、集体讨论方案、现场完善方案三个过程。

（1）个人设计方案。学校和研学旅行基地分别组织相关人员围绕主题以个人为单位先设计课程方案。个人设计方案包括内容设计、实施流程、人员分工、安全预案编写等。

（2）集体讨论方案。学校与基地课程研发团队对各方提供的个人设计的课程方案进行深度沟通、研讨，取长补短，最终确定研学旅行主题线路方案。

（3）现场完善方案。研发团队到基地现场按照集体共同研发的线路方案，模拟学生的身份进行全流程体验，查漏补缺，完善线路方案。

三次方案设计将学生、学校、基地等资源完整地衔接起来，圆满达成教育教学目标，并最终推动研学旅行主题线路设计落地。

 任务思考

指导师编制主题线路方案前要熟悉并掌握哪些内容？

扫一扫，看答案

任务二 掌握主题线路方案设计要素

 **任务导入**

材料一：人民教育出版社普通高等教育国家级规划教材《教育学》（第七版）：课题（单元）计划。每个课题在上课前，教师必须依据学期教学进度计划，对该课题的教学做全面的考虑和准备，制订出课题计划。它的内容包括：课题名称、课题教学目的、每节课的教学任务与内容、课的类型、体系及其主要方法。它是撰写课时计划的依据。

材料二：全国旅游团队服务管理系统电子行单

全国旅游团队服务管理系统电子行单			
团队基本信息			
线路名称	四川饮食文化3日游		
团队编号	20220209	统一编号	GD21MAIDGG**
接团日期	2022-02-09	送团日期	2022-02-11
接团时间	11：00	送团时间	20：00
游玩人数	36	游玩天数	3天
车队	自驾	车牌号	自驾
司机姓名	张师傅	司机电话	无
客源地	山东省36人		
接待社	山东×××旅行社有限公司		
组团社	无		
备注	无		
餐饮信息	无		
全陪姓名（非导游）		全陪手机号	

项目 7　研学旅行主题线路方案设计

导游信息					
导游姓名		导游证号	NKA94**G	导游证有效期	2024-05-25
导游电话		导游所属旅行社			

行程说明				
日期	前往城市	前往省份	住宿酒店	游览行程	过省

注：上表第一列为"日期"，之后依次为"前往城市""前往省份""住宿酒店""游览行程""过省"。

填表单位	山东×××旅行社有限公司	旅行社联系电话		许可证号	L-SD-081**
监制	中华人民共和国文化和旅游部	投诉电话	12301		

表格说明：二维码中包含游客姓名、电话等信息，包含行程内容。

案例思考

研学旅行主题线路方案类似于学校老师的课题（单元）计划和旅行社行程单。让我们思考一下，研学旅行主题线路方案包括哪些要素？

任务实施

一、主题线路名称

主题线路名称也就是研学旅行线路名称。拟定主题线路名称时，要选择吸引人、有学生关注的内容，要做到主题线路名称意义准确、突出主题、规范简洁、富有时代气息。详见项目二中研学旅行主题线路命名要求和方法。

拓展视频：专家谈研学旅行主题线路方案设计

二、学校班级

学校班级是指参与研学旅行活动的学校及其班级。同一场景，不同学段的学生由于认知程度不同，掌握的现有知识储备不同，接受新知识、理解新问题、解决新问题的能力也不同，因此指导师的教学方法也要有所不同。这就要求研学旅行课程设计应结合学生的身心特点，设计开发适合小学、初中、高中不同学段的研学主题。所以，指导师在研学课程设计中要注意层级性原则，坚持因材施教、因人而异，使用不同的教育教学方法才能达到育人的目的，而不能忽略学生年级段的差别采用"一刀切"的教学方法。

三、设计人

设计人是指参与设计研学旅行课程方案即研学旅行主题线路方案和专题课程方案设计的专业技术人员，简称设计人。设计人可以是指导师，也可以是其他教育教学专业技术人员。目前研学旅行课程方案设计人一般由学校业务校长、教务处主任、研学旅行机构课程设计经理、旅行社研学旅行项目经理或者外聘的课程设计专家等专业技术人员担任。

研学旅行主题线路的开发设计需要专业引领和科学规范。只有加强主题线路设计的专业性，才能真正实现通过研学旅行培养学生核心素养的目的，因此设计人的专业技术水平在整个研学旅行活动中至关重要。

四、项目组长

原国家旅游局《研学旅行服务规范》（LB/T 054—2016）第三条规定，研学旅行活动要有主办方、承办方和供应方。其中承办方是与研学旅行活动主办方签订合同，提供教育旅游服务的旅行社。第六条第二款规定：承办方应为研学旅行活动配置一名项目组长，项目组长全程随团活动，负责统筹协调研学旅行各项工作。

因此说，研学旅行项目组长是在研学旅行活动中全程随团活动并负责统筹协调研学旅行各项工作的旅行社专业人员。在研学旅行实践中，研学旅行项目组长一般由旅行社研学旅行项目部经理或者负责研学旅行的副总经理担任。

五、总课时

课时是连续教学的时间单位,一课时就是一堂课所占用的时间。总课时,就是完成整个研学旅行过程所占用的时间,在研学旅行教学实践中总课时有的以课时计算,有的按研学旅行天数计算,目前尚无统一规定。

> **知识拓展**
>
> 目前,我国小学1课时一般设置为40分钟,中学45分钟。小学每天6课时,上午4节,下午2节;中学每天7课时,上午4节,下午3节。
> 中国旅行社协会《研学旅行基(营)地设施与服务规范》规定,"每个研学旅行团体在本基地内的体验教育课程项目,小学阶段宜不少于60分钟、初中阶段宜不少于90分钟、高中阶段宜不少于120分钟"。也可以在课程设计时参考这个行业标准。

研学旅行课程不同于传统的中小学课程,课时也不能拘泥于中小学课时,在研学旅行中要根据研学内容和研学旅行资源情况来具体确定。

研学旅行课程每天设置几节课,下午、晚上是否加课时,也需要根据研学旅行具体情况确定,原则是既不能增加学生负担,还要保证完成研学旅行任务;既能达到预期目标,还要给孩子们带来快乐。

六、研学旅行目的地

在设计主题线路方案时,研学旅行课程所涉及的研学旅行目的地的全部活动地点和资源都要编写到方案里。譬如,"走进山东,探究儒家文化"研学旅行主题线路方案,涉及的研学旅行目的地有孔子故里曲阜、孟子故里邹城、齐国都城临淄、儒家文化名山泰山等地。"带着课本去苏沪杭"研学旅行主题线路方案,涉及的研学旅行目的地有苏州、杭州、上海等地。

七、具体项目负责人

研学旅行具体项目负责人简称项目负责人,是指根据研学旅行项目组长的派遣，负责研学旅行具体项目和内容实施执行的专业人员。研学旅行具体项目负责人包括：指导师、导游、学校代表、带队老师、安全员、项目专家等。

（一）指导师

指导师是指策划、研发或实施研学旅行主题线路方案，在研学旅行过程中组织和指导中小学生开展各类研究性学习和研学旅行体验活动的专业技术人员。指导师是保证研学旅行育人质量的关键因素，只有真正具有专业素养的指导师团队，才能确保研学旅行的育人效果。

（二）导游

导游是指取得导游证，接受旅行社委派，为游客提供向导、讲解及其他服务的专业人员。在研学旅行过程中，导游只为学生提供研学旅行向导、沿途风光讲解、旅游景区解说及饮食、住宿、交通、购物、娱乐服务，不参与研学旅行教学活动。

（三）学校代表

学校代表是依据学校内部的规定，在研学旅行过程中担任某一职务或由学校校长指派代表学校依法行使学校权利，履行学校义务，开展研学旅行活动的负责人。学校代表理论水平高，教学经验丰富，他们的校外实践教学也是一般指导师无法比拟的。因此，指导师在开展研学旅行活动时，一定要尊重学校代表，虚心听取他们的意见和建议，不断提升研学旅行服务质量，任何轻视或否定学校代表的做法都是不正确的。在设计主题线路方案时要突出学校代表的身份，以便及时与其取得联系。

（四）带队老师

带队老师是指在研学旅行活动中按照学校派遣带领学生队伍开展研学旅行活动的学校教师。带队老师一般主要负责学生的人员管理、纪律学风、出行住宿等问题。学校很多的带队老师都是常年工作在学生管理一线的资深教师，他们有高尚敬业的品德，有丰富的学生管理经验，平时与学生关系最为密切，是学生的直接管理者，是研学旅行团队管理的主心骨，是指导师必须依靠的强大的中坚力量。因此，指导师在进行研学旅行课程设计时，一定要尊重带队老师，把他们编入教案，及时提醒各阶段的指导师处理好与他们之间的关系，积极争取他们的支持，顺利完成研学旅行教育服务。

项目7　研学旅行主题线路方案设计

（五）安全员

安全员是研学旅行承办方安排的专门负责学生安全工作的专业人员。安全员的职责任务就是在研学旅行过程中随团开展安全教育和防控工作。根据《研学旅行服务规范》的规定，在研学旅行过程中，研学旅行主办方或供应方要按学生人数比例安排相应数量的专职安全员随团参加活动，他们不参与教学，只负责学生的安全工作。

在研学旅行实践中，各个具体项目负责人要岗位清晰，职责分明，各司其职，各负其责，密切配合，团结协作，不得推诿扯皮。

（六）研学旅行项目专家

研学旅行项目专家简称项目专家，是指掌握研学旅行专题课程项目的原理、技术、方法和工具，参与或领导启动、计划、组织、执行和讲解的活动，确保研学旅行项目能在规定的范围、时间、质量与成本等约束条件下完成既定目标的专业技术人员。

譬如，地质考古探究课程中的考古专家、研究员、教授，蔬菜、果树种植课程中的园艺师、农技师，陶瓷器制作课程中的陶瓷工艺美术大师，戏曲表演课程中的表演艺术家，建筑艺术课程中的建筑设计工程师等都是研学旅行项目专家。

研学旅行项目专家在自己的研究领域或者某项目技术方面有独到的专业造诣，他们的专业水平和技能是指导师和学校教师无法替代的。为开展好更专业的研学旅行课程，专业化引领研学旅行，专业的研学旅行课程应该邀请研学旅行项目专家参与实施。

八、研学旅行内容

研学旅行内容是本次研学旅行过程所涉及的研学点、研学项目。比如，项目九的"走进岭南瓷都　探究千年陶瓷文化"主题线路中的观摩研学陶瓷博物馆、寻找镇馆之宝"影青瓷"、参观现代自动化示范性生产线、角色扮演实践体验、国家宝藏博览会、寻找北流匠人访谈活动、手工拉坯操作体验、彩绘操作体验等都是研学旅行的内容。

案例参考

安阳市五大主题研学旅游线路

在2023年9月8日召开的2023中华字都·安阳文旅招商推介会上，安阳市正式发布"字游字在"汉字研学、古建筑研学、"红色印记"红色研学、家风寻根研学、自然/航空科考探秘研学五大主题研学旅游线路。

线路一："字游字在"汉字研学线路

"学好中国字，做好中国人"，通过汉字文化、书法审美、科技互动、非遗手作、古建筑之美等综合体验，从时空维度讲述汉字故事，汉字的起源，汉字的发展及演变，汉字的书写工具，五彩的墨，有故事的纸，不同时期的印刷，瓦当、印玺、拓碑、古建筑与汉字，二十四节气等与汉字有关的知识，用全新的方式来探寻安阳乃至中华文化中汉字的秘密。

打造认识汉字—感受汉字—体验汉字为主的汉字文化主题研学活动。

依托中国文字博物馆、安阳古城、殷墟景区、殷墟考古小镇、曹操高陵、羑里城等地，打造从一日游到多日游等不同主题线路。

线路二：古建筑研学线路

建筑是凝固的音乐，以"探寻建筑之美，感受匠心精神"为目的，精选安阳代表性古建筑景点，开展"感悟匠心、筑梦践行"古建筑研学之旅，通过探寻不同主题的古建筑，了解复杂奇妙的空间结构，释放想象力与创造力，了解古人奇思妙想的工匠智慧，通过趣味性实践活动，激发学生对古建筑的兴趣和自豪感。

依托仓巷街、县前街、魁星阁等古城区域和袁林、马氏庄园、水冶古城、珍珠泉、曹操高陵等地，打造从一日游到三日游等不同主题线路。

线路三："红色印记"——红色研学线路

以安阳红色历史为依托，踏寻先辈足迹，开启红色之旅，重温峥嵘岁月，传承红色基因。串联安阳红色旅游资源，形成多主题、不同线路和时长的红色旅游线路，联动红色景区开发红色研学精品课程，让青少年在研学中"追寻红色足迹，共筑青春梦想"。

依托林州市红旗渠纪念馆、青年洞、扁担精神纪念馆、红旗渠精神营地、谷文昌纪念馆和殷都区马氏庄园、跃进渠纪念馆等地，打造从一日游到三日游等不同主题线路。

线路四：家风、寻根研学线路

围绕弘扬"崇德治家、廉洁齐家、勤俭持家、实干兴家"的家风文化研学，充分挖掘马氏庄园家风家训文化特色，打造"马氏庄园——家风家训"研学线路，帮助孩子树立正确的道德观、人生观和价值观；

围绕"寻根祭祖、探寻华夏之源"的根祖文化研学，打造"二帝陵——寻根祭祖"研学线路，让研学对象深入了解自己的家族历史和文化传承，珍视家族情感和传统文化，促进文化的交流与传承。

岳飞庙、姜里城、扁鹊庙"三圣之乡"文化研学。千年古县汤阴，是文圣周文王姬昌、武圣岳飞、医圣扁鹊"三圣"之乡。武穆忠魂今犹在，神州遍诵满江红。一部电影《满江红》，让国人爱国情怀激荡。巍峨肃穆姜里城，一草一木诉古情。当年西伯演易地，几人唏嘘几人听。扁鹊庙内，中医药文化的博大精深、医者仁心的大爱情怀，令人震撼。

依托马氏庄园、三杨庄遗址、二帝陵景区、岳飞庙、姜里城、扁鹊庙等地，打造从一日游到三日游等不同主题线路。

线路五：自然/航空科考探秘研学线路

1. 探秘蓝天冒险之旅

在林虑山国际滑翔基地开展航空体育研学旅游活动，深挖航空体育的爱国意识、拼搏精神、全民健康、科技强国等教育主题，开发多种研学课程，开设滑翔伞、动力伞、三角翼、热气球等多种飞行运动项目。由专业教练操作飞行器、带领研学对象"飞"上天空，尽享拥抱蓝天的飞翔之旅。

依托林虑山国际滑翔基地，打造基地参观、实践教学、遨游蓝天的探秘蓝天大冒险研学旅游线路。

2. 太行大峡谷探秘之旅

安阳林州市太行大峡谷，峡谷蜿蜒，奇峰异石交相辉映，宛如一幅壮丽的画卷。探索这座神秘之地，领略大自然的壮美与古老人文的魅力。沿着峡谷漫步，感受着清澈的山泉从脚下流过。飞瀑从高山倾泻而下，形成壮观的瀑布群，给人一种无与伦比的视觉冲击。沿着古道漫步，仿佛穿越时空，感悟历史文化的印记。

依托太行大峡谷、中国画谷、天空之镜、中华古板栗园、万泉湖等地，打造太行大峡谷探秘之旅研学旅游线路。

（资料来源：安阳融媒）

九、师资配置情况

研学旅行师资包括参与研学旅行活动的学校代表、带队老师、指导师、安全员、导游、项目专家和其他工作人员。在实践中,有的把救生人员、医务人员、安保人员、心理咨询师、家长志愿者也列入其中,为其安排相应的任务,赋予岗位职责,这种方法也可参考。

十、活动经费说明

活动经费就是举办研学旅行活动所需的各种开销的费用。包括住宿费、餐费、门票(半价、免票)、交通费、授课费(指导师费、授课项目专家费)、服务费(研学机构服务费、场地租赁费、旅行社服务费、导游服务费)、保险费、服装费、材料装备费、教材费等,如表 7-1 所示。

视野拓展:《研学旅行服务规范》(LB/T 054-2016)第六条

表 7-1 研学旅行活动经费明细表

项目	单价/单位	数量	小合计	负责部门	备注
住宿费					
餐费					
门票					
交通费					
指导师费					
项目专家费					
导游服务费					
研学机构服务费					
旅行社服务费					
保险					
服装费					
材料装备费					
教材费					

项目7　研学旅行主题线路方案设计

续表

项目	单价/单位	数量	小合计	负责部门	备注
场地租赁费					
其他					
总金额	大写： ¥：				

经费预算要听取旅行社计调和研学旅行机构专业人员的意见，他们更懂专业行情和计算办法。下面几个细节提请指导师在设计时多加注意。

（一）住宿费

住宿费设计时应注意两点。第一，虽然都是同一个酒店，都是标准间，楼房不同可能房价不同，服务质量也不同。第二，要注意酒店是否含自助早餐。如果酒店房费包含自助餐费，预算时就少了一项自助餐费用，相应的成本就降低了。

（二）餐费

研学旅行期间总共几顿正餐、每顿正餐每人多少钱、几人一桌、按桌子算账还是按人算账、每桌几个菜、几个荤菜几个素菜、菜名和数量是什么、主食和汤是否免费、早餐什么菜、早餐有没有鸡蛋、早餐价格是多少等尽量列出详细清单。

（三）门票费

要门票的研学旅行资源单位的门票门市价多少钱、学生是否免票、优惠门票多少、国家规定的免费学生需提供什么手续都要一一标明。

（四）交通费

交通费要根据选择的交通方式来确定。交通方式选择要根据《研学旅行服务规范》（LB/T 054-2016）的规定来设计。

视野拓展：《研学旅行服务规范》（LB/T 054-2016）（节选）

十一、研学旅行方式

主要的研学旅行方式有考察探究、社会服务、设计制作、职业体验、党团队教育活动、博物馆参观等。

十二、研学旅行方法

主要的研学方法有小组合作法、项目式教学法、问题探究法、训练与实践法、数字化教学法、讲解法等。

十三、安全管理制度及防控措施

安全管理制度及防控措施包括：研学旅行安全管理工作方案，研学旅行应急预案操作制度，研学旅行产品安全评估制度，研学旅行安全教育培训制度，未成年人监护方法，包括地震、火灾、食品卫生、治安事件、设施设备突发故障等在内的各项突发事件应急预案等。

课程总目标、研学旅行主题线路方案实施流程、研学评价、教学反思等内容具体详见本教材其他项目。

以上各要素仅从理论上做了罗列和阐述，指导师在编写具体方案时，可灵活选取，根据实际情况进行增减。但是，在设计主题线路方案时，指导师务必做到心中有数，纸上可以省略，心中不能忘记。尤其是担任研学旅行计调工作的指导师，除本人要掌握主题线路方案设计要素外，还要让具体带团执行的指导师了解方案中的各种要素，以便顺利开展研学旅行活动。

任务思考

研学旅行主题线路方案主要包括哪些要素？

扫一扫，看答案

项目7 研学旅行主题线路方案设计

任务三 掌握主题线路方案设计格式

 **任务导入**

李岑虎在首届全国职业院校研学旅行师资培训班上讲道:"很多从事研学旅行课程设计的老师问我有没有官方权威的、固定的研学旅行课程设计方案,或者课程设计模板、格式。我说,目前没有,将来一定时间内也不会有,因为每个课程方案的设计者风格不同、研学内容不同、研学资源不同、教学方法不同,要求也不相同,不同的设计者将会设计出不同的主题线路方案。但是基本的格式和共性的元素,我们还是有规律可循的。"

案例思考

1. 你认为研学旅行主题线路方案有没有固定不变的格式?
2. 研学旅行主题线路方案设计格式有什么规律可循?

研学旅行主题线路方案设计的格式主要有条目式和表格式两种形式。

一、条目式

研学旅行主题线路方案(条目式)

【主题线路名称】　　　　　　【学校班级】

【设计人】　　　　　　　　　【设计时间】

【项目组长】

【学校代表】　　　　　　　　【带队老师】

【导游】　　　　　　　　　　【项目专家】

【总课时】　　　　　　　　　【专题课时】

【课程总目标】

【研学旅行目的地】　　　　　【师资配置】

【研学旅行内容及流程】

【研学旅行方式】

【研学旅行方法】

【安全管理制度及防控措施】

【未成年人监护方法】

【研学评价】

【研学反思】

【经费说明】

二、表格式

研学旅行主题线路方案（表格式）如表 7-2 所示。

表 7-2　研学旅行主题线路方案（表格式）

课程名称				设计人		设计时间	
项目组长		执行人		学校代表		联系方式	
学校班级		研学人数		带队老师		联系方式	
总课时		研学目的地					
课程总目标							
天数	节次	时间	课程内容及流程		方式方法	项目专家	具体项目负责人
第一天	1						
	2						
	3						
	4						
	5						

续表

第一天	6					
	7					
第二天	1					
	2					
	3					
	4					
	5					
	6					
	7					
师资配置						
安全防控措施						
未成年人监护						
研学旅行评价						
活动经费说明						
研学旅行反思						
备　　注						

三、格式说明

研学旅行主题线路方案的设计是一种创造性劳动，不同的指导师有着不同的设计风格，实践中也不可能要求每一位指导师按统一固定的格式来设计课程，而是需要每位指导师发挥自己的聪明才智，设计出创造性的研学旅行主题线路方案。但是无论哪种格式或模板，研学旅行主题线路方案内容中的基本要素都是不能忽视的。

任务思考

研学旅行主题线路方案格式是否要求绝对一致？请说明你的理由。

扫一扫，看答案

任务四 编写主题线路方案实施流程

任务导入

旅行社柳州螺蛳粉研学课程方案

【上课老师】导游两名

【研学实施流程】

1. 排队进入螺霸王文化展览馆，听导游讲解，参观螺霸王文化，30分钟；
2. 听导游讲解，参观螺蛳粉透明全产业生产线，15分钟；
3. 观看预包装螺蛳粉生产流程导图，10分钟；
4. 展览馆门口合影留念，5分钟；
5. 返回学校。

案例思考

请问本方案实施流程存在什么问题？怎样编写主题线路实施方案？

任务实施

一、确定实施流程的主要内容

研学旅行主题线路方案要靠规范的活动流程来实施。研学旅行主题线路实施流程的项目包括：研学旅行的具体内容、内容的排列顺序、每个项目所在具体时间段、每个项目实施所用时间、实施方式和方法、主要实施流程、具体项

项目 7　研学旅行主题线路方案设计

目实施负责人、每个项目研学地点等。

表 7-3 列举的就是"走进孔孟之乡，探究儒家文化"主题线路方案的实施流程。

案例参考

表 7-3　研学旅行主题线路实施流程

主题线路		走进孔孟之乡，探究儒家文化——鲁豫研学旅行三日主题线路方案	
天数	时间	研学旅行主题线路实施流程	具体项目负责人
研学前		提前一周去郑州某中学，告知学生研学计划、目标、任务、研学工具准备	指导师、学校代表
		组建组织研学旅行自我管理小组，如协调组、安全组、医疗组、保障组、宣传组	指导师、学校代表
研学中第一天	07：00—12：00	从河南郑州乘大巴前往孔孟故里——山东济宁。请学生分组介绍，分享自己所预习的孔孟知识。研学旅行目的地知识问答。举荐小组长等人选。发掘学生的领导能力，培养学生的自信，组织学生即兴演讲，展示领袖风采。由小组长组织整合组员的预习内容，并与全团分享 在车上开展儒家文化研讨会，分析孔子儒家文化为中华民族带来的影响。初步了解"仁义礼智信忠恕孝"，引导学生认识"君子"观念，为之后的课程做铺垫。开展研学旅行安全知识研讨会	指导师、导游、安全员、带队老师
	12：00—13：00	抵达东方圣城孔子故里——曲阜。午餐，着汉服，体验礼仪传统文化。孔府鲁菜坊品尝和了解中国四大菜系之首鲁菜的特色，体验学习孔子饮食文化的内涵	厨师、指导师、导游、带队老师
	13：00—15：00	走进孔庙，组织孔子生平事迹讲解比赛。探究孔庙的建筑特色，感悟古代古建筑文化。大成殿前祭拜孔子体验，诵读孔子名言	指导师、导游、儒家文化专家
	15：00—17：00	走进孔府，古代诗词楹联知识比赛 识别孔府的古树，传授植物识别方法 摘录、诵读孔府家风、家规、家训	指导师、导游、园艺师
研学中第一天	17：00—18：00	晚餐，体验"孔府菜"制作技术，体验感悟延续千年的官府菜"孔府菜"的魅力	厨师、指导师、导游、带队老师
	18：00—20：00	"明志以谢师恩"立志课堂 由指导师引导学生互动，认知孔子被称为万世师表、至圣先师的原因，理解人民教师的无私奉献与辛劳，树立远大志向	指导师
	20：00	洗漱、就寝。学习了解"寝不语"的精神	导游、带队老师

·169·

续表

主题线路		走进孔孟之乡，探究儒家文化——鲁豫研学旅行三日主题线路方案	
天数	时间	研学旅行主题线路实施流程	具体项目负责人
研学中第二天	06:30—08:00	起床洗漱，收拾内务，早餐	导游、带队老师
	08:00—09:30	乘大巴前往尼山圣境。探究儒家文化根源 展开研讨会，复习昨天的学习内容，布置今天的学习任务	指导师、导游
	09:30—10:10	前往金声玉振广场，"论语"朗诵比赛	指导师、导游、带队老师
	10:10—12:00	前往大学堂台阶大厅，"大学之道"体验课 大学堂七十二贤廊，观摩孔子七十二弟子雕塑，参加鼓瑟吹笙表演 大学堂仁厅，体验"手读论语"	指导师、导游
	12:00—14:00	午餐，饮食礼仪，品尝了解鲁菜特色菜肴。领悟"食不言"精神，学习孔子举止言谈的规矩、习惯	指导师、导游、带队老师
	14:00—15:30	拜师礼，在研学旅行基地举行。参加礼仪的学生按照中国传统文化中敬拜老师的"束脩"礼仪，向老师敬献腊肉、芹菜、莲子、桂圆等束脩六礼，让学生们在活动中亲身感受、体验尊敬师长的中国传统文化，同时初步了解"礼"	指导师 带队老师
研学中第二天	15:30—18:00	"色难归致孝心纯"感恩课堂体验。孝文化系列活动探究。由指导师引导学生互动，认知"至于犬马，皆能有养。不敬，何以别乎？"的真谛	指导师
	18:00—19:00	晚餐	导游
	19:00—22:00	引导学生分组，组内推荐选出小导演、小编剧、小演员、小剧务等角色。学习、排练并演出话剧《孔子东游》	指导师、带队老师
	22:00	洗漱、就寝	导游、带队老师
研学中第三天	06:30—07:30	起床洗漱，收拾内务，早餐	带队老师
	07:30—08:30	乘大巴前往孟子故里——邹城 孔孟儒家思想之异同讨论	指导师、导游

项目 7　研学旅行主题线路方案设计

续表

主题线路		走进孔孟之乡，探究儒家文化——鲁豫研学旅行三日主题线路方案	
天数	时间	研学旅行主题线路实施流程	具体项目负责人
研学中第三天	08：30—09：30	参观孟庙，研讨孟子生平事迹，祭祀孟子，研讨祭祀文化传统 孟庙成语故事探源 在亚圣殿行古礼拜孟子，诵读孟子名言	指导师、导游
	09：30—10：30	走进孟府，孟子思想讨论，孟子故事讲解比赛 孟府花园，学习孟府植物识别、花卉识别，花卉栽培技术，体验古代庭院栽种文化	指导师、园艺师、导游
	10：30—12：00	丝网印刷技术体验课。丝网印刷技术最早起源于中国，距今已有两千多年的历史了。宋代丝网印刷技术已非常成熟，作品色彩也更为绚丽。将儒家名言印在棉麻包上，体验古代丝网印刷的原理与技术	指导师、丝网印刷专家
研学中第三天	12：00—14：00	午餐，饮食礼仪，品尝了解邹城特色菜肴	导游
	14：00—16：00	乘坐大巴，交流心得体会，请学生做研学回忆报告 由指导师主持，请学生分析儒家思想与封建社会的联系 讨论新时代新中国的变化，分享自己所了解的中国共产党在中国发展中的伟大领导核心作用。进行感恩演讲，感恩祖国，感恩中国共产党 结束一天的行程，返回温馨的家	指导师、导游
研学后	研学评价	多元评价和综合考查。突出对学生的发展价值，肯定学生活动方式和问题解决策略的多样性，自我评价与同伴间的合作交流和经验分享。避免将评价简化为分数或等级。对学生在综合实践活动中的各种表现和活动成果进行综合评价	研学师资团队
	研学反思	三天的儒家文化、孝文化研学课，学生身临其境，兴高采烈，收获满满；指导师教中学、学中做，受到新的启发，更利于今后的研学教育工作。本次研学，从郑州到曲阜的大巴上学生比较疲惫，课程内容太多且深奥；准备的工具不充分；研学前学生的准备欠妥当，以后有必要到学校再次督导准备预习	研学师资团队

（本案例由郑州商贸旅游职业学院郭小汇整理修改）

表 7-3 中"研学旅行主题线路实施流程"一栏，全部是研学旅行课程内容项目。设计课程时都要一一写清楚，不能遗漏任何环节。尤其要注意，免费的

· 171 ·

景点中的研学内容不能遗漏。很多免费景点可能不是旅游的主要景点，但它很可能是研学旅行的亮点，是研学旅行课程的载体。表7-3中第三天的孟府花园是免费的，没有二次收费情况，但是在这里可以学习孟府各种花卉种植知识，体验古代庭院栽培文化，完全可以开展植物识别、花卉识别、花卉栽培等专题课程。如果遗漏这些环节，则要承担违背研学旅行合同的违约责任。

二、掌握实施流程的设计要求

（一）设计原则

实施流程设计的基本原则是：主题线路方案设计遵循教育规律；研学旅行线路注入教育元素。

（二）设计要求

（1）研学旅行主题线路开发设计务必树立科学、系统的课程体系意识，立足教育性、突出实践性、加强融合性、确保安全性，将研学旅行活动的育人目标、课程结构、课程内容、实施方式、实施方法、实施主要流程、管理与评价等各种因素统合起来整体设计、系统规划。

（2）主题线路实施流程要详略得当。一般来说，新的指导师应当写详细些，有经验的指导师可以写简略些；研学方式、研学方法、实施流程等关键要素要详细设计，做到因人而异，以不影响研学旅行教学、不改变研学旅行项目内容为前提。

案例参考：济南市历下区区域研学课程化建设（片段）

 任务思考

主题线路方案实施流程设计有哪些要求？

扫一扫，看答案

项目 7　研学旅行主题线路方案设计

任务五　掌握主题线路方案实施要求

 **任务导入**

回头看：任务四中的柳州螺蛳粉研学课程方案。

再体会：研学旅行课程方案实施过程中的关键动词组。排队进入、听讲解、参观、听讲解、参观、观看导图、合影留念、返回学校。

案例思考

 通过体会这些动词，试分析案例中的研学实施过程中采用的教学方式和方法，是否符合研学旅行行业规律？研学旅行主题线路方案实施有哪些要求？

 主题线路方案实施是提高研学旅行教学质量的关键。怎样才能正确实施研学旅行课程？首先要坚持以研学旅行教学理念为指导，遵循研学旅行教学规律，结合研学旅行行业特点，创造性地运用研学旅行教学方法的基本原则，并注意以下几个基本问题。

一、确保整体方案的思想性与科学性

主题线路方案既有思想性又有科学性，这是正确实施研学旅行课程的基本要求。在科学性上，指导师或者项目专家要准确无误地向学生传授知识，引导他们正确操作，及时纠正学生在研学旅行中的种种差错，理论联系实际，引导学生掌握重点和难点，抓好研学旅行的基础知识和基

拓展视频：专家谈
研学旅行主题线路
方案实施

· 173 ·

本技能教学。在思想性上，要深入发掘研学旅行资源教材的内在的思想性，师生共同切磋，认真探求真知，让学生深受启迪、震撼或产生认同，激起学生的思想共鸣，使他们深受教育。这些内容和环节务必设计出来，确保主题线路方案的思想性与科学性。

二、突出学生亲自动手参与的实践环节

研学旅行是实践性较强的教育教学活动，主要突出学生的动手环节，要求学生人人参与、亲自实践体验，因此，在设计研学旅行课程时，必须增加实践动手的环节，才能改变我国中小学生的传统学习方式，由被动接受学习转变为主动学习，由机械的记忆性学习转变为探究式的研究性学习，让学生成为研学的主体，真正实现"游中有学"，才能将研学旅行的最大作用发挥出来，促进中小学生的全面发展。

如果脱离了实践性和学生参与互动的环节，就成为旅游版的研学旅行，而不是真正意义上的研学旅行课程。旅游版的研学旅行等同于传统的亲子游、夏令营、冬令营、户外游等，表现为"游大于学""只游不学""重游轻学"。譬如，很多早期的纪念馆、博物馆、旅行社、风景区等单位的研学旅行线路，都停留在"走马观花"式的听讲解、游览参观、合影留念等表层活动上，缺乏学生亲自参与的实践环节，学生依然是被动接受学习、机械记忆性学习，缺乏主动学习、探究式的研究性学习精神。虽然学生们确实去了很多地方，开阔了眼界，但是所得到的知识依旧只是皮毛而已，并未深层次理解、掌握及内化为生活能力。这些问题都影响了学生及家长的参与体验，使研学旅行的意义和效果大打折扣。

三、处理好与研学旅行团队人员的关系

指导师的教学工作是整个研学旅行工作的灵魂，指导师带团开展研学旅行教学时离不开其他相关研学旅行服务部门和工作人员的协作。指导师要尊重学校代表、带队老师、导游、司机、项目专家、安全员等工作人员，积极向他们学习请教，遇事多与他们商量，支持他们的工作，不要"打个人小算盘"，而是要建立良好的人际关系，处理好与他们之间的关系，积极争取他们的支持，同他们及时协调、密切配合，争取协作单位和其他工作人员的帮助，只有这样才能顺利完成本次研学旅行教育服务。

四、处理好跨学科之间的关系

研学旅行的跨学科性要求指导师要更新设计观念，加强跨学科知识研究学习，加深不同学科指导师之间的合作，提升跨学科课程设计能力和教学能力，打造跨学科指导师专业团队。积极吸收国内外成熟的跨学科课程设计成果，并进行新的创造、升级。整合不同学科的研学旅行课程内容，进行跨学科教学设计，将不同学科的研学内容有机渗透到研学旅行教学设计中，从而促进研学旅行在跨学科合作中顺利开展。

譬如，"寻找秦汉文化瑰宝，传承西安中华文脉"主题线路，涉及语文教师讲解汉唐诗词歌赋，历史老师指导西安黄帝陵、兵马俑等文化古迹考察，书法教师结合书法教学，对仓颉造字、碑林中重要的书法作品、拓片制作做相关介绍，劳动技术课教师对关中小吃、民俗风情做介绍，地理老师阐述秦岭地区的地形地貌、黄土高原的风土人情，这些跨学科的工作关系都需要课程设计者一一落实处理。

五、提高研学旅行综合服务质量

研学旅行综合服务质量直接影响研学旅行活动的质量，开展研学旅行活动要努力提高研学旅行综合服务质量。积极做好研学前事务准备，全程随时开展研学旅行评价激励活动，时时刻刻注意开展安全意识教育，做好安全事故的预防与处理，把安全和爱心放在心中。引导学生开展文明旅游、文明研学旅行活动，正确处理学生个别要求，正确处理研学旅行事故，掌握重大自然灾害救助办法，完善研学旅行后的教育服务。

任务思考

主题线路方案实施的基本要求有哪些？

扫一扫，看答案

| 任务六 | 研学旅行课程手册编写设计 |

导游和指导师辩论研学旅行课程手册

导游小祝说："研学旅行课程手册就是旅游宣传手册，二者内容都是一样的，只是名称不同而已。"指导师小唐说："研学旅行课程手册不同于旅游宣传手册，里面的内容与旅游宣传手册是不一样的。"

1. 你认为什么是研学旅行课程手册？
2. 研学旅行课程手册的内容有哪些？怎样才能设计好研学旅行课程手册？

一、课程手册的含义和功能

研学旅行课程手册，也称研学旅行手册，是研学旅行资源单位结合本单位课程资源实际组织研学旅行专业技术人员编写的介绍研学旅行课程专业知识的教学参考书，是一种供读者特别是学生随时浏览、翻检、学习的辅助教材。

研学旅行课程手册是研学旅行课程设计理念最直接的体现，是凝结研学旅行机构的经验和智慧的成果，既为读

拓展视频：专家谈研学旅行课程手册内容设计

项目 7 研学旅行主题线路方案设计

者开展研究性学习提供方向性的指导，又提供必要的基础性资料。

二、课程手册的内容设计

关于研学旅行课程手册的内容目前国家尚无具体规范化标准，下列内容项目可酌情参考使用。

（一）设计单位简介

1. 设计单位类别

手册设计单位包括中小学校、研学旅行基地、研学旅行教育机构、旅行社研学旅行部门、景区研学旅行部门及研学旅行管理机关等单位。

2. 设计单位简介

研学旅行课程手册中的单位简介包括单位的理念、单位的战略目标、单位的战略方向、单位的课程、单位所服务的对象、单位所服务的行业、单位的企业文化、单位提供的服务、单位的研究方向、单位的合作伙伴、单位的创始人、单位的团队等内容。另外，还要设计出单位未来发展规划，展示单位发展前景。

（二）资源单位简介

研学旅行资源单位主要是指研学旅行基地。研学旅行资源单位简介包含基地简介，依托旅游景区建设的研学旅行基地都可以编写景区简介、基地导游示意图、全景图、服务点、研学点的位置分布，并注意定期对新的研学点的解说进行补充，可适当配置图片和背景知识进行说明。学生可随时根据资源单位简介获取基地信息。资源单位简介要帮助学生无障碍式完成研学旅行，获取相关知识，成为学生了解基地的入门资料和研学旅行结束后的纪念品。

（三）研学设施简介

（1）标注研学设施的分布及功能，研学项目的内容及地点，让学生做到心中有数，合理安排时间，并根据自身需要选择性地参与研学项目。

（2）加入环境解说、温馨说明，起到保护环境和教育学生的作用。

（四）研学课程说明

研学旅行课程手册中的课程内容包括以下几个方面。

1. 课程背景

研学旅行课程资源单位的政治背景、历史背景、旅游背景、研学背景、食住行背景。

2. 研学链接

课程手册中的研学旅行课程内容与现行中小学课本相关联的内容。

譬如，根据本教材案例展示"跟着孟子登峄山，做新时代优秀青少年"主题线路方案编写的《峄山研学旅行手册》载明，这一主题线路方案包括制作《孟子》线装书和制作秦朝李斯《峄山石刻》碑文竹简两个专题，与峄山研学有关的中小学课本内容有人民教育出版社的《道德与法治》（五年级上册）中"美丽文字　民族瑰宝"和《中国历史》（七年级上册）中"百家争鸣""秦统一中国""两汉的科技文化"等。

3. 主题线路

课程手册要设计出至少三条主题线路，并一一标明每条研学旅行主题线路的研学目标、研学内容、研学对象、优势和特色、教育功能和意义。

4. 专题课程

课程手册要设计出不少于六个专题课程。其中有特点、有特色的招牌课程尽量详细介绍。对于特色课程，出于商业机密考虑，可以采用节选的方法编写。

5. 安全方案

研学旅行安全方案包括五个方面的内容：研学旅行安全管理工作方案、研学旅行应急预案操作制度、研学旅行产品安全评估制度、研学旅行安全教育培训制度、未成年人监护保护办法。另外，需要强调的是，包括地震、火灾、食品安全事件、治安事件、交通问题、设施设备故障等突发事故在内的各项突发事件应急预案和组织演练方法，也要设计出来。

6. 课程费用

研学旅行课程费用主要包含：往返交通费、食宿费、门票、材料费用、保险费、交款时间、交款方式等。根据设计单位不同可选择相关项目编写。

7. 社会评价

手册要根据读者适用范围，举例标明师生评价、家长评价、学校评价、研学旅行基地、教育管理机关、研学旅行管理机关等单位和个人的评价。社会评价采用文字说明和图片展示的方式即可。

8. 精彩案例

典型的精彩案例是研学旅行课程手册独特又有魅力的吸睛点，要选择最吸引学生的内容来编写设计。设计时要图文并茂，抓亮点，抓特色，突出互动环节。

（五）领导小组简介

研学旅行课程管理领导小组一般由主办方、承办方、协办方主要负责人或者业务负责人组成。领导小组下设办公室，由研学旅行项目组长兼任办公室主任，其他人员如指导师、班主任、导游等也要调动其积极性，设置相应岗位。

（六）联系方式说明

合作单位、支持单位、监督单位、咨询单位专家、质量监督的联系方式都要列明。联系方式包括电话、网站、微信、QQ等。

三、设计要求

（一）总体设计

为了让学生大致了解研学旅行基地，激发学生的研学欲望，扩大宣传效果，课程手册应图文并茂，合理编排，做到知识性和趣味性有机结合。

（二）封面设计

精美的封面设计既能反映研学旅行设计单位的特色和文化气息，更能代表设计单位的教学教研能力。封面设计风格应适合学生的口味，掌握好娱乐性与指导性之间的平衡，帮助学生准确、快速、简便地掌握信息。

研学旅行课程手册中的课程内容有哪些？

扫一扫，看答案

项目实训与提升

项目测验

扫描右侧二维码,开始做题吧。

随堂测验

综合实训

根据下面的材料,结合自己学到的知识,设计一个福建土楼研学旅行基地研学旅行主题线路方案。2000字左右。

世界文化遗产福建土楼是东方文明的一颗明珠,是世界上独一无二的神话般的山村民居建筑,是中国古建筑的一朵奇葩,它以历史悠久、风格独特、规模宏大、结构精巧等特点独立于世界民居建筑艺术之林,也对世界建筑和人类文化产生了巨大的影响。

福建永定客家土楼是全国传统文化研学旅行产品,深入提炼永定客家土楼所蕴含的"家""和谐""廉洁""爱国"文化内涵,让同学们能深入体验家训家规、客家楹联、土楼木偶戏、客家民俗、民间绝艺、客家山歌、土楼美食文化等博大精深的客家文化和百年土楼所积淀的深厚家国情怀,感受楼夯筑营造技艺、土楼功能、土楼样式等鬼斧神工的土楼建筑文化。

(上海市甘泉外国语中学甘泉书院李勇供稿)

解题思路

项目 8 研学旅行专题课程方案设计

全国中小学生研学实践教育基地——中国科学技术馆

项目导读

本项目从研学旅行专题课程方案的含义切入，首先提出了专题课程方案设计的基本要求，指明了专题课程方案设计的基本要素，并对专题课程方案设计的格式做了简要说明。

学习目标

了解专题课程的含义；明确专题课程方案设计的要求；掌握专题课程方案设计的要素和格式。

思维导图

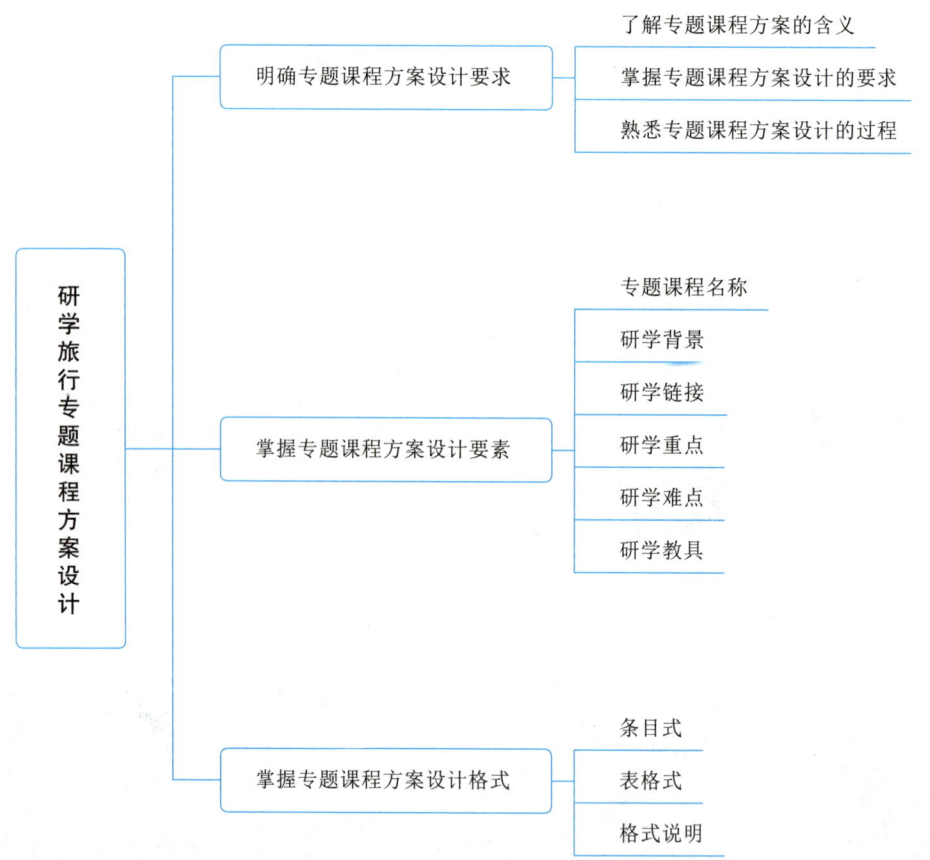

项目8 研学旅行专题课程方案设计

任务一 明确专题课程方案设计要求

 **任务导入**

山西省研学旅行指导师课程设计大赛获奖者小吴,是一位优秀的、深受师生喜爱的指导师。他每次上研学旅行课前都要精心备课,设计好每一个专题课程方案。他常常提前去学校同学生座谈,调研了解学生需求,通过同学校老师讨论来确定研学旅行教学目标,寻找合适的研学方式和方法,想尽一切办法调动学生积极性和主动性,做好解决研学对象疑惑和错误的应急预案。大致的课程方案设计好以后,小吴再向同事和领导汇报,请他们提出修改意见,有时候还要到现场去试讲、说课,从来不放过每一个提升自己备课能力的环节。

案例思考

 小吴的做法是否正确?你认为怎样才能设计好研学旅行专题课程方案?

一、了解专题课程方案的含义

(一)专题课程

专题课程是指在实施研学旅行教育教学的过程中,为达到某一专门教学目的或解决某一专门问题而为学生开设的教育课程,如陶器制作、剪纸技术、我是小交警体验、荷花盆景制作、自行车维修技术等研学旅行专题。

·183·

（二）专题课程方案

专题课程方案是对研学旅行专题课程目标、研学内容、研学方式的规划和设计，是研学计划、研学教材等诸多方面实施过程的总和，类似于中小学教师的课时计划（教案）。

（三）专题课程方案和主题线路方案之间的关系

研学旅行课程方案包括主题线路方案和专题课程方案。主题线路方案中的研学内容是由众多专题课程构成的，专题课程内容是主题线路方案内容的基础，所有专题课程内容共同组成研学旅行主题线路方案的内容。

譬如，表7-3中的"儒家文化研讨会""着汉服，体验礼仪传统文化""孔子生平事迹讲解比赛""祭拜孔子体验""诵读孔子名言""走进孔府，古代诗词楹联知识比赛""识别孔府古树植物，传授植物识别方法""孔府家风、家规、家训摘录，诵读活动"等专题课程，共同组成"走进孔孟之乡，探究儒家文化——鲁豫研学旅行三日主题线路方案"。

案例参考

曲阜邹城儒家文化研学旅行主题线路（片段）

【课程内容】

1. 车上儒家文化研讨会，研学旅行安全知识研讨会。
2. 着汉服，礼仪传统文化体验。
3. 孔府鲁菜坊品尝了解孔府官府菜，体验学习孔子饮食文化的内涵。
4. 孔子生平事迹讲解比赛。
5. 大成殿前祭拜孔子体验。诵读孔子名言。
6. 古代诗词楹联知识比赛。
7. 孔府家风、家规、家训摘录，诵读活动。
8. 体验"孔府菜"制作技术。
9. "明志以谢师恩"立志课堂。
10. 尼山圣境，探究儒家文化根源。
11. 前往金声玉振广场，"论语"朗诵比赛。
12. 前往大学堂台阶大厅，"大学之道"体验课。
13. 大学堂七十二贤廊，观摩孔子七十二弟子雕塑。
14. 参加鼓瑟吹笙表演。

项目8 研学旅行专题课程方案设计

15. 大学堂仁厅，体验"手读论语"。
16. "束脩"礼体验。孝文化系列活动探究。
17. 排练并演出话剧《孔子东游》。
18. 参观孟庙，研讨孟子生平事迹。
19. 在亚圣殿行古礼拜孟子、祭祀孟子。
20. 孟庙成语故事探源。
21. 诵读孟子名言。
22. 孟子故事讲解比赛。
23. 丝网印刷技术体验课。

（本案例由南屯煤矿学校李颖老师设计）

二、掌握专题课程方案设计的要求

（一）设计出正确的研学旅行目标

（1）研学旅行教学目标既包括探求知识、发展能力的目标，也包括掌握探求知识的过程与方法的目标，还包括培养情感、态度与价值观的目标，更要体现新时代综合素质目标和核心素养目标。

（2）正确的研学旅行目标是正确实施研学旅行专题课程的前提。

（3）研学旅行教学是否有正确的目标，是否自觉贯彻和实现了预定的目标，是衡量研学旅行课程成败的一个主要依据。

（4）正确的教学目标要切实可行、具体清楚，能够真正对研学活动起到导向作用，促使师生的一切活动都能紧紧围绕实现研学目的而进行。

（5）研学旅行课程强调学生综合运用各学科知识，认识、分析和解决现实问题，提升综合素质，着力发展核心素养，特别是社会责任感、创新精神和实践能力，以适应快速变化的社会生活、职业世界和个人自主发展的需要，迎接大数据时代和知识社会的挑战。它不仅应在课程方案中明确，而且应在研学旅行教学过程中落实，使师生的双边活动围绕课程目标进行，成为师生为之奋斗的目标。

因此，在专题课程设计时一定要设计出正确的研学旅行目标。

譬如，指导师在设计"地震模拟实验"研学旅行课程时，提前把设计好的研学旅行目标发给学校，征求学校意见，共同修订后再印刷出来，发给学生，告知学生将要进行的研学旅行课程的目的是什么，要完成什么任务，让学生提前带着目标任务问题去思考、去准备。在整个研学旅行活动中，学生始终想着这些目标，指导师按照目标教，学生带着目标学，最后有条不紊、轻松愉快地完成研学旅行任务。

> **案例参考**
>
> **"地震模拟实验"教学目标（片段）**
>
> 　　第一，学生能用简单器材做模拟实验；会查阅书刊及其他信息源；能选择自己擅长的方式表述研究过程和结果；能尝试用不同的方式分析和解读数据，对现象作合理的解释。
>
> 　　第二，引导学生愿意合作交流，喜欢大胆想象。
>
> 　　第三，了解地震现象，认识地震危害，掌握防震知识。
>
> 　　（本课程由姚爱芹设计）

（二）设计出调动学生积极性和主动性的方法

（1）指导师有饱满的研学热情，学生就能够处于积极主动的状态之中。指导师要千方百计地引导学生的思路，启发学生的思维，激活学生的智力活动，确保学生在整个研学旅行活动中都能表现出研学热情和活力。

（2）充分调动学生的研学积极性和主动性是正确实施研学旅行课程的内在动力，是确保研学质量的核心环节。

（3）在整个研学旅行过程中，指导师要注意尊重、爱护学生，民主平等地对待学生，无论学生的答问或状态的表现多么令人不满意，都要耐心、宽容，也要适当地给予肯定和真诚的鼓励，以调动和保护其积极性。

（4）在研学过程中，要随时关注研学的内容、探讨的方式与深度、运用的方法等能否激发学生的求知欲、主动性，使研学真正成为师生双向互动的活动，一发现问题就要立即改进，以推动研学活动生机勃勃地向前发展。

（5）要想方设法让全体同学都参与到既相互竞争又相互协作的研学探索中来，让学生真切感受到自己才是学习的积极参与者和主人，并为自己的积极参与及多方面收获感到兴奋、幸福，充满成就感。

因此，指导师在编写研学旅行专题课程方案时务必设计出相应的方法技巧和教学艺术，以全面提升研学旅行质量。

（三）设计出恰当的研学旅行方式

（1）研学旅行方式应符合研学旅行资源的特点和学生的特征，并能充分利用现有的设备条件，帮助学生顺利地掌握本研学旅行课程的基本内容。

（2）研学旅行方式应符合课程计划的设计和课程目标的实施，保证整个课程的各个部分进行得有条不紊，一环扣一环，始终能够保持一种良好的研学气氛。

（3）指导师能够机智地处理各种突发性事件，具有驾驭研学旅行教学的能力，善于根据实际情况及时调整和修改研学方法，确保研学旅行完美进行。

（四）设计出纠正并解决学生错误和困惑的预案

（1）纠正并解决研学旅行过程中学生的错误和困惑是正确实施研学旅行课程的关键。

（2）学生在研学旅行过程中掌握知识、技能，是在解决疑难、纠正差错的过程中一步一步前进的。学生存在着的疑问、偏差与错误只有在教学中暴露出来，并切实加以解决，学生才能获得正确的新知识、新技能。

（3）设计出纠正并解决学生错误和困惑的预案，让指导师通过向学生提问，或让学生模拟讲解、操作、演练、示范、参观等，来暴露学生在理解和运用知识中存在的问题，并有意引发不同的看法和争论，然后加以解决。这样，不仅能使全体学生的知识技能和思想方法普遍得到提升，而且还能使研学氛围紧张热烈，学生的探究兴趣高涨，活动结束后还会对研学旅行教学过程不断回味与留恋。

知识拓展：纠正错误

三、熟悉专题课程方案设计的过程

研学旅行专题课程方案设计同主题线路方案设计一样，包括个人设计方案、集体讨论方案、现场完善方案三个过程。

（一）个人设计方案

指导师根据单位安排，围绕主题线路方案所分配的内容，个人先设计相应的专题课程方案。个人设计方案包括内容设计、教学方式设计、教学方法设计、研学重点难点设计、研学过程设计、研学评价设计、研学反思设计等。

（二）集体讨论方案

课程研发团队对指导师个人设计的专题课程方案进行深度沟通、研讨，取长补短，确定研学旅行专题课程方案。集体讨论方案的程序是：指导师说课—团队评课—指导师修订方案—指导师再说课—团队评确定课。

（三）现场完善方案

指导师到基地现场按照集体共同确定的专题课程方案模拟学生的身份进行全流程体验，查漏补缺，完善专题课程方案。

研学旅行专题课程方案设计一般都要经过这三个过程，否则不能直接对学生开展研学旅行教学活动。

任务思考

专题课程设计有什么要求？

扫一扫，看答案

项目8　研学旅行专题课程方案设计

任务二　掌握专题课程方案设计要素

某旅游职业学院郭老师说："研学旅行专题课程方案与学校老师的课时教案差不多，就是多了一些校外研学旅行和旅游的元素项目。"

1. 你认为郭老师说得有道理吗？为什么？

2. 你认为研学旅行专题课程方案有哪些要素？

专题课程方案设计主要包含以下基本要素：课程名称、学校班级、带队老师、设计人、指导师、导游、专题课时、研学目的地、课程目标、研学背景、研学链接、研学内容、研学重点、研学难点、研学教具、研学方式、研学方法、研学过程、研学评价、研学反思等。前文提到的要素此处不再赘述，只对比较重要且生僻的要素做简要说明。

拓展视频：专家谈研学旅行专题课程方案设计

一、专题课程名称

课程名称要求独特、新颖、有趣、真实，避免大、空、泛。教育部《中小学综合实践活动课程指导纲要》推荐了152个课题名称，譬如，"家务劳动我能行""我是电脑小画家""魅力陶艺世界""我是小小养殖员""来之不易的粮食""我喜爱的植物栽培技术"等都具有独特、新颖、有趣、真实的特点，可

· 189 ·

以借鉴使用。

二、研学背景

研学背景是指研学旅行资源单位的历史文化背景、政治背景、旅游资源背景、研学旅行基地背景、食住行背景等。我们在编写研学旅行专题课程方案时，要对研学旅行资源单位的这些背景作一一介绍。无论是研学旅行宣传手册，还是学生的研学旅行教材，以及指导师的研学旅行课程教案都少不了研学旅行背景这个重要的组成部分。

三、研学链接

研学链接是指研学旅行专题课程内容和中小学现行课程教材中相关联的知识链接，在研学旅行实践中俗称"研学链接"。

案例参考

安徽师范大学王立龙教授在教授指导师们编写八年级学生"我来黄山制作野生植物叶脉拓印化石模型"研学旅行课程方案时，要求指导师首先查阅初中三年级以来学生学过的相关课本知识，然后把在黄山上的研学旅行课程——叶脉拓印作品制作与课本知识联系起来。指导师查阅了相关教材，人民教育出版社的《科学》（一年级下册）中"校园里的植物"和《生物学》（八年级下册）中"生命起源和生物进化"等都有对化石的描述，然后指导师要把这些内容和研学旅行课程有机地结合起来，并运用到研学旅行教学中。

北京游课教育郭晓晴老师在准备初三学生"桥的模型制作"研学旅行课程方案时，查阅了小学到初中课本中关于桥的文章。她发现人民教育出版社语文课本中有三篇课文与桥有关。三年级下册《赵州桥》描写了距今有1400多年历史的赵州桥；六年级上册的《桥》是一篇小说，讲述了一位共产党员用坚定的信仰和深沉的父爱筑起了一座不朽的生命桥；八年级上册的《中国石拱桥》让读者用眼睛去欣赏，用心灵去感受桥之美。备课时，她把学生的课本知识与研学旅行基地知识相联系，用研学旅行基地知识印证或强化学生的课本知识。研学链接把书本知识和校外研学资源紧密联系起来，让指导师在备课路上所向披靡。

四、研学重点

研学重点是依据研学旅行目标，在对研学旅行内容进行科学分析的基础上确定的最基本、最核心的研学内容，一般是研学旅行课程所阐述的最重要的方法、原理、规律、过程，是研学旅行思想或研学旅行特色的集中体现。它的突破是研学旅行课程必须要达到的目标，也是研学旅行课程设计的重要内容。

五、研学难点

研学难点是指学生不易理解的知识、不易掌握的技能技巧，或者不易理解的问题。难点不一定是重点。也有些内容既是难点又是重点。难点有时又要由学生的实际水平来决定，同样一个问题在不同班级的不同学生中，就不一定都是难点。在一般情况下，令大多数学生感到困难的内容，指导师要着力想出各种有效办法加以突破，否则这部分内容学生不但听不懂学不会，还会给以后的研学旅行课程实施造成困难。

六、研学教具

研学教具，指的是研学旅行过程中用来讲解说明某事物或者某过程的模型、实物、标本、仪器、图表、多媒体等，包括教学设备、教学仪器、实训设备、教育装备、实验设备、教学标本、教学模型等，如地质考察探究研学活动中的生物标本、矿物标本、化石、岩石及珍稀动物样品，地质博物馆中的恐龙仿制品，海洋文化探究中的军舰模型，线装书制作中的纸、笔、针线、钉子、锤子、书页、尺子、夹子、剪子等，都是研学教具。

任务思考

专题课程方案设计的基本要素有哪些？

扫一扫，看答案

任务三 掌握专题课程方案设计格式

任务导入

研学旅行教育理论专家甄鸿启说：研学旅行专题课程方案就是"剧本"，是指导师上好研学旅行课的依据。专题课程方案要有相对规范的格式，指导师上研学旅行课的教学过程，不能天马行空、随心所欲，要遵循研学旅行教育教学规律。

案例思考

1. 研学旅行专题课程方案都有什么样的规范格式？
2. 研学旅行教学过程主要有哪些环节？

任务实施

研学旅行专题课程方案设计的格式主要有条目式和表格式两种形式。

一、条目式

条目式研学旅行专题课程方案内容如下所示。

研学旅行专题课程方案（条目式）

【课程名称】　　　　　　　　【设计时间】

【设计人】　　　　　　　　　【指导师】

【学校班级】　　　　　　　　　【学校代表】
【带队老师】　　　　　　　　　【导　　游】
【专题课时】　　　　　　　　　【研学目的地】
【课程目标】　　　　　　　　　【研学背景】
【研学内容】　　　　　　　　　【研学链接】
【研学重点】　　　　　　　　　【研学难点】
【研学方式】　　　　　　　　　【研学方法】
【研学教具】
【研学过程】
第一步：研学旅行前
【研学准备，设置问题】
第二步：研学旅行中
【研学导入，提出问题】
【研学新课，解决问题】
【研学总结，拓展问题】
第三步：研学旅行后
【研学评价，反思问题】

二、表格式

表格式研学旅行专题课程方案如表 8-1 所示。

表 8-1　研学旅行专题课程方案（表格式）

专题课程				研学目的地			
学校班级				学校代表		带队老师	
设计人		指导师		导　游		专题课时	
课程目标	价值体认						
	责任担当						
	问题解决						
	创意物化						
研学背景							
研学链接							

续表

专题课程			研学目的地			
学校班级			学校代表		带队老师	
设计人		指导师		导　游	专题课时	
研学内容						
研学重点						
研学难点						
研学方式	考察探究□、社会服务□、设计制作□、职业体验□、党团队教育活动□、博物馆参观□、劳动教育□					
研学方法	课堂讲授法□、问题探究法□、训练与实践法□、数字化教学法□、参观游览法□、讲解法□					
研学教具	师生：					
研学旅行过程						
研学前	［研学准备，设置问题］					
研学中	［研学导入，提出问题］					
	［研学新课，解决问题］					
	［研学总结，拓展问题］					
研学后	［研学评价，反思问题］					
研学评价						
研学反思						

注：劳动教育课程目标参见《大中小学劳动教育指导纲要（试行）》。

三、格式说明

　　研学旅行专题课程方案是研学旅行教学预案，不可能穷尽一切教学要素和环节，有的研学旅行课程方案则需要指导师随着研学旅行过程的实施，不断地进行调整和修订，而不是简单机械地模仿和复制。只有本着教育化、实践化、生活化的原则，创造性地自主开发、自主设计，才能不断丰富研学旅行专题课程内容。

　　研学旅行过程的设计方案是一种最基本的、具有普遍性的、常规的研学旅行课程实施方案模式，更适合考察探究、社会服务、设计制作、职业体验和劳动教育类课程。有的研学旅行活动如团队教育活动、博物馆参观等，需要和项目5的研学旅行教学方式方法统筹考虑，来确定具体恰当的研学旅行方法，以弥补传统校园活动的缺憾和不足，彰显研学旅行独特的育人效果。

**任务思考**

本教材提供的研学旅行专题课程方案格式是固定的标准吗？

扫一扫，看答案

项目实训与提升

**项目测验**

扫描右侧二维码，开始做题吧。

**综合实训**

随堂测验

阅读材料，回答问题。

材料一：《没有共产党就没有新中国》纪念馆位于北京市房山区霞云岭乡堂上村，是《没有共产党就没有新中国》的词曲诞生地。1943年9月，华北群众剧社40多人深入平西根据地宣传党的抗日政策。时年19岁、刚刚加入中国共产党的曹火星与其他三位同志来到堂上村，在这里，曹火星将自己的爱党深情凝结为红色的乐章，并借用当地流行的"霸王鞭"曲调，创作了《没有共产党就没有中国》。在艰苦卓绝的抗日战争中，英勇顽强的房山堂上村人民在中国共产党的领导下，发展党的基层组织，壮大抗日武装力量，在这片古老的土地上谱写了爱国主义篇章，共产党员的事迹唱遍了小山村、唱遍了晋察冀边区、唱遍了全中国……

中华人民共和国成立后，毛泽东主席将歌名修改为《没有共产党就没有新中国》，让这首歌的意义更加准确。2001年，《没有共产党就没有新中国》纪念馆依托曹火星当年创作词曲的旧址建成，后来又陆续增建。如今馆内陈列主要记述了中国共产党在不同历史时期的丰功伟绩，以及房山儿女做出的突出贡献,并对《没有共产党就没有新中国》的词曲创作过程进行了重点讲述。纪念馆约 1600 平方米,以图文展示、歌曲链接等沉浸式观展体验呈现。作为全国爱国主义教育示范基地,纪念馆于 2021 年 6 月重新开放。

材料二:研学链接——人教版小学《品德与社会》六年级上册"为了中华民族的崛起";人教版初中《历史》八年级下册"中国人民站起来了";人教版初中《历史》八年级上册"五四爱国运动和中国共产党的成立";苏教版初中《语文》八年级下册《白杨礼赞》;人教版高中《政治》必修 2 "中国共产党执政历史和人民的选择"。

根据以上两组材料,为职业高中学生编写设计:为加入中国共产党时刻准备着——《没有共产党就没有新中国》纪念馆研学旅行专题课程方案。

解题思路

项目 9

研学旅行教学过程设计

全国中小学生研学实践教育基地——山东博物馆

项目导读

本项目是整本书的最后一部分内容，所有的研学旅行课程设计都将归结到并体现在研学旅行教学过程中。研学旅行教学过程的质量影响着整个研学旅行活动的质量，这就决定了本项目是全书的重中之重。本项目包括五个任务，即研学准备，设置问题；研学导入，提出问题；研学新课，解决问题；研学总结，拓展问题；研学评价，反思问题。

学习目标

熟悉研学旅行教学过程的三个基本步骤，掌握研学旅行教学过程的五个基本环节；掌握"三步五环教学法"。

思维导图

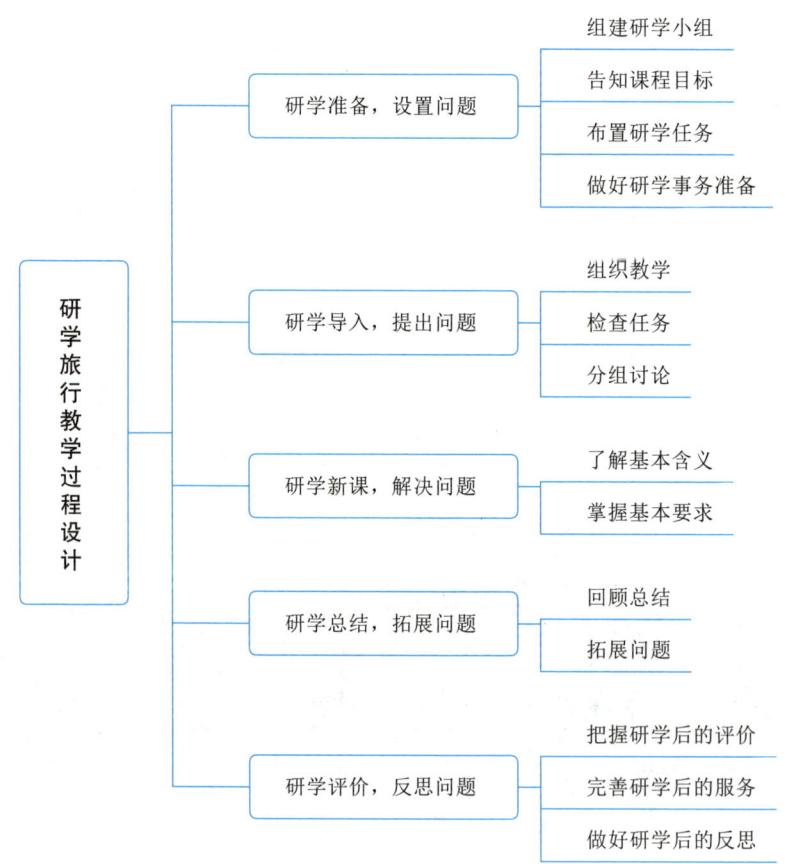

项目 9　研学旅行教学过程设计

研学旅行教学过程是指导师在研学旅行活动中授课或学生接受指导师授课，学生获得知识、增强技能、提高觉悟、培养素养的过程。研学旅行教学过程是整个研学旅行工作的中心环节，也是提高研学旅行质量的关键。

按照实施时间的顺序，研学旅行教学过程可分为：研学旅行前、研学旅行中和研学旅行后三个基本步骤。按照实施步骤和任务，这三个基本步骤可划分为五个基本环节，即研学准备，设置问题；研学导入，提出问题；研学新课，解决问题；研学总结，拓展问题；研学评价，反思问题。这就是研学旅行教学过程的结构。在实践中，我们把这"三个步骤五个环节"的研学旅行教学过程称为"三步五环教学法"，如表 9-1 所示。

表 9-1　研学旅行三步五环教学法

三步五环教学法				
步骤	研学段	环节	环节名称	具体内容
第一步	研学前	第一环	研学准备，设置问题	略
第二步	研学中	第二环	研学导入，提出问题	略
		第三环	研学新课，解决问题	略
		第四环	研学总结，拓展问题	略
第三步	研学后	第五环	研学评价，反思问题	略

拓展视频：专家谈研学旅行教学过程

任务一　研学准备，设置问题

任务导入

北京作为世界上首个"双奥城市"，以"简约、安全、精彩"作答，将奥运机遇融入城市发展的方方面面，大幅增强了城市的文化软实力，积蓄着后冬奥时代的城市发展潜力，诠释出东方文明古国对奥林匹克精神的独特理解。研学旅行指导老师正忙着以国家体育馆为核心设计"奥运主题研学"课程活动的方案和线路。在研学活动开展前，她将学生们分成3个小组，指导学生们围绕场馆举办赛事项目、场馆特色及主要内容等问题开展研学准备工作。

调研一小组，调研场馆基本情况，了解场馆为何被称为"折扇""冰之帆"，感受中国式建筑的独特魅力；

调研二小组，调研场馆如何实现冬季和夏季运动项目的"两栖"能力，如何建设场地双向转换的能力；

调研三小组，调研场馆运动及健身娱乐项目开发情况，以及相关项目和运动员在国家体育馆的故事，感受"后冬奥"时代体育运动发展魅力。

配合着调研成果，研学活动质量有了显著提升，受到师生一致好评。

案例思考

1. 研学课程准备环节，将学生进行分组完成任务的益处有哪些？
2. 对于研学教学实施工作而言，研学准备都需要做好哪些准备？

项目9 研学旅行教学过程设计

在研学旅行活动开始前，有经验的指导师就会列出有关的研学旅行问题，提前让学生准备，以克服学生因没有掌握好或没准备好而带来的研学旅行障碍，为顺利开展研学旅行课程创造条件，这就是所谓的研学旅行前的准备，简称研学准备。

研学准备，除了前面项目里提到的研学旅行实施要求以外，其内容还包括：组建研学旅行小组、告知课程目标、布置研学任务、做好研学事务准备，这些都是研学旅行前要设计好的内容。

一、组建研学小组

（一）研学小组的含义和作用

研学旅行学习管理小组，简称研学小组，是指在研学旅行过程中，为开展好研学旅行活动，根据学生的兴趣、爱好和要求，组成学生自我管理的学习组织。它小型分散，便于开展多种多样的研学旅行活动，满足学生不同的兴趣、爱好，发展学生个体才能，使学生得到更多的学习和锻炼的机会，是目前研学旅行活动的主要组织形式。

（二）研学小组组建方法

1. 组建方法

采用个人自由选择组合和指导师指令分配相结合的方式。

2. 组建程序

研学旅行前负责研学旅行课程设计的指导师要提前一周走进学校，学校可安排指导师与将要参加研学旅行的学生见面，指导安排班主任或者带队老师协助学生组建研学旅行学习管理小组，引导学生在研学旅行中实现自我管理。

3. 小组结构

实践中，很多指导师在班主任或者带队老师的协助下，将每班分成若干个研学小组，一般每组4~6人，设组长1名、副组长1名，成员若干。成员设安全委员、救助委员、生活委员、纪律委员、学习委员等，保证个个有岗位，人人有职责，事事有人管。指导师可以先明确每个小组成员的岗位责任与义务，引导学生自荐、推荐。研学小组成立后，拟定研学小组名称、学习口号，进行全班演讲，表明决心，还可以组织小组成员举办宣誓仪式，增强责任意识和团队意识，发挥小组干部的模范带头作用，培养学生的价值体认、责任担当的能力和意识。

4. 纪律要求

研学旅行活动将以小组为单位展开活动，所以要求全体组员积极参加研学旅行活动，遵守小组纪律，维护小组荣誉。

下面的案例中，指导师在进行"纸的秘密"研学旅行专题课程设计时，就组建了不同的研学旅行小组。

案例参考

"纸的秘密"专题课程设计（片段）

组建小组

每个学生根据自己的兴趣和爱好选择所喜欢的研究内容，自由组成学习活动小组。它们是：纸的秘密小组、家庭用纸调查组、纸浆纸品组、再生纸组、环保之星组。每个小组要民主选定小组长，由小组长负责安排各组员的任务。

1. 制订小组计划

每个小组都要按照我们的要求，制订小组活动计划（如下表）。

时间：　　　　　　　小组：　　　　　　　调查人：

调查对象		调查地点	
调查方式			
调查内容			

2. 小组根据计划展开调查

小组成员分工后，在组长的带领下，进行调查。

（1）纸的秘密小组

纸的秘密小组的学生根据自己的计划展开活动，上网查阅资料，了解纸的发明历史和经过；做实验，了解纸的吸水性及纸的耐火性；查阅图书资料，了解有的纸为什么能够预防近视。

（2）家庭用纸调查组

这个小组要求学生充分利用家庭现有的条件，统计好每个家庭成员的用纸情况，并做好记录。

项目9 研学旅行教学过程设计

（3）纸浆纸品组

纸浆纸品组的学生充分利用课外时间，进入超市采访和拍摄照片，同时认真地查阅有关的资料，通过两周的调查，学生知道了纸浆的分类。例如，按原料进行分类，纸浆可分为：木浆、草浆、苇浆、棉浆、竹浆、麻浆、废纸浆。如果按制浆方法进行分类，又可以分成不同的种类。要查阅到制造纸浆和纸张的过程。

（4）再生纸组

学生们带着这个问题，通过上网、查阅文献资料等方法，了解有关再生纸的制作方法、制作过程；学生们要自己动手做实验，加深对再生纸的认识，要知道虽然制作再生纸是对废纸的回收和循环利用，但制造的过程也会对环境造成一定的影响。

（5）环保之星组

学生们利用课余时间，在指导师的指导下，上网、到图书馆查阅文献，了解到制造纸的原材料是木材，纸的生产是以牺牲森林为代价的，要保护环境，应该从我们身边的小事情做起，注意节约用纸。在实地考察过程中，学生们发现，有的造纸厂排放出很多的废水、废气，而且没有经过任何的处理就直接排放，使当地的大气和水源受到严重污染。学生们参观后，要把这个问题带回到班里讨论一番，形成共识：关心环保要从我做起，从身边的小事做起，平时应该注意节约使用纸张，建议大家一张纸两面使用，给学校的办公用纸提出建议，并以班级的名义给全校学生写一封有关节约用纸的倡议书。

（资料来源：刘道溶.中小学综合实践活动教学活动设计案例精选[M].北京：北京师范大学出版社，2012）

二、告知课程目标

（一）告知课程目标的作用

研学旅行教学活动开始前，指导师要提前告知学生明确而具体的研学旅行目标，将本次研学旅行的教学意图清楚地传达给学生，有利于指导师正确地选择教学方法、妥善地组织教学过程、准确地评价教学结果；有利于学生简洁而清楚地知道将从本次研学旅行过程中学到什么，及时了解自己的学习结果，主动地把握自己的学习过程和方法。

（二）告知课程目标的方法

1. 印发明白纸

指导师提前把设计好的研学旅行目标发给学校，征求学校意见，共同修订后再印刷出明白纸，发给学生，告知学生将要进行的研学旅行课程的目的是什么，要完成哪些任务，让学生提前带着目标、任务、问题去思考、去准备。

2. 多媒体展示

运用学校或者研学旅行基地的数字化智能设施，把研学旅行目标告知学生。

3. 指导师口头传达

指导师初次见到学生时就要口头告诉学生本次研学旅行活动的目标，让学生清楚明了。

4. 简易黑板书写

研学旅行过程中指导师在临时制作的或者随身携带的简易"小黑板"上写出研学旅行目标并告知学生。

5. 终端设备转发

指导师用手机、电脑、平板电脑等设备上的微信、QQ等工具平台，转发研学旅行目标文字材料。

案例参考："地震模拟演练"课程设计（片段）

三、布置研学任务

为了圆满完成研学旅行活动，指导师一般要提前给学生布置研学旅行任务，准备研学工具、研学问题、研学资料。这些任务指导师都要提前设计出来。

（一）准备工具

准备研学旅行专题课程需要用到的工具。如担架制作专题课程中的绳子、竹竿、锯、刀、剪子等。

（二）准备研学问题

准备与研学旅行专题课程有关的知识和问题。

（三）准备研学资料

准备与研学旅行专题课程有关的资料。譬如，指导师在给初三学生设计

《孟子》线装书的制作课程时，要提前一周到尚儒风研学旅行基地，让基地方准备有关工具；到学校布置研学任务，让学生查找有关孟子的资料和线装书的制作方法。

四、做好研学事务准备

在研学旅行过程中，指导师不仅承担着研学旅行教学的重任，同时也从事着研学旅行事务的服务工作。学生对研学旅行活动是否满意、研学旅行课程方案能否圆满实施在很大程度上取决于指导师的研学服务。

指导师做好研学旅行团的接待准备工作是向学生提供良好服务的前提。指导师的工作千头万绪，事无巨细，如果考虑不周就可能出错，因此，准备工作务必细致、周密。一般来说，指导师的准备工作包括以下几个方面，每一项都要逐一设计出来。

（一）熟悉主题线路方案

指导师设计专题课程时要熟悉主题线路方案中的学校名称、年级、来自哪个城市、总人数、男女生数量、年龄、风俗、饮食习惯、领队老师、电话号码、研学线路、用车情况、司机、导游、研学内容、研学方法、研学工具、研学地点、研学时间、安全措施、评价方法、研学专家、项目负责人等内容，做到心中有数。

（二）做好专业知识准备

做好有关知识和资料的准备，尤其是计划中所列新开放研学点知识的准备。准备的过程中应注意知识的更新，及时掌握最新信息。掌握基地专有名词术语、词汇；做好当前热门话题、国内外重大新闻及学生可能感兴趣的话题的准备；做好生源地有关知识的准备；做好在语音、语调、语法和用词等语言表达方面的选择与准备。

（三）做好研学物资准备

指导师设计课程时，要罗列出迎接研学旅行团的有关物资准备，包括研学旅行团主题线路方案（接待计划表）、研学旅行服务质量反馈表、研学旅行团名单、研学旅行团费用结算单等。

罗列出必带的工作物品，包括工作证、执业身份标识、研学旅行旗、音像设备、宣传资料、通讯录、研学旅行手册、研学评价表、安全管理手册，以及按研学旅行团人数发放的物品（如研学旅行帽、研学旅行图或其他研学旅行纪念品）等。

同时也要罗列出必带的个人物品，包括名片、手机及充电器、防护用品（雨伞、遮阳帽、润喉片）、常备药物、记事本与工作包等。

案例参考

研学旅行物资准备检查表

种类	名称	是否配备	种类	名称	是否配备
证件类			日常用品		
衣物准备			常备药品		
学习用品			其他		

（本表格由秦明设计）

（四）做好个人形象准备

指导师的自身美不仅关系到个人形象，更关系到目的地和研学旅行企业的形象。为了给学生留下良好的印象，指导师要在教学前做好与所从事的职业相符的仪容、仪表方面的准备。面容整洁，不浓妆艳抹；头发要保持清洁、整齐；着装要符合指导师的身份，并方便研学服务工作，整体要求衣着要简洁、整齐、大方、自然。

（五）做好心理准备

指导师需要具备良好的心理素质，时刻准备面临艰苦复杂的工作，向学生提供热情周到的服务，而且还要充分考虑如何为特殊学生提供服务，以及如何去面对、处理接待过程中可能发生的问题和事故。要冷静、沉着地面对，无怨无悔地继续做好研学服务工作。

知识拓展：指导师带队流程及任务清单

任务思考

研学旅行活动前需要做好哪些准备？

扫一扫，看答案

任务二 研学导入，提出问题

任务导入

某图书馆在暑假中举办了4期以励志拓展为主题的"书香智慧·军事夏令营"活动，以丰富学生的假期生活，提升全面素质教育。该研学活动的对象为青少年，每期20人；研学时间为2天；研学课程目标为在封闭化管理下，通过全方位、立体化、直观性的军事训练，拓宽孩子们的视野、增进友情，改正不懂礼貌、拖延懒惰、自闭等问题，进一步增强孩子们的安全意识和自我保护意识。

为期两天的夏令营开始前，研学导师根据孩子们的研学准备情况，引导性地提出相应问题，鼓励学生主动参与探索，如与同组小伙伴们开展交谈、与其他组同学交流等；然后以问题驱动任务，根据问题布置分层次的任务，满足不同学习程度研学者的需求，激发学生好学向上的心理。

活动结束后，家长主动反映孩子进步与变化较大，研学活动取得了良好效果。

案例思考

1. 结合案例，指导师可以采取哪些方法组织教学？
2. 结合案例，指导师可以通过哪些方法检查研学旅行前布置的任务？

任务实施

"研学导入，提出问题"是"三步五环教学法"的第二环节，这一环节的主要工作内容有：组织教学、检查任务、分组讨论。

项目9 研学旅行教学过程设计

一、组织教学

（一）组织教学的含义

组织教学是指导师通过对学生情绪状态的调剂和研学纪律的维护，使学生能跟随指导师的研学步骤，而有效地实现预定的课程目标的过程。组织教学是保证研学旅行过程中师生活动正常进行的基本条件，目的是引导学生对参与研学旅行教学过程做好心理上和物质上的准备，吸引学生的注意并创设一种良好的研学情境或气氛。它不仅是研学授课前的特定阶段，也贯穿于整个教学活动中。

研学旅行的组织教学是一项融科学和艺术于一体的富有创造性的工作。要做好这项工作，指导师不仅要懂得研学旅行的教育教学规律，掌握一定的研学旅行教育学、心理学知识，还必须关注每一位学生，运用一定的组织艺术，调动学生的注意力，激发学生的情感，让学生在愉快、轻松的心境中全身心地投入研学旅行活动中去。

（二）组织教学的方法

1.口头语言变化法

指导师通过口头语言的语调、音量、节奏和速度的变化，来引起和控制学生的注意力。当指导师从一种讲话速度变到另一种速度时，已分散的学生的注意力会重新集中起来。在讲解中适当加大音量，也可以起到加强注意力和突出重点的作用。我们常做的高低声游戏就是利用了这个原理。

拓展视频：青岛啤酒博物馆指导师致欢迎词导入新课
（摄制：姜绪军）

譬如，研学头条孙真老师开始与学生见面时，说："同学们好！下面开始上课。"用升调的问候，又用降调宣布，拉近了师生之间的距离，把同学们的注意力全部吸引到研学旅行活动中来。

"同学们好！今天／你们想知道／什么呢？今天／我们／主要来／解决／哪些／问题呢？"孙老师通过适当放慢语速，让学生原本五花八门的想法，一下子凝聚到指导师身上。

"请看，江对面的那座山像不像一只巨龟？／黄鹤楼所在的这座山像不像一条长蛇？//这就是'龟蛇锁大江'的自然奇观。"这里，指导师通过停顿让学生去思考、判断，从而留下深刻的印象。学生的注意力，全部转移到研学旅行中来，研学旅行组织教学的成功展示得淋漓尽致。

2. 态势语言变化法

态势语言亦称体态语言或动作语言、肢体语言，它是通过人的表情、动作、姿态等来表达语义和传递信息的一种无声语言。同口头语言一样，它也是指导师重要的语言艺术形式之一，常常在指导师讲课时对口头语言起到辅助作用，有时甚至还能达到口头语言难以企及的效果。

指导师的表情语、目光语、手势语都可以表达对学生的暗示、警告和提示，也可以表达期待、鼓励、探询、疑惑等情感。指导师面部表情、头部动作、手势及身体的移动也传递着丰富的信息，有助于沟通师生间的交流，调控学生的注意力。

譬如，指导师盛琴在做剪纸技术示范时，发现有两个学生在说悄悄话，他并没有直接去批评指责，而是将脸转向这两个同学，目光温和地看着他俩说"请大家看着，我是怎样剪裁的"，然后继续示范讲解，这两个同学的注意力马上转移到指导师的讲解上来。

3. 姓名举例提醒法

在研学旅行过程中，指导师常常运用人物名字说明事情或创设情境以加深学生对研学内容的理解。如果发现有的同学精力不集中，走神、玩手机、嬉闹、看其他景观等，指导师可以抓住时机运用这位学生的名字或者他附近学生的名字说明事情或创设情境，这样既可以顺利完成研学任务，增加研学旅行的真实性，又可以起到提醒学生的作用，真可谓妙趣横生、一箭双雕。

譬如，在开展线装书《孟子》制作活动时，有位叫张三的同学，接打电话影响了其他同学，指导师程广飞说："请在最后封底最底端'设计人'处，填写自己的名字，譬如张三。"遇到"张三"一词，声音拉长且缓慢，这样张三便听出指导师在借机提醒自己，立即停止打电话，将注意力转移到研学中来。

4. 研学方式变换法

变换研学旅行活动方式可以有效地调动和集中学生的注意力，提高研学教学效率。研学旅行活动方式包括师生交流的方式、学生探究的方式、学生体验的方式和研学评价的方式等。在研学旅行过程中，指导师应根据教学的需要适时变换一下研学活动方式。例如，由指导师讲解变为学生讲解，由多媒体演练变为学生实际演练，由集体听报告变为小组讨论，等等。这些变化都会给学生以新鲜的刺激，吸引学生的注意力，激发其参与的兴趣，进而达到提高教学质量的目的。

5. 研学方法变换法

在研学旅行教学中，单一的教学方法容易引起学生疲劳和注意力分散，尤其是听报告、看专题片活动，更容易让学生感觉疲劳乏味，因此，指导师需

项目 9 研学旅行教学过程设计

要适当变换教学方法,通过多种教学方法的交互使用,充分调动学生的各种感官去获取信息,这样做不仅可以有效调控学生的注意力,而且有利于学生对知识的记忆、理解和应用,调动学生参与活动的积极性,促进由知识向能力的转化。

6. 小组积分激励法

研学旅行过程中,为了圆满完成研学任务,达到预定目标,指导师往往会准备计积分的办法,即以小组为单位,根据每位组员的表现,为学生所在的小组积分。积分与学生的研学旅行纪律、学习成果的展示、学生的自我展示、体验探究参与的质量等直接挂钩,由研学团队的同学给予点评、评分,所得分值计入相应组的总积分,一天合计一次,前三名给予相应的物质奖励,如笔、本子、小红旗、奖状等,以此来激励学生树立团队合作意识,积极参与研学旅行活动。这种方法充分调动了学生合作学习的积极性和自我展示的主动性。

7. 设置问题法

设置问题是研学旅行组织教学中的一种艺术方法。当学生注意力不集中时,指导师设置一些疑问,让学生回答,以促进学生注意力的转移。在学生学习情绪低落时,利用疑问引起学生学习的兴趣,激发学生学习的积极性。它在研学旅行教学中起着承上启下、充实教学内容的作用。

8. 竞赛刺激法

在学生情绪不佳、疲劳或学习积极性不高时,指导师可根据研学内容,开展一些小型研学竞赛活动,如采取集体竞赛、小组竞赛、个人竞赛等,以调动学生的积极性,使学生的有意注意力高度集中,从而使学生跳出不良的学习状态,达到提高研学旅行教学效果的目的。

9. 中途休息法

连续的研学旅行活动之后,部分学生可能会表现出精神疲劳、注意力分散。面对这种情况,指导师的提醒或警示对学生注意力的长久保持已无济于事。这时,指导师可以唱一首歌曲,也可以让学生唱,或者原地休息几分钟,让学生放松片刻。这样,不但可以消除学生的疲劳,活跃研学气氛,而且能增进师生间的感情。

二、检查任务

(一)检查任务含义

指导师在开展研学旅行活动前一般都要提前给学生布置研学旅行的准备任

务，在研学旅行活动开始时要对准备任务的落实情况进行检查，这个过程就是检查任务。

（二）检查任务的方法

（1）学校领导检查法，即学校领导深入即将外出开展研学旅行的年级、班级，对前期布置的研学旅行前的任务完成的情况进行实地检查。学校领导检查法主要是听和看。听取年级主任或班主任的汇报，观看具有代表性的各类典型案例。通过听和看来发表指示和要求。

（2）项目组长检查法，即负责研学旅行的项目组长对前期准备任务的全部指标进行全面检查。全面检查需要制订周密的检查计划和实施方案，需要组织一定的人力和物力。参加检查的人要熟悉前期既定的各项工作任务，要有明确的分工和组织领导，实行检查责任制，把检查任务落实到人头，并请年级负责人、班主任、带队老师、指导师、导游协助检查。

（3）问答检查法，即由参与研学旅行课程教学的检查人员提出若干问题，要求被检查年级、班级或老师、学生个人直截了当地一一回答。问答检查法的最大好处是直来直去，具体明确，一目了然，节省时间。

（4）报表检查法，即研学旅行即将开始时，研学旅行项目负责人将要检查的研学前准备任务内容和项目列成各种表格，要求被检查的年级、班级或学生，严格按表格要求填写上报，便于查看和落实情况。

（5）自我检查法，即由被检查的年级、班级或学生，按照原来布置的任务和实际完成的情况进行自我检查，主动向有关部门或指导师报送完成任务的情况。

（6）抽样检查法，即对被检查的年级、班级或学生只抽取部分进行检查。抽样检查有两种方式：一是有意识地选择有代表性的被检查的年级、班级或学生，如先进、中游、后进三种类型进行典型检查。二是无意识地随意抽取一批被检查对象进行检查。抽样检查法也叫以点看面检查法。就是通过对几个点的检查，代替对所有被检查的年级、班级或学生的检查。用点上的情况来说明整个面上的情况。

（7）交叉检查法，即把被检查的年级、班级或学生组织起来，按统一的检查内容和标准，让大家互相检查。这种检查既是代替检查人检查，又是互相学习；既是对别人的检查，也是对自己的检查。所以交叉检查往往能够收到一举两得的效果。

（8）重点检查法，即对研学前准备的任务不逐项进行检查，而只摘取其中一两项进行检查。例如，在检查某班级的研学旅行教具时，不对研学旅行全部的教具逐项检查，而只检查制作竹简书的教具。

三、分组讨论

这里的分组讨论是以小组为单位对研学前的准备工作进行讨论，从而导入研学旅行课程。

（一）讨论的内容

学生分组讨论的内容包括以下几个方面。

（1）组建研学小组情况。学生是否组建或者参与研学旅行学习管理小组，并且有岗位，有分工。没有参与的要参与进去，并确立相应的岗位职责。

（2）课程目标掌握情况。学生是否知道本次研学旅行活动的目标，如果不知道，应尽快向指导师和同学们请教，并掌握。

（3）研学工具准备情况。学生是否按要求准备了研学工具，准备得是否齐全、合格。如果不达标，要及时补充准备，或者找到相应的补充办法。

（4）布置问题准备情况。学生是否准备了指导师提前布置的问题，如果问题没有逐一解决，及时向指导师或者同学询问，或者自己查找、补充。

（5）研学资料查找情况。学生是否按要求准备了有关研学的资料，资料是否正确、符合要求。如果不符合要求，及时补充更正。

（二）讨论的流程

（1）班（团）长主持讨论。指导师引导学生进行自我管理，班长或者研学旅行团长主持本环节的讨论，其他班干部协助负责。

（2）成员交流发言。以小组为单位进行组内交流，要求人人都发言，个个都交流，无论谈得如何、做得如何，只要参加活动，务必引导全员参与发言。

（3）组长归纳总结。组长负责组织本组讨论发言，记录整理成员发言内容，然后归纳总结，选派1~2名代表，向全班汇报，并把总结提交给班长或者指导老师。

（4）小组代表汇报。选派的小组代表要代表本组在全体同学面前汇报自己小组的研学准备情况。要求言简意赅，不拖泥带水，借此机会也能锻炼自己的口头表达能力。

（5）评价激励。评价激励是讨论的最后一步。评价人可以是指导师、班（团）长、组长和任意同学，不限职务，评价也不拘形式。基本原则就是调动全体学生的积极性，

案例参考："探究泰山刻石文化"专题课程设计（片段）

为下一步的研学旅行活动做好铺垫。

 **任务思考**

什么是组织教学？组织教学的方法有哪些？

扫一扫，看答案

任务三 研学新课，解决问题

《论语》线装书的制作教学过程（片段）

【研学新课，解决问题】

（1）指导师展示教学任务：制作《论语》线装书。

（2）指导师向全体同学讲解并示范线装书的六步制作方法。

第一步，将空白宣纸裁切成我们想要的大小，再将用作封面封底的云彩纸裁成和宣纸一样大小。

第二步，在封面右侧的上面和下面各画一个正方形或者长方形，中段部分则平分成三段。

第三步，将内文宣纸与封面封底对齐，并用长尾夹子固定，紧接着用钻子将四个钻孔全部钻透。

第四步，将线穿在针上，线的长度大约是书的长度的两倍半，开始时，先由第二孔开始，利用长尾夹将线头固定，切记每一线段的线不可重复，每一线段必须穿到线。线头和线尾会在第二孔处交会在一起，再打一个平结，书本制作完成。

第五步，摘抄《论语》中的句子，将之用细毛笔摘抄到制作的线装书里。

第六步，在封皮右侧的方框里用细毛笔竖着写上"论语"二字，在适当的位置写上"某某（自己的名字）摘录"。

（3）引导学生记录、观察、讨论，确定制作方法。

指导师示范讲解时，各小组进行观察记录，并记录研学过程中所产生的疑问。由学习委员组织全班展开研讨，由小组长组织本组成员对"《论语》线装书的制作"提出疑问，以及自己的制作设想和办法，并在班里汇报。注意：这个环节，指导师只是引导学生，而不能代替学生。

（4）学生制作线装书（图9–1）。

学生经讨论并确定好制作方法之后，由指导师引导全班学生开展线装书制作。小组长组织组员进行组内分工,班委成员进行各组游走辅助。指导师提醒班干部,善于发现优秀典型,同时还要检查是否每一个同学都参加了活动,对不动手制作的同学要及时提醒督促,让学生管理学生。

图9-1　学生制作线装书　摄影:李岑虎

(5)学生展示作品。

线装书制作完成后,各小组向全班展示本组作品,并选出代表向全班分享自己小组的制作流程和制作过程中遇到的困难及解决办法,感悟孔子的伟大思想和中国古代劳动人民的勤劳智慧。其他组学生开展研学旅行点评。注意:这个环节,指导师只是引导学生,不能代替学生。

要求:整个制作过程中,班干部要带头示范,共青团员、少先队员起先锋模范作用,研学组长调动一切力量,团结合作,积极负责,确保人人参与,个个都能制作出一本《论语》线装书。

(上海市甘泉外国语中学甘泉书院李勇整理)

案例思考

结合案例,请分析研学旅行教学有哪些基本要求?

项目9　研学旅行教学过程设计

一、了解基本含义

通俗地讲，"研学新课，解决问题"就是研究学习新的研学旅行课程，解决研学旅行教学目标所涉及的研学内容和问题。这是"三步五环教学法"的第三环节，是专题课程教学的主要部分，也是整个研学旅行课程教学的中心环节。这一环节的主要内容有：传授知识和技能、演练知识和技能、提高学生核心素质。

二、掌握基本要求

研学旅行课程内容博大精深，研学模式百花齐放，研学方法多姿多彩，因此指导师向学生呈现研学旅行课程新内容并引导学生学习的方法、手段也是多种多样的。选择和运用何种方式方法，主要应视新课程的内容、任务和学生的特点而定。在引导学生学习新内容时，指导师的关键作用在于组织合理的学习活动，调动学生的学习积极性，引导学生的思路并启发他们的思维，使学生处于积极的智力活动状态之中。无论哪种研学模式，无论哪种主题活动，都要满足以下基本要求。

（一）始终围绕目标教学

研学旅行教学活动全程都要遵循"价值体认、责任担当、问题解决、创意物化"四个综合素质目标，注重立德树人的根本任务，突出核心素质教育导向。

（二）始终分组开展活动

全程始终分组开展活动，引导学生在各自的小组内尽职尽责，分工合作，培养团结合作意识和责任担当意识。

（三）确保全员参加，亲自体验

无论哪种模式的课程，务必做到人人动手，个个参加，亲自体验，考察探究，确保每个学生都能成功，享受成功的喜悦，享受研学旅行带来的快乐。

（四）发挥先模学生的带头作用

在整个研学旅行过程中，要始终发挥班干部、共青团员、少先队员等先模人物的模范带头作用，依靠先模学生，引领全体学生全身心地投入研学旅行中。

（五）运用恰当的方式方法

无论是考察探究式、实验操作式、职业体验式、设计制作式、劳动教育式，还是博物馆参观式、团队活动式，研学旅行课程都有研学前、研学中、研学后三个基本步骤和五个基本环节。无论指导师运用哪个模式开展教学活动都要结合五个基本环节来设计课程方案，多法并举，统筹使用，完成研学旅行全部目标，提高研学旅行课程教学效果。

（六）研学评价贯穿全程

研学旅行评价不是单纯意义上的为学生打分评定，评价主体、评价对象、评价内容多元化。广义上的研学旅行评价对象应是多种多样的。既包括对研学旅行基地的评价、研学过程的评价、指导师的评价、教学方法的评价、研学资源的评价，也包括对学生的研学态度、研学能力和方法、研学结果等方面进行的综合性评价。因此，研学旅行评价要贯穿整个研学旅行过程。

（七）指导师角色定位准确

在研学旅行过程中，指导师不是传统意义上的老师，也不是旅游中的导游，而是熟悉研学旅行行业特点和规律的专业技术人员。指导师在研学旅行教学过程中，既不能用导游的讲解方式讲解，也不能像老师一样用"上课"的方式去"教"学生，而是要成为学生研学旅行活动的组织者、参与者和促进者，引导学生主动去探究、去体验。

譬如，"走访兰湖茶园、解密茶文化"研学旅行教学过程，就突出了"研学新课，解决问题"环节的一些特征和研学方法。

项目9 研学旅行教学过程设计

案例参考

《走访兰湖茶园、解密茶文化》研学新课实施过程设计（片段）

过程	研学新课实施过程设计
研学前的准备	收集茶文化的知识，确认各小组任务分工
	提前准备以下研学内容： （1）通过搜索资料，调查茶的种类、名称、中国名茶、茶叶的传统制法、泡茶方法。 （2）引导学生利用网络和图书馆等资源收集、阅读与茶有关的文章并初步了解中国茶文化的发展过程。 （3）各小组分工，确定研究主题，讨论并制订本小组的研究计划和活动方案。 （4）准备好工具，如笔记本、照相机、手机、太阳帽等。
研学中的教学	走进兰湖茶园，了解中国的茶文化 专车前往兰湖，注意行车安全。出示身份证明，进入景区。考察兰湖景区
	（1）走进兰湖茶园学采茶。 ①听兰湖茶农介绍茶树的生长过程。 ②仔细观察兰湖茶农采茶，听茶农介绍采茶的技巧。 ③学生体验采茶。 （2）学习茶树的栽培技术。 ①了解茶树品种和生长特点。 ②了解茶树的生长条件（气候、温度、水分、土壤等）。 （3）体验茶厂茶叶的制作方法：学生走进茶厂参观茶农制茶过程，了解工序：杀青—揉捻—解块—烘干—筛选。学生自己模仿制作。 （4）茶艺表演：茶艺师表演、学生观摩、学生体验表演、指导师总结。 （5）整理收集的资料与信息。 ①各小组组员汇总、分析、总结本组资料。 ②指导学生对实践活动过程进行反思。 ③完成结题报告，指导师帮助修订后定稿。
研学后的展示	成果展示，交流拓展 （1）学生利用黑板报、课件、小报、图片、标本、实物、微信视频、自媒体等展示学习成果。 （2）班内茶艺表演。为老师献上敬师茶。 （3）在学校门口开展为农民工献茶活动。 （4）开展茶文化的诗词朗诵比赛。

（浙江研学旅行合作联盟章永平老师供稿）

 **任务思考**

开展研学旅行新课教学活动，应遵循哪些基本要求？

扫一扫，看答案

任务四 研学总结，拓展问题

任务导入

在研学旅行教学过程中，很多指导师用下面三种方式进行回顾总结。

第一，戛然而止式，如"好的，我们今天的课程就到这里吧，谢谢"。

第二，陈词滥调式，如"感谢_____学校（基地）、_____领导邀请我为大家分享_____课程，_____领导非常重视这个活动，希望_____学校（基地）能够越办越好"。

第三，单调反复式，如"我们来总结一下这次课程的_____，希望大家回去都好好练习。说到这里，我们还需要总结一下今天讲过的几个原则_____。哎呀，大家还记不记得讲解这些原则时使用的案例呀，我们再来复习一下_____"。

案例思考

1. 在平时的学习中，你常用哪种回顾总结的方式？
2. 在平时的学习中，你都用哪些方式开展研学回顾总结？

任务实施

"研学总结，拓展问题"是"三步五环教学法"的第四环，这一环节的主要内容有：回顾总结本次课程的知识和技能、运用所学的知识和技能拓展和解决新的问题，全面提升学生的综合素质和核心素养。

项目9 研学旅行教学过程设计

一、回顾总结

（一）了解回顾总结的含义

所谓回顾总结，就是在完成研学旅行教学任务的终了阶段，指导师富有艺术性地对研学旅行课程所学知识和技能、所用方式和方法，以及探究、体验、制作、参观的过程和价值情感的提升进行归纳总结和转化升华的行为方式。回顾总结，使整个研学旅行教学过程完整无缺，最终让学生对知识、技能和价值观融会贯通。

回顾总结一般放在教学过程最后，用3~5分钟的时间对研学旅行专题课程做一个简短的，具有系统性、概括性、延伸（扩展）性的总结。

（二）熟悉回顾总结的作用

优质的课程回顾总结，既能再现过程、强调重点、引人遐想、培养能力、发现不足，还能承前启后，引人入胜，服务新课，自然流畅地导入下一个研学旅行专题课程。

（三）掌握回顾总结的基本要求

研学旅行专题课程教学回顾总结设计的基本要求如下。

（1）回顾研学全程，再现课程全貌。

在课程的最后，指导师要引导学生回顾整个研学旅行过程，总结研学要点，梳理课程内容的逻辑框架，再现研学课程全貌，留下美好回忆。

拓展视频：青岛啤酒博物馆研学旅行课程总结（摄制：姜绪军）

（2）效果测试评估，检查课程目标。

研学旅行教学目标是否实现，需要在回顾总结阶段加以检查测试。如果专题课程教学过程缺少这个环节就是不完美的研学旅行，设计的专题课程也是不完整的课程体系。课程设计者在课程回顾总结阶段要设计出效果测试评估方案、检查课程目标是否达标的方案。

（3）提升课程价值，激发应用动机。

研学旅行课程最重要的价值就是帮助学生解决学校课堂学习和生活中的实际问题。在回顾总结阶段，指导师要再次强调课程中的方法技巧和应用范围，提醒学生运用所学知识和技能解决学习和生活中遇到的相关问题，提高自己的综合素质。

（4）布置课后任务，设计课后作业。

课程的结束意味着学生自主运用研学旅行课程知识与技能处理实践问题、提高个人思想品德的开始。布置课后任务，要求要具体明晰，便于学生回校后进行实操练习或者思想觉悟再次提升。

（四）熟悉回顾总结的常用方式

教学过程的回顾总结方法多种多样，实践中常用的有抢答式、卡片式、考察式、日记式、点睛式、悬念式、激励式、呼应式、游戏式、故事式等，其中最常用的有趣的方式有抢答式、卡片式、考察式、日记式。

（1）抢答式。在抢答前，让学生回顾所学知识点，然后由指导师提出问题，学生以个体或小组为单位进行抢答。答对的加分，答错的扣分，让学生想好了再回答。

（2）卡片式。给每位学生或每组学生一些空白卡片，请学生及时复习所学知识点，并把关键问题写在卡片正面，把答案写在卡片背面；指导师收集所有卡片，念卡片上的题目请学生抢答，答题正确加分，答题错误扣分，直到所有学生都抢答过题目为止。

（3）考察式。请每个小组在白板纸上写下所学到的知识点，并用序号标明顺序，写得越多越好，写完后张贴起来；每个小组轮流到其他小组的白板纸前去考察，把对方没有写全的知识点在其白板纸上标注出来并补齐，把对方想到而自己没有想到的知识点记录下来；回来后在本小组白板纸前查看对方补齐的相关知识点，并分享考察心得。

（4）日记式。研学日记是一种由指导师安排的学生记录的研学旅行活动的总结性书面记录，它是对之前所有研学内容的复习、梳理，能提高学生的认知水平和感知水平。日记记录主体有指导师总结、研学小组研讨和个人总结三种。格式上有文字书写、流程图和概念图等格式。指导师应提前将研学日记的使用说明印在卡片上、白纸上、幻灯片上，现场发放给学生，要求学生创造性地填图并现场展示。

二、拓展问题

指导师要引导学生进一步巩固所学的知识和技能，培养学生运用所学知识、技能独立分析问题和解决问题的能力，并使之达到熟练运用的程度，可以拓展解决新的问题，做到举一反三、触类旁通，提高自己的思想觉悟和实践技能。

项目9 研学旅行教学过程设计

案例参考

赣东北民俗探究——我们一起度过中秋节（片段）

四、研学总结，拓展问题

（二）拓展问题

①布置新任务：各组从元宵节、清明节、端午节中选择一个项目，调查研究，延续民俗研学旅行活动。

②编写新方案：各组写出选择节日的自主探究活动方案。

③度过民俗节：运用本次研学方法，度过元宵节、清明节、端午节等传统节日。

设计说明：一次研学旅行课程所能实际承载的活动内容有限，然而探索却是无限的。在赣东北的民俗里，除中秋节习俗外，还有许多其他的习俗，譬如元宵节、清明节、端午节都有各自的习俗。学生借着高昂的兴致领走未完成的任务，将对赣东北节日习俗的探索延伸到课后，并在探究中秋节习俗中激发对赣东北民俗节日的兴趣，在社会生活中主动去观察、了解、参与，将对赣东北习俗的喜爱渗透到自己的真实生活中。

（北京全家联国际教育科技有限公司姜福炎供稿）

"微山湖大闸蟹的养殖技术"研学旅行课程设计方案（片段）

（五）拓展与深化

1. 大闸蟹养殖宣传

课后各组制订宣传方案。发挥想象力，每组制订的宣传方案不少于6个。

①画报宣传法；②小广播宣传法；③电脑宣传法；④黑板报宣传法；⑤家长联谊会宣传法；⑥学校报纸宣传法；⑦诗歌宣传法；⑧作文比赛法；⑨海鲜市场宣传法；⑩集市宣传法等方式方法。

2. 微山湖大米的种植和宣传

各组参照微山湖大闸蟹的养殖技术学习方法，自行开展微山湖大米的种植研学旅行活动。

3. 激励办法

（1）凡是提交大闸蟹养殖宣传方案的，由指导师点评后编入《微山湖大闸蟹的养殖技术研学旅行课程设计方案》，享有署名权，供全体同学长期使用。下次其他年级同学开展研学旅行活动时，可被聘为小小指导师，协助讲解大闸蟹养殖宣传方法。

（2）凡是提交微山湖大米的种植和宣传设计方案的，由指导师点评后编入《微山湖大米的种植技术研学旅行课程设计方案》，享有署名权，供全体同学长期使用。下次开展研学旅行活动时，以小小指导师的身份模拟协助讲解微山湖大米的种植和宣传方法。

另外，案例"走访石表山六堡茶基地，解密六堡茶文化"课程方案中的"8.活动延伸"环节，就是我们这里所阐述的"研学总结，拓展问题"环节。

案例参考

"走访石表山六堡茶基地，解密六堡茶文化"课程方案设计（片段）

8.活动延伸。

（1）用亲手制作的茶叶为最亲的人泡一杯浓茶，以表达对最亲的人的敬意。

（2）在校举行成果展示活动，活动方式有：黑板报、手抄报、电子刊物、图片展等。

（3）活动过程中可不定期举行义务送茶活动，让在田间干活的农民，让路边开车口渴的人们能及时喝一口香气四溢的凉茶，在为人民服务中体会助人的快乐。

（广西梧州市石表山六堡茶文化工艺研学教育基地覃秀琼供稿）

 任务思考

研学旅行活动回顾总结的方式主要有哪些？

扫一扫，看答案

项目9 研学旅行教学过程设计

任务五　研学评价，反思问题

任务导入

博物馆研学旅行课程结束后，指导师围绕学生、指导师、课程、基地四个维度开展了课程总结评价。

学生维度：一是对研学课程的知识掌握程度进行评价；二是对学生个人能力提升程度进行评价；三是价值观培养，对学习生活做事的态度等进行评价。

指导师维度：一是授课质量；二是学生接受程度；三是紧急情况及学生心理疏导能力。

课程维度：课程安排是否合理、课程实施是否顺畅、知识点设计是否合理、人员安排是否合理、安全保障是否到位等。

基地维度：场馆提供的研学旅行服务是否详细到位、场馆在活动中作用发挥程度及下步工作建议等。

案例思考

1. 请思考研学评价的内容有哪些？
2. 请思考可以通过哪些方法进行研学评价？
3. 研学后的服务包括哪些？

任务实施

"研学评价，反思问题"是"三步五环教学法"的第五环，这一环节的主要内容有研学后的评价、研学后的服务、研学后的反思三部分，在专题课程设计时都要一一做出详细预案。

· 225 ·

一、把握研学后的评价

评价最重要的目的和意义就是促进学生发展，让每个学生都能更好地了解自己的学习状况，反思自己的优势与不足，明确努力的方向，不断获得新的发展。

拓展视频：专家谈研学旅行评价

（一）遵循评价的原则

（1）尊重学生主体原则。指导师与学生共同研讨、制定评价的标准。当学生的表现与评价标准有出入时，要允许学生为自己的表现、设计和作品加以解释，而不是简单地给学生一个分数等级或评语，这样会打击学生的积极性，不利于学生的发展和学习。

（2）评价主体多元化原则。研学旅行的开放性、实践性决定了评价主体的多元化。评价时要调动学生主动参与评价的积极性，改变评价主体的单一性，实现评价主体的多元化。建立由学生、家长、基地、旅行社、学校和指导师等共同参与的评价机制。从多个主体获得更全面丰富的评价信息，从而对学生做出准确、公正、客观、整体的评价。

（3）评价方法多样化原则。①由终结性评价发展为形成性评价，实行多次评价和随时性评价、"档案袋"式评价等方式，突出过程性。②由定量评价发展到定量和定性相结合的评价，不仅关注学生的分数，更要看学生学习的动机、行为习惯、意志品质。③由绝对性评价发展到差异性评价。绝对评价是对学生是否达到了研学目标的要求或"达标"的程度所作出的评价，也被称为"标准参照评价"。这种评价过于重视统一性，忽视了评价的差异性和层次性。我们提倡对不同的学生采用不同的评价标准和方法，以促进所有学生都在"最近发展区"获得充分的发展。

（4）尊重学生的个体差异原则。引导学生认识到彼此之间存在差异的客观性，让学生更多地关注自己相对于过去而言所取得的进步，淡化自己与别人的比较和竞争，更积极地看待自己的评价结果，从中看到成绩，也看到努力改进的方向。

（二）评价的内容

学生评价的内容主要包括以下维度：
①学习态度；②合作精神；③探究能力；④社会实践能力；⑤人际交往能力；⑥收集信息能力；⑦创新创造能力；⑧设计与操作能力；⑨反思能力。

（三）熟悉评价的方法

（1）自我评价法。学生可以根据指导师提供的评价表对自己在活动中的表现和收获进行自我评价，给自己划定等级；也可以给自己写描述性的评语，或者以日记、感悟等形式记录个人感受、体验等。从这些评价形式和内容中，指导师可以了解到学生在活动中的状态、表现和收获，学生在有意识的自我反思中能看到自己的收获，从而加深了对研究课题、与人合作、动手实践等问题的认识和理解。

（2）同学互评法。同学互评法有两种情况，一种是一个小组内的成员相互之间一对一地或者多对一地进行评价；另一种是对小组进行评价，既可以是本组成员对组内整体的活动情况或者个别同学的表现进行评价，也可以是对其他小组和小组成员进行评价。

同学互评法要注意发挥评价的促进发展功能。首先，要让学生在活动过程中注意自我反省，注意积累个人活动情况记录，学会纠正自己的不足。其次，要对学生进行思想认识上的引导，让学生在评价活动中既学会接纳自我，也学会欣赏别人，对他人的评价要客观、具体，既善于发现他人的优点，又能坦诚地提出改进建议，真正地学会帮助他人取得进步。最后，同学互评时要处理好小组与个人的关系，要通过对小组成绩的总结和评价，进一步树立、培养学生的团队合作精神。

（3）指导师评价法。指导师是评价主体多元化的理念下相对权威的评价主体之一，但这时指导师的评价观念需要转变，并注意以下几个问题：要看到学生评价的重要价值，将学生纳入评价者的行列，引导学生明确学习方向，促进学生之间的交流和理解，分享成功的经验和失败的教训；重视过程，在活动中对活动过程进行评价，兼有活动结果评价；重视学生多元的个性化的表现，要允许学生根据个人的兴趣、特点选择自己喜欢和擅长的活动方式及表达方式；尊重评价对象，与学生建立平等对话协商的关系，与学生协商、研讨活动评价方案，帮助学生形成自我评价、同学互评和小组评价的项目与指标；要寻找更多的评价资源，把家长、社会机构和社会人士也纳入评价队伍中来，以获得更丰富的评价信息。

（4）家长评价法。在研学旅行活动中，家长往往是最重要的社会教育资源。当家长直接参与学生活动时，家长可以作为一个局外人对学生活动进行参与式观察，根据指导师提供的评价指标和对活动过程的了解，家长能够获得丰富的评价信息，从而对学生在活动中的真实表现做出评价。

（5）基地评价法。研学旅行是在校外的研学旅行基地进行的教育实践活动，学生进入研学旅行基地，需要与基地工作人员进行交流、交往，在研学旅行过程中发展自己的实践能力。这方面的评价可以从学生接触过的研学旅行基地工作人员那里获得信息。指导师可以在开展活动之前就向有关人员说明评价任务，请他们填写相关表格，在活动结束后收回；也可以在事后通过回访，在与有关社会人员交流中了解学生在活动中的整体表现，以及他们的成功与不足之处。

（6）旅行社评价法。旅行社作为研学旅行活动的承办方在研学旅行活动中担负着重要的服务功能，旅行社的有关人员，譬如导游，始终和学生相处在一起，随时为师生提供研学旅行中的旅游服务，旅行社人员时刻关注着学生在研学旅行活动中的表现和成长，因此，旅行社也是研学旅行活动的评价主体，也要参与到学生评价体系中来。

（四）把握评价结果呈现方式

不同的指导师有着不同的评价结果呈现方式，但是无论哪种呈现方式，都要注意以下原则。

（1）评价结果不能简单地以等级和分数来呈现。

（2）评价结果的呈现需要更多地采用语言描述的方式，或者将分数、等级与语言描述相结合。

（3）评价结果要客观、全面地记录、描述学生在每个活动环节中各项发展指标的表现情况。

（4）研学旅行过程中要及时评价和说明学生做得比较好的地方和做得不完善之处，以便于学生明确自己的不足和今后努力的方向。

拓展视频：青岛啤酒博物馆研学旅行课程激励、学生评价（摄制：姜绪军）

（5）呈现方式要以鼓励和调动学生的积极性为前提，不能伤害和打击学生的创造性和自尊心。

二、完善研学后的服务

研学旅行课程结束后，指导师的教育服务并未停止，只是改变了教育服务的方式，学生转入了以自学为主的独立学习活动阶段，指导师要配合学生完成自学为主的独立学习活动，并做好研学旅行后的延伸服务。

拓展视频：专家谈研学旅行后期服务

研学旅行后的教育服务主要有送行服务、善后服务、回头生的宣传三个方面。

（一）送行服务

（1）回顾行程。在去机场（车站、码头）的途中，研学旅行指导师应对研学旅行团在本地的行程，包括食、住、行、游、购、娱等各方面做一个概要性的回顾，目的是加深学生对这次研学旅行经历的体验。讲解内容则可视旅途长短而定。

（2）致欢送词。在旅游车快到机场（车站、码头）时，研学旅行指导师要致欢送词，以加深与学生的感情。致欢送词的语气应真挚，富有感染力。欢送词的内容如下。

①感谢语：对学生及学校、基地、老师、导游、司机的合作表示感谢。
②惜别语：表达友谊和惜别之情。
③征求意见语：诚恳地征询意见和建议。
④致歉语：若研学旅行活动中有不尽如人意之处，可借此机会表示真诚的歉意。
⑤祝愿语：表达美好的祝愿，期待再次相逢。

（二）善后服务

送走研学旅行团后，指导师还需要做好学生的善后服务以及所在单位要求的研学旅行结束后的有关工作。这关系到指导师的接待工作是否有始有终，也涉及其对所在单位交付的工作完成得是否完满。

（1）处理遗留问题。指导师下课后，应认真、妥善地处理好研学旅行团的遗留问题，按有关规定办理学校、老师和学生托办的事宜，必要时请示领导后再办理。

（2）结清账目。指导师要按单位的具体要求在规定的时间内，填写清楚有关接待和财务结算表格，连同保留的单据、活动日程表等按规定上交有关人员，并到财务部门结清账目。

（3）提交物品。指导师应提交日志及研学旅行服务质量评价表，并及时归还单位所借物品。

（4）撰写教学日志。指导师应养成每次下课后总结本次研学旅行活动的良好习惯，认真撰写教学日志，实事求是地汇报接团情况，尤其是突发事件的情况。这样既有利于其提升业务水平，又有利于单位及时掌握情况，发现不足，以便不断提高研学旅行服务质量。

由自身原因导致研学旅行中出现问题的，要认真思考，积极调整，总结提高。涉及相关接待单位，如餐厅、饭店、车队等方面的意见，指导师应主动说明真实情况，由所在单位有关部门向这些单位转达师生的意见或建议。涉及一些重要、意见较大的问题时，指导师要整理成书面材料，内容要翔实，尽量引用原话，并注明师生的身份，以便旅行社有关部门和相关单位进行交涉。若发生重大事故，应实事求是地写出事故报告，及时向主办单位、承办单位及协办单位汇报。

（三）做好回头生的宣传

（1）与学校沟通。汇报研学旅行情况，共同制订学生的素质能力培养计划。

（2）与家长沟通。汇报学生在研学旅行活动中的表现，协助家长共同做好学生的成长工作。

（3）与学生沟通。保持联系，鼓励和帮助学生健康成长。

三、做好研学后的反思

（一）研学后的反思的含义

研学后的反思就是研学反思，是指导师通过对其研学活动进行的理性观察与矫正，从而提高其研学能力的活动，是一种分析研学技能的技术，也是促使指导师的研学参与更为主动、专业，发展更为积极的一种手段和工具。研学反思是指导师专业发展和自我成长的核心因素，既是提高指导师研学能力和水平的基础，也是提高研学有效性的有力保障。指导师深入分析、探讨研学后的教学反思问题，对转变指导师的研学观念，促进指导师的专业发展无疑是很有必要的。

（二）研学后的反思的形式

研学反思的撰写没有固定的格式和内容，每个指导师都可以按照自己喜欢的形式和感兴趣的内容来完成，自由展示自己的撰写风格和特点。

（1）点评式。在教案各栏目相对应的地方针对实施研学的实际情况言简意赅地加以批注、评述。

（2）提纲式。较全面地评价研学上的成败得失，经过分析与综合，提纲挈领地一一列出。

（3）专项式。抓住研学过程中最突出的问题进行深入的认识与反思，实事求是地进行分析与总结。譬如，案例"神垕钧瓷制作技术"研学反思就是抓住钧瓷制作流程这个突出问题进行反思。

案例参考

"神垕钧瓷制作技术"研学反思

学生按照钧瓷制作流程方案制作神垕钧瓷时,指导师应放手让学生利用现有材料充分实验,大胆操作,目的是引导学生自己探索、自己获取知识从而享受成功的喜悦。项目专家不应过多地手把手施教,指导师也不能袖手旁观。制作模型时要引导学生探究为什么石膏粉加水调制成浆,就能凝固成模。模型制作除了注浆成型外,还要引导学生思考探究没进行实验的拉坯成型、脱坯成型、徒手成型等几种方法。

在制作过程中,引导学生探究和发现钧瓷的润、活、纯、变、厚、正、纹、镜、浑等九大特色,让他们养成追根求源、探究科学的习惯。指导师还要鼓励学生把钧瓷"外六相"(型、质、声、色、纹、境)和钧瓷"内六品"(气、势、情、韵、灵、神)等鉴赏技巧融入制作过程中,不然学生会留下遗憾和研学的空白。

(河南省漫山红国际旅游有限公司研学旅行分公司张国军供稿)

(4)随笔式。把研学活动中最典型、最需要探索的研学现象集中起来,对它们进行深入研究、剖析和提炼,指导师要反思这一点,写出自己的认识、感想和体会。

(三)研学后的反思的内容

指导师要从根本上反思自己的研学过程和方法。

(1)对课程目标的反思。是否体现了立德树人的理念,是否体现了课程目标的要求,是否致力于学生的全面发展和核心素养的提高,是否达到预期的研学效果,都要对照研学旅行目标逐一检查、反思、弥补,不能留下遗憾。

(2)对研学内容的反思。研学旅行课程内容是否符合教育教学规律,是否符合研学旅行的基本规律,是否符合学生身心发展的规律,是否符合国家立德树人的宗旨。

(3)对学生情况的反思。学生是否达到了预定目标,是否掌握了预定内容,学生研学旅行的积极性、主动性是否被较好地调动起来,学生是否有较大的收获,学生的身体状况、情绪状况如何等都要进行反思。

(4)对研学方法的反思。与课堂教学不同,研学旅行活动时间长,内容多样,如果使用某一个单一的研学方法,势必会造成学生积极性的丧失,这就要求指导师要综合运用各种教学方法，提高学生学习的兴趣，要将探究法、实验法、讲授法、问答法、讨论法、练习法等方法穿插使用，激发学生的学习兴趣，只有这样，学生才能真正学到知识，提高思想觉悟。

（5）对研学资源的反思。研学旅行资源选择是否恰当，资源和教材能否有效连接，资源是否具有教育功能，是否具有实践性和可操作性，研学旅行资源目的地承载量是否合格，安全、卫生、交通、饮食、住宿服务是否达标，师生能否顺利开展研学旅行活动等都要进行反思。

（6）对研学过程的反思。教学过程中的步骤和环节是否正确、有没有遗漏，方法是否恰当、方式是否合理，有没有突发性事件、处理是否恰当，学生是否全员参加，是否人人动手亲自参与，是否分组活动，全程是否发挥先进学生的示范带动作用。

（7）对方案执行的反思。改变研学旅行计划的原因是否合理，方法是否有效，采用其他的活动内容和方法是否更有效。学生是否乐意参与研学活动，学生的知识、技能是否得到了提升。

（8）对综合服务的反思。研学旅行综合服务包括研学前的准备服务、研学中的事务服务、研学后的事务服务，都要一一对照方案检查反思。

需要特别说明的是，指导师在写研学反思时，一方面，要及时总结研学活动中的有益经验，尽量使其系统化、理论化，以便更好地指导以后的研学工作；另一方面，针对研学活动中存在的问题，应进行深入的分析，找到恰当的方法，以不断改进自身的研学活动，形成自己独特的研学旅行教育风格。

案例参考：花卉栽培技术研学旅行反思

参赛知识：广西研学实践教育精品课程（线路）评定标准

任务思考

1. 研学评价应该坚持什么原则？
2. 研学评价的方法有哪些？
3. 研学反思的内容有哪些？

扫一扫，看答案

 **思政园地**

文化和旅游部考评员何涛谈研学旅行教学过程中学生突发性事件的处理

中国旅行社协会导游专委会副秘书长、文化和旅游部《导游服务规范》国家标准修订课题项目组专家、文化和旅游部人才中心研学旅行指导师考评员、国家金牌导游、全国第一批全国优秀导游员、深圳市导游协会党支部书记、深圳职业技术学院管理学院客座教授何涛,从事旅游和研学旅行工作多年,有着十分丰富的处理突发性事件经验。

她常说:"学生的事无小事,在研学旅行中,突发事件常有发生,常见的问题也层出不穷。无论是带团的导游员,还是指导师,如何预防突发性事件和常见问题的发生、发生后又如何处理这些问题,是我们每一个指导师和导游必须掌握的基本服务技能,也是整个研学旅行服务质量的根本保证。为了祖国的未来,为了学生,我们始终要把学生的安全放在第一位,学生的利益高于一切。"

当谈到导游在研学旅行中处理突发事件和常见问题应遵循什么样的原则时,她认为:

第一,以人为本,救援第一。以保障学生生命安全和身体健康为根本目的,尽一切可能为学生提供或协助提供救援、救助服务;没有学生的健康,说什么都是苍白无力。

第二,及时报告,加强沟通。立即向旅行社和学校报告突发事件或问题发生情况,请求指示,并保持信息畅通,以便随时沟通与联系,情况紧急或发生重大、特别重大研学旅行突发事件时,宜依法直接向有关部门报告,切不可擅自独立行事。

第三,依法依约,合理可能。依照法律法规或合同约定处理突发事件,想学生所想,急学生所急,努力满足学生合理且可能实现的需求,做学生的贴心人、保护神。

项目实训与提升

项目测验

扫描右侧二维码，开始做题吧。

随堂测验

综合实训

阅读材料，回答问题。

淮海战役纪念馆简介

淮海战役纪念馆位于江苏省徐州市泉山区解放南路2号，于1965年11月6日建成开放。2003年5月，淮海战役纪念馆进行扩建工程。2007年7月，新馆建成开放。

淮海战役纪念馆占地7万平方米，建筑面积2.56万平方米，半径25米、高28米的全景画馆位于其中心。馆内陈展面积1.2万平方米，共分序言、战前形势、战役实施、人民支前和缅怀英烈等6部分内容，共展出文物、照片、图表近3000件，复原场景9个，展线1470米。全景画《淮海战役》画布长150米、高20米，以战役3个阶段的主战场为创作背景，用写实的艺术手法，再现了淮海战役的生动场景。

淮海战役纪念馆入选第四批国家二级博物馆，被中华人民共和国国务院批准为全国重点烈士纪念建筑物保护单位，被中华人民共和国民政部公布为爱国主义教育基地，被中共中央宣传部公布为全国爱国主义教育示范基地，被中央精神文明建设指导委员会公布为全国文明单位，教育部首批"全国中小学生研学实践教育基地"。

结合自己学到的知识，为高中学生设计"弘扬淮海战役精神，做新时代优秀青少年"研学旅行专题课程教案，要求2000字左右。

解题思路

附 录

附录1：案例展示

课程1：听蚕桑丝语 做勤劳小蚕农

【课程名称】听蚕桑丝语 做勤劳小蚕农
【研学地点】苏州市吴江区震泽镇太湖雪蚕桑文化园
【研学对象】小学四至六年级学生
【研学师资】校方代表，带队教师，指导师，导游员，安全员
【研学工具】研学手册、彩笔、白乳胶、蚕茧
【研学背景】

太湖雪蚕桑文化园是中国首个蚕桑主题湿地生态园，是江苏省游学基地、长三角市民终身学习体验基地、苏州市中小学生校外教育实践基地、社会科学普及示范基地、吴江实验小学教育集团综合活动实践基地。园区由百亩果桑园、600亩叶桑园、4000平方米文化馆、1000平方米乡村振兴馆组成。文化馆以蚕桑丝帛为主线介绍吴地千年蚕桑丝绸文化，首创了养蚕模式（任何时候都可以看到蚕的每一个阶段，并可近距离观察、喂食蚕宝宝），设置了传统蚕桑丝绸技艺体验区、现代缫丝技艺展示区、茧艺文创艺术空间、丝绸生活艺术空间，全方位、沉浸式感受、体验、学习蚕桑丝绸；百亩果桑园是天然氧吧，园内种植果桑、各种蔬菜，设有萌宠乐园，自然学堂，是亲近自然、体验农耕劳作、采摘果蔬、感悟收获的绝佳去处；叶桑园是现代蚕桑产业的样板，展示了规模化、集约化、机械化、智能化的现代蚕桑新模式。

【研学目标】

（1）价值体认：通过参观文化馆，引领学生了解千年蚕桑丝绸文明，培育学生的自豪感和文化自信。通过采桑喂蚕、采摘采茧的真实体验，感受蚕农的辛劳与收获。通过育蚕课堂，了解蚕的一生及其成长过程，切实感受春蚕的奉献精神，克服困难、勇往直前的精神。通过茧艺手作，感受现代蚕桑的发展，激发学生的创新创造。

（2）责任担当：在研学活动中体验劳动的艰辛与收获的喜悦，培养学生正确的劳动价值观和良好的劳动品质。通过蚕的生命历程，学习蚕克服困难、迎难而上、百折不挠、破茧成蝶的精神，为自己的生命历程注入精神力量。

（3）问题解决：以蚕桑基地丰富的劳动项目为载体，让学生参加日常生产劳动、动手实践、出力流汗，磨炼意志，提高综合素质。现场蚕桑劳动，了解蚕农的艰辛和勤劳致富的精神内涵，激发学生创新生产力，用知识改变生产方式的志向，畅想描绘未来产业园。

（4）创意物化：学生通过研学活动，深入了解蚕桑丝绸文化，学习蚕桑知识，感悟春蚕精神，切实体验蚕桑生产的艰辛与收获，传承千年蚕桑文化和勤劳致富的美德。

【研学内容】

（1）参观文化馆，了解蚕桑文化，初步学习蚕桑知识。

（2）桑树课堂：穿上蚕娘服，在百亩桑园，老师现场教学，学习桑树知识（湖桑知识）。

（3）育蚕课堂：亲手将采摘的桑叶喂给蚕宝宝，老师带领学生深入学习蚕的知识，感受春蚕精神。

（4）采摘蚕茧：学习如何采摘蚕茧，感受劳动付出的欢喜和丰收的喜悦。

（5）茧艺手作：开动脑筋，创意无限，将采下的蚕茧做成文创作品。

【研学重点】

感悟春蚕精神，体验蚕桑生产的辛劳，感悟丰收的喜悦，深刻理解奉献、付出与收获，体会创新的重要性。

【研学方式】场馆参观式、考察探究式、设计制作式、劳动教育式

【研学方法】讲授法、多媒体教学法、查找资料法、小组合作法

【研学过程】

研学前	第一环节：研学准备，设置问题 1. 组建6人一组的研学小队（组长一名，副组长一名，成员若干） 2. 明确课程目标，研学任务 3. 做好研学事务和工具的准备 4. 问题准备：江南哪些地方有"祭蚕神"的习俗？为何在小满时节"祭蚕神"？蚕事民俗有哪些 5. 查找资料：搜集一个以上有关"祭蚕神"的民俗故事
研学中	第二环节：研学导入，提出问题 1. 9：00—9：30在太湖雪蚕桑文化园进门大厅签到，领取蚕娘服和小篮子，学习正确穿着水乡服饰

附录

续表

研学中	2. 9：30—10：30 走进室内蚕桑文化园。探究蚕虫为何在江南地区被称为蚕宝宝，为何当地的蚕吐的丝又长质量又好
	第三环节：研学新课，解决问题 1. 老师带领学生参观蚕桑文化园室内展示区。走进蚕房，通过不同蚕龄的蚕宝宝初步了解蚕的一生，看到蚕全身上下都是宝，从而了解了蚕被称为蚕宝宝的原因 2. 接着在老师带领下来到蚕桑文化园室外的百亩桑园，现场学习桑树知识，学习湖桑知识，从而了解到在这方水土才能种植出高质量的湖桑，唯有如此，蚕才能吐出高质量的蚕丝 3. 10：30—13：00 在室外桑园里动手做野火饭。明白学习自己动手，丰衣足食的道理 4. 13：00—14：00 进入太湖雪文化园室内的文化馆，跟着老师一起了解吴地千年蚕桑文化，品民俗，讲"祭蚕神" 5. 问题思考： （1）在二十四节气的哪个节气江南地区会"祭蚕神"？ （2）为什么人们要学习蚕的奉献精神？ （3）蚕的种类有哪些？ 6. 知识学习：指导师请收集到"祭蚕神"习俗的同学讲述，并对学生讲述内容进行点评和补充。指导师采用多媒体教学、观看视频等方式讲解"祭蚕桑"知识，让学生了解"祭蚕神"相关的民间习俗及故事，感受我国传统文化的魅力 7. 14：00—14：30 育蚕课堂。跟随老师一起学习蚕宝宝的知识，喂蚕宝宝、接触蚕宝宝、感受蚕宝宝、了解蚕宝宝，采摘蚕茧。学习春蚕精神，感受收获的乐趣 8. 14：30—15：30 来到蚕桑文化园室内茧艺文创空间做蚕茧画和蚕茧创意 9. 手作体验：指导学生制作蚕茧画，利用事先准备好的制作材料和工具，学生分组创意，动手制作，自由设计，指导师在场只引导不干预，学生在动手制作和互动中激发创造力和艺术才能 10. 茧艺手作：用采下的蚕茧创作自己的作品，感受蚕茧的神奇，并领取"蚕桑丝语"活动证书（学习动手设计和创造的能力）
	第四环节：总结、创新和拓展（用蚕茧制品表达心中的愿望） 1. 文化提升：引导学生根据自己亲手制作的蚕茧制品，讲述自己心中的愿望，对学生进行价值观的教育，在感受蚕桑文化和民生的过程中引导学生做乐于付出，尊敬老师，孝顺父母的人 2. 15：30 在太湖雪蚕桑文化园出口大厅进行心得分享（分享研学课程的收获） 3. 总结感悟： （1）指导师与学生共同对专题研学过程进行总结； （2）先挑选作品进行现场点评，并鼓励学生相互分享自己的制作和创意心得。指导师对学生的总结发言进行点评和做好价值引导，让学生在互动交流中得到更多收获
研学后	第五环节：研学评价，反思问题 1. 以互评的方式对学生制作的蚕茧制品进行评比，积极参与者均可获得"蚕桑丝语"活动证书 2. 学生将自己的研学心得记录在研学手册上，并与家人分享 3. 指导师对每位同学的课程表现进行点评，看到同学的优点，指出需要改进之处 4. 指导师对本次活动进行复盘思考，用于今后活动的改进提升
研学成果	蚕茧手工作品、课程活动照片、视频、课程总结和评价资料，制作课程资料包归档
教学评价	主要评价方式：学生自评、学生互评、教师评价、学校评价

（本案例由苏州旅游与财经高等职业技术学校周颖霞编写）

课程 2：跟着孟子登峄山，做新时代优秀青少年

第一篇　研学旅行课程简介

1. 研学背景

邹城市峄山风景区中小学生研学实践教育基地坐落于孔孟诞生地邹城，是经邹城市教体局批准成立的研学旅行机构，直属于峄山风景区。峄山风景区是国家AAAA级旅游景区、国家级森林公园、国家地质公园、全国重点文物保护单位、省级风景名胜区，素有"岱南奇观""天下奇石第一山"之美誉。

2. 课程对象

初中九年级学生

3. 课程总目标

（1）劳动观念。通过积极参加峄山劳动教育系列活动，正确理解劳动是人类发展和社会进步的根本力量，认识劳动创造人、劳动创造价值、创造财富、创造美好生活的道理，尊重劳动，尊重普通劳动者，牢固树立劳动最光荣、劳动最崇高、劳动最伟大、劳动最美丽的思想观念。

（2）劳动能力。掌握峄阳古琴、野生植物化石、线装书、竹简等制作的基本知识和技能，正确使用常见劳动工具，增强体力、智力和创造力，具备完成线装书、竹简等制作任务所需要的设计、操作能力及团队合作能力。

（3）劳动精神。通过制作峄阳古琴、野生植物化石、线装书、竹简，以及煎饼卷大葱、花卉等，领会"幸福是奋斗出来的"内涵与意义，继承中华民族勤俭节约、敬业奉献的优良传统，弘扬开拓创新、砥砺奋进的时代精神。

（4）劳动习惯和品质。能够自觉自愿、认真负责、安全规范、坚持不懈地参与整个峄山劳动教育活动，形成诚实守信、吃苦耐劳的品质。珍惜劳动成果，养成良好的消费习惯，杜绝浪费。

4. 专题课程主要内容

孟子峄山研学典礼、拜师礼；制作《峄山刻石》拓片、《孟子》线装书、峄阳古琴、《峄山刻石》竹简、山东煎饼卷大葱、叶脉化石、担架；峄山野生植物资源种类调查、盆花栽培技术。

5. 总课时

两天，10课时

6. 研学链接

制作《孟子》线装书

制作秦李斯《峄山石刻》碑文竹简

《品德与社会》（五年级下册）"美丽文字 民族瑰宝"

《中国历史》（七年级上册）"百家争鸣"

《中国历史》（七年级上册）"秦统一中国"

《中国历史》（七年级上册）"两汉的科技文化"

7. 研学重点、难点

拓片、化石、线装书、担架、古琴制作和救护技能是重点。培养团结合作精神、民族自信、对党的热爱，并形成正确的世界观、人生观，以及对中华民族传统文化的传承既是重点又是难点。

8. 研学方式

考察探究、社会服务、设计制作、职业体验、体验劳动技术。

第二篇　研学旅行教学过程（三步五环法）

第一步：研学前

【研学准备，设置问题】

提前一周班级分组活动，要求人人参与。发放研学材料，分组查找与课本有关内容，各组自备教具。

课前准备。

（1）中小学课本中哪里有关于孟子的文章？

（2）为什么要拜师？怎样才能做到尊敬老师？

（3）中国书法的类型有哪些？怎样欣赏小篆字体？

（4）秦始皇相关事迹述评。

（5）怎样辨别植物的类型？

（6）怎样制作盆花？自己在家先练习。

（7）品尝山东煎饼。

（8）植物化石资料查找。

（9）调查鲁南地区发生的抗日英雄故事。

（10）收集有关古代科举考试的资料。

第二步：研学中

【研学导入，提出问题】

学校研学典礼；车上指导师开课、导游沿途风光讲解、研学安全教育。

【研学新课，解决问题】【研学回顾，拓展问题】（这两个环节，在研学实践中放在一起实施）

要求：

（1）始终分组开展活动，进行利于增强团结合作意识的教育；

（2）发挥共青团员、班干部等先模人物的带头作用；

（3）务必做到人人动手，个个参加；

（4）开课前都提前预习、查找有关资料；

（5）开课时项目专家或者指导师先传授和展示有关技巧方法；

（6）每个项目都要遵循"价值体认、责任担当、问题解决、创意物化"四个目标，注重立德树人教育，突出综合素质导向。

专题课程一：孟子峄山研学典礼、拜师礼情景剧

基地首先统一举行研学典礼，教授拜师礼，然后学生分组自编自演自评，指导师找出闪光点。

专题课程二：观摩《峄山刻石》，体验拓片制作

流程：指导师讲解拓片产生历史和制作过程，小组代表展示本组作品。

专题课程三：峄山野生植物资源种类调查

流程：指导师讲解植物资源和调研方法。各小组在研学旅行课程中，观察、记录、拍摄途中所见植物。

小组长整理归类，代表本小组向全班分享。以组为单位，开展知识问答竞赛。

专题课程四：体验非物质文化遗产，制作《孟子》线装书

流程：指导师讲解线装书的历史和制作过程。各小组进行线装书的制作体验。小组代表讲解自己的线装书。

专题课程五：制作秦李斯《峄山刻石》碑文竹简

流程：指导师讲解竹简的历史和制作过程。

各小组进行竹简的制作。小组代表向全团展示本组作品。

专题课程六：制作山东煎饼卷大葱，探究中国饮食文化

流程：指导师讲解演示山东煎饼卷大葱的制作方法。

小组进行山东煎饼卷大葱的制作。"菜品评委组"进行品鉴。小组代表分享心得。

专题课程七：我是小小园艺师，我来学习峄山盆花栽培技术

流程：园艺师讲解演示制作过程。学生分组制作，然后交流分享。

专题课程八：制作峄阳古琴，聆听声音的传播，探究古琴文化

流程：物理课教学专家讲解《声音的传播》。

指导师引导学生学习古琴的构造组装，体验古琴的制作工艺。音乐老师进行古琴演奏。

专题课程九：我是生物学家，我来制作野生植物叶脉化石模型

流程：指导师讲解叶脉化石制作方法，学生制作叶脉化石模型。小组代表分享心得。

专题课程十：我是峄山小八路卫生员

流程：由班长组织召开"峄山小八路卫生员"故事会。

医护专家讲解野外救护和担架制作过程。由班长组织各小组制作担架，由组内小组长组织展开救护活动。

第三步：研学后

【研学评价，服务反思】

活动前后都要开展评价，采用学生自评、学生互评、基地学生互评、专家评价等多元评价和综合考查方式。坚持学生成长导向，做好写实记录，建立档案袋，开展科学评价。

1. 研学成果

鼓励学生用多种形式的结果呈现与交流，如绘画、摄影、戏剧与表演、日志、心得笔记等方式，深化主题探究和体验。

2. 研学后反思

主题线路和专题课程混合设计，在实践中更有可操作性。但是专题课程设计简化，对指导师提出了更新更高的要求，在研学实践中指导师要具有总揽全局、驾驭整个课程的基本功夫。

（本案例由山东弘道研学教育服务有限责任公司李子尚编写）

课程3：探寻青岛啤酒博物馆，解开酿造的神奇奥秘

一、专题课时

研学旅行课程实施共分三个阶段：行前准备阶段3课时、行中研学阶段2课时、行后展学阶段3课时。

二、研学目标

通过查资料初学、实地考察验证、互动交流探讨、成果展示比拼等学习方式，让学生了解民族企业的大国工匠精神，解析中国啤酒工业的历史轨迹，解开酿造原料及工艺的神奇奥秘。通过聆听和反思，让学生牢记历史，引导学生了解国情、省情、乡情及改革开放后中国特色社会主义的建设成就，激发学生的爱党爱国之情。

三、研学背景

青岛啤酒博物馆是世界五大啤酒文化殿堂之一，同时也是国家级重点文物保护单位、国家一级博物馆、全国首家工业旅游示范点、全国科普教育基地、山东省中小学生研学基地、青岛市首批中小学生研学旅行基地，是中国工业遗产保护利用的典范。

青岛啤酒博物馆设立在始建于百年前的老厂房之内,以青岛啤酒的百年历程及工艺流程为主线,浓缩了中国啤酒工业及青岛啤酒的发展史,具备知识性、娱乐性、参与性等特点,体现了世界视野、民族特色、穿透历史、融汇生活的文化理念。

四、研学内容

通过前期的资料收集及现场的讲解参观,用以下几个主题来完成研学任务。

(1)感受青岛与青啤百年历史发展与变革,了解中国啤酒工业史的发展。

(2)认识酿造原料,了解啤酒酿造的流程及分类。

(3)互动体验,近距离认识和品鉴啤酒酿造原料及其衍生品。

(4)互动问答,开设健康品饮小课堂,反思总结,最终获得勋章及纪念品。

五、研学重点

对啤酒酿造有基本概念,了解啤酒的原料及工艺,并通过青啤发展史了解整个城市的发展及社会变革。

六、研学难点

对于啤酒酿造工艺的学习。

七、研学过程

(一)行前准备

(1)学生明确研学主题,观看青岛啤酒博物馆宣传片,查阅有关青岛啤酒及博物馆的资料。

(2)开展安全、文明教育。

(3)列出研学任务单,完成"让文物活起来"研学小问题。

(二)行中研学

1.活动一:百年青岛与百年青啤的故事

(1)研学形式:倾听讲解、现场观察、答题互动。

(2)研学过程:

①讲解员带队参观讲解历史文化馆区,了解青岛啤酒历史发展及背后的故事。

②讨论并回答如下问题,回答正确奖励精美小礼品。

小学版:

A.啤酒的"啤"字是哪个地方的人发明的?

B.青岛啤酒诞生于哪一年?

C.青岛啤酒最初是由哪两个国家的商人创办的?

D.最初,青岛啤酒主要是提供给谁饮用的?

附 录

E.青岛啤酒的广告"桃园结义"里面,结义的是哪三位英雄?

初中版:

A.1903年,英德商人创办的青岛啤酒,前身名为什么?设置的子公司名称是什么?

B.德国人为什么在这里选址建立啤酒厂?请至少说出两个原因。

C.第一届青岛国际啤酒节是哪年举办的?在国内外有着什么样的影响力和地位?

D.在博物馆内记载了民国时期三四十年代的三幅青岛啤酒广告,有文人武将、英雄美女,请说出任意两幅广告中的人物即可。

E.中国第一部电影胶片广告拍摄于哪一年?

高中版:

A.谁能说出"啤"字是谁发明的,这个字的演变有什么小故事?

B.德国人当初为什么选址在这里建立啤酒厂?

C.1947年拍摄的青岛啤酒广告中是如何介绍青岛啤酒的?

D.青岛啤酒在全国有多少家啤酒生产厂?目前出口多少个国家和地区?

2.活动二:走近酿造工艺,做啤酒小专家(约40分钟)

(1)研学形式:现场听讲、动手制作、互动展示。

(2)研学过程:

①浏览"花为酒而生"啤酒花主题沉浸展,让学生们观察、触摸、闻味,零距离感受啤酒花,同时,学生们可手绘啤酒花图案并留下祝福语,拍照留念。

②了解酿造原料及工艺,现场品尝炒麦芽、啤酒豆,参观生产线。

③在醉酒小屋参与趣味游戏,体验醉酒感觉,了解醉酒小屋的原理。

④讲解员组织学生讨论:啤酒原料的来源,在酿造过程中的作用;回顾啤酒酿造流程。

⑤文创推荐。

3.活动三:健康品饮小课堂——你眼中的青岛啤酒

(1)研学形式:现场听讲、动手制作、互动展示。

(2)研学过程:

①聆听啤酒品鉴官介绍啤酒历史与酿造知识,青啤苏打水的营养成分及作用等,学生现场品尝。

②设计一个未来青岛啤酒的包装。

③带队老师与学生互动,解答以下问题,并发放研学徽章:海藻在健康苏打水中起到什么作用?啤酒花还有另一个名字叫什么?除了酿造啤酒外,它还

有什么作用？

　　课外延伸：参观青岛啤酒博物馆后，你学到了什么？

（三）成长评价

1. 给出评价

根据本次研学旅行特点，对学生的研学旅行活动进行评价。

评价项目	行前备学（15分）	研学纪律（15分）	诵读展示（15分）	研学摄影（15分）	研学征文（20分）	班会分享（20分）	评价结果

2. 研学成果评选项目

（1）摄影展示：学生展示研学旅行中拍的外景，学生自发投票，选出一、二、三等奖。

（2）征文比赛：学生书写研学感受。学校举行征文评比，设一二三等奖。

（3）举行主题班会，学生分享研学心得。

3. 表彰优秀

评选出优秀研学成果、优秀班级、优秀小组、优秀个人。

（本案例由青岛啤酒博物馆姜绪军、叶露瑶编写）

课程4：根植沃土·不忘初心——长春农博园劳动教育精品课程

课题名称	根植沃土·不忘初心——长春农博园劳动教育精品课程			设计人	吉林师范大学由杰		
学校班级	长春职业技术学院管理专业225401班			校方代表	张兆敏	带队老师	张颖新
项目专家	闫振	指导教师	石冬雪	教学课时	6课时	授课时间	270分钟
安全员	蒋金明				基地代表		刘岚
教学目标	劳动观念	丰富劳动体验、激发技术创新兴趣，提升热爱农业、热爱农村、热爱农民的情感，并且能够崇尚劳动、尊重劳动、懂得劳动，增强职业认同感和劳动自豪感；在劳动过程中形成劳动效率意识和劳动能量意识，树立以劳树德、以劳增智、以劳健体、以劳益美、以劳促创的观念					

附 录

续表

教学目标	劳动能力	通过对现代化农业技能的学习，提升学生创意物化和解决问题的能力。培养学生开展农业科学实验和从事现代化农业生产经营的本领，立志从事现代农业生产经营的信心和决心
	劳动精神	让学生树立理想、磨炼意志、培养良好道德品质，并在劳动教育实践中逐渐完善自身综合素养，践行"知行合一"的教育思想，把劳动的种子深植学生心中，培育不断探索、精益求精、追求卓越的工匠精神
	劳动习惯和品质	让学生在劳动过程中养成崇尚劳动、热爱劳动、辛勤劳动、诚实劳动的习惯，培养学生勤奋、务实、专心致志、吃苦耐劳的良好品质
基地背景		长春现代农业博览园是集教育、会展、农业推广于一体的综合性博览园，是国内首个集现代化、生态型、综合性于一体的农业博览园区，主要设置高新无土栽培、沙漠植物、渔业、生产型无土栽培、实践操作、热带果树、中草药、五防温室、室外农作物、奋进新征程等十大课程模块。基地课程以现代化、生态型、综合性现代农业为主，突出以劳动实践教育、科普、研学实践教育为特色的"五育"并举综合性实践教育课程 长春现代农业博览园教育基地是吉林大学大学生劳动教育基地、吉林农业大学实践教育基地、延边大学实践教育基地、吉林省青少年校外科技活动示范基地
教学链接		管理专业劳动教育（专业必修课）、会展策划专业劳动教育（专业必修课）
教学内容		农耕文化、农业科技、植物工厂、绿色食品、无土栽培、花卉世界、果树告白、沙漠植物探秘、水产资源保护、种子资源的保护和引种、病虫害检测及治理、动物营养与饲料、农产品营销、社会主义新农村建设等；教学内容涵盖农业科普课程、农业拓展课程、农业探究课程、农业融通课程、农业实践课程、生涯规划等多项课程类型，以供学生自主选择劳动教育课程，进而推进劳动教育课程整体育人、全程育人和实践育人
教学重点		通过劳动教育实践活动，探究传统农业与现代农业的差别（重点围绕设施、智慧、冷资源农业领域），让学生认识到农业是立国之本、强国之基
教学难点		1. 土壤成分测试 2. 基因生物工程在农业领域的探究 3. 转基因种子问题的探究
教学方式		现场教学、小组讨论、参与实践、动手实验等
教学方法		问答法、直观讲授法、演示法、任务驱动法等
教具准备		师生和基地：土壤分析仪、试剂、营养钵、基质土、生菜/小萝卜/茴香/油菜种子、滴灌水管、时间控制器、营养液、配比容器、小电锯、园林剪刀、铲子、木牌、防腐防虫剂
教学过程		
劳动前		课前准备： 1. 安全说明会 2. 了解基地概况 3. 劳动教育课程介绍及要求 课前知识储备：制订预习方案，让学生查阅相关资料，分小组进行讨论，储备课程内容所涉猎的知识

续表

劳动中	提出问题： 1. 玉米及水稻的种类及经济价值有哪些？ 2. 现代育苗技术有哪些？ 3. 滴灌系统的设计与制作原理是什么？ 4. 土壤成分测试及水肥管理方法有哪些？ 5. 木本植物修剪方法有哪些？ 6. 植物病虫害的防护方法有哪些？ 开展新课，解决问题 1. 指导老师与学生互动问答，了解学生预习情况及课程掌握程度 2. 前往农作物展示区，参观玉米及水稻展示区。通过展区内的30种优质高产玉米和24种高产多抗水稻，学习各品种玉米及水稻的特征及经济价值，了解推动新品种、新技术、新成果应用对国家粮食保障的重大安全意义 3. 走进高新设施农业展示区和智慧农业展厅，采取直观讲授法与演示法，由项目专家讲授传统农业与现代农业的差别（重点围绕设施、智慧、冷资源农业领域）。探究以色列的沙漠农业，荷兰、新西兰现代农业，农业领域的基因生物工程及转基因种子问题 4. 前往露地保健蔬菜种植园，让学生以小组为单位到实践场地实地探究，利用所学知识种植一平方米蔬菜（生菜/小萝卜/茴香/油菜）。利用土壤分析仪及试剂检测土壤成分，分析检测报告，根据土质情况选择合适的种子进行撒种；在教师的指导下完成营养液配比并制作滴灌装置；设计简易育苗方案。后期记录各小组土壤分析、选种、肥料、滴灌装置制作及育苗方案，形成报告，完成小组答辩。通过该项目让学生了解现代农业的生产方式和技术，在劳动中感受"一粥一饭当思来之不易，半丝半缕恒念物力维艰"之情 5. 在东北果树园，认知桃树、杏树、山荆子（糖李子）等北方常见的陆地果树及蓝莓、醋栗、软枣猕猴桃等珍贵的小浆果。学习果树的修剪、灌溉和地面覆盖方式，让学生通过为果树浇水、松土、修剪、制作树木标志牌、处理病虫害，在动手操作过程中学会植物修剪的方法，并体验劳动的快乐，激发学生珍爱绿色、保护大自然的情感 6. 走进"逐梦吉林"主题展厅，通过创意农业技术和手法所展示的"奋进吉林新时代""吉林发展史""吉林农业"等板块，了解建党百余年来吉林农业的发展和变化。体验花草扦插、苯板雕刻、粮食作画、果树粘贴等艺术形式，制作富有时代特色和艺术气息的农业景观小品，表达出自己心中对家乡这片热土的挚爱，对加快实现吉林全面振兴全方位振兴、全面建设社会主义现代化新吉林的美好愿景
劳动后	教学评价，激励提升 依据学生在劳动教育过程中理论知识及劳动实践所表现的劳动观念、劳动知识与技能、劳动习惯及劳动实践结果四个方面进行综合分类打分评定，评优选佳，激发学生珍惜劳动，热爱劳动的热情。针对成绩未达标者，予以鼓励并针对其薄弱项制订提升方案，成绩达标者颁发项目证书及"劳动能手"勋章，以资鼓励 教学总结，反思问题 1. 通过学生劳动实践结果，反思学生对劳动知识、技能的掌握情况，调整优化课程内容 2. 通过学生劳动实践过程，反思当日实践内容的技术、设备创新等问题，激发探究热情

（本案例由吉林师范大学硕士研究生指导教师由杰编写）

课程5：走进中央红军标语博物馆，追忆少共国际师精神

【课程名称】追忆红军精神，品读红色文化
【研学地点】永安市洪田镇马洪村上坪中央红军标语博物馆、少共国际师指挥部旧址
【备 课 人】苏在中
【研学项目组长】王远志
【指导专家】高霞
【学校班级】洪田中心小学六年级
【专题课时】3课时
【研学背景】

　　中央红军标语博物馆、少共国际师指挥部旧址都位于福建省三明市永安市洪田镇马洪村上坪自然村，是三明市首批"中央红军村"。中央红军标语博物馆是全国首个"红军标语实体馆"、省级文物保护单位、三明市爱国主义教育基地、青少年校外教育实践基地、福建省大学生社会实践基地、三明市研学旅行示范基地。现保存红军标语、漫画和留言条近300条，为全国数量最多、密度最大、落款最全的中央红军标语群。

【研学链接】
《为中华之崛起而读书》人教版语文四年级上册
《朱德的扁担》人教版语文二年级上册
《金色的鱼钩》人教版语文六年级上册
《七律·长征》人教版语文六年级上册
《倔强的小红军》苏教版四年级语文上册
《梅岭三章》人教版语文九年级语文下册
《七根火柴》沪教版语文七年级下册
《"走"完长征的婴儿》沪教版语文四年级上册
《老山界》苏教版语文八年级上册

【研学目标】

　　价值体认：通过中央红军标语博物馆实地参观学习，学生了解"红军标语"在解放战争时期的重要性及积极性，以及在中国共产党及其领导下的中国工农红军艰苦卓绝而又光荣伟大的革命历史，从而珍惜今天和平、幸福、美好的生活。

　　责任担当：通过参观学习和体验活动，学生增强社会责任感和使命感，提

高创新精神和实践能力，树立立志成才、报效祖国的远大理想。

问题解决：教育学生将红军精神与日常的学习生活结合起来，以实际行动弘扬红军艰苦奋斗、艰苦朴素、勇敢进取的精神。

创意物化：学生通过研学活动，进一步理解红军革命精神在现实生活中的深刻含义，传承红色基因、继承先辈遗志。

【研学内容】

（1）参观中央红军标语博物馆、少共国际师指挥部旧址，聆听少共国际师、红军标语、红军医院的故事。

（2）细读红军标语，仔细观察每一条标语、每一件红军用过的物品，并思考：在当时那么艰苦的条件下他们为什么选择这条道路？他们是怎么做的？

（3）通过聆听故事和参观活动，分享各自的感受和收获。

（4）同学们穿上红军服、戴上红军帽、打好绑腿、穿上草鞋、做红军餐、吃红军菜，体验当时红军艰苦的生活。

【研学重点】感悟红色革命文化的内涵，感受革命情怀，体验并理解红军的艰辛与付出，深刻体会红色文化与现实生活的关联。

【研学难点】

（1）红色文化的历史性与现实意义。

（2）红色文化在我们国家精神传承中的地位与价值。

【研学方式】博物馆参观、考察探究活动、团队教育

【研学方法】讲授法、探究法、体验法

【研学工具】

（1）学生：双肩包、日记本、笔、照相机（手机）、雨具。

（2）组织者：研学旅行旗、横幅、照相机、摄影机、对讲机、急救用品（药品）、红军服装、军帽、绑腿、皮带。

【研学过程】

一、研学旅行前准备

（1）制订研学旅行计划并向永安市教育局备案。

（2）开展研学旅行安全纪律专题教育，建立安全意识。做好安全预案，确保安全无故障。详读附件《洪田中心小学研学旅行安全预案》。

（3）指导学生查阅"中央红军标语博物馆""少共国际师指挥部旧址"的地理位置、历史及红色圣地的相关知识，熟悉研学地点的基本情况。

（4）成立研学小组（同时也是安全小组），每10人1组，指定组长，每组确立队名，定"队呼"，制订小组研学计划。

（5）各小组研讨研学活动规则要求，制定并签订《爱的公约》。

 附　录

（6）做好研学旅行的物品、思想、知识准备。

二、研学过程

研学前：设置前导问题，引导各小组搜索有关知识：红色标语的内容及表现形式；红军是如何通过红色标语，创设强大的舆论宣传氛围进而发动群众的；在当时那么艰苦的条件下红军是如何克服种种困难去完成任务的。

研学中：

（1）听导师讲述红军标语、少共国际师、红军医院的历史故事，了解少共国际师这支由"红小鬼"组成的部队及其成员做出的贡献。

在中央红军标语博物馆主馆逢源堂，同学们仔细观察每一条标语、每一件红军用过的物品，仔细阅读红色标语并一一记录。

（2）在中央红军标语博物馆，教师设疑，学生以小组形式通过研讨各抒己见。

①小红军们在那么艰苦的环境中，刻苦耐劳、勤俭节约，他们是怎么做到的？②听了小红军的故事，说说你有哪些感受，你想通过什么方式表达你对祖国的热爱。

（3）通过穿军服、戴军帽、队列训练、输送物资等体会革命者的心路历程。

（4）每位同学把看到、学到的记录下来并踊跃上台演讲，体会红军革命的艰难与困苦，感受红色文化对现实生活的意义。

（5）学以致用，以实际行动树立奋斗目标，增强学生的社会责任感和使命感，立下立志成才、报效祖国的远大理想。

三、研学后评价

1.评价标准

（1）是否听从指导师管理，注意安全、遵守纪律、互相帮助、热爱集体、有较强的集体荣誉感。

（2）是否认真观察在研学基地所见到的实物，是否积极参与研究学习与研讨。

（3）是否认真做好记录，把看到、学到的点滴结合语文红色题材学以致用。

2.评价方式

（1）学生评价：对指导师进行评价、对研学课程进行评价、对自身收获进行评价。

（2）学校评价：对指导师进行评价、对研学课程进行评价、对整体落实情况进行评价。

（3）指导师评价：对学生体验进行评价、对研学课程进行评价、对自身能力进行评价。

（本案例由福建省永安市中央红军标语博物馆苏在中编写）

附　录

附录2：教育部1+X职业技能等级证书培训评价组织——亲子猫（北京）国际教育科技有限公司《研学旅行策划与管理（EEPM）职业技能等级标准》

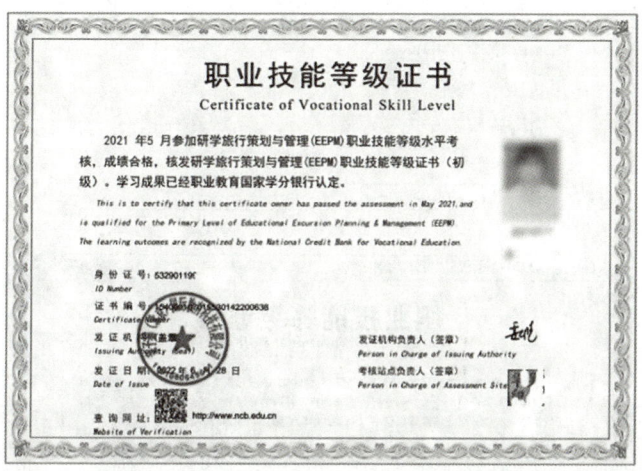

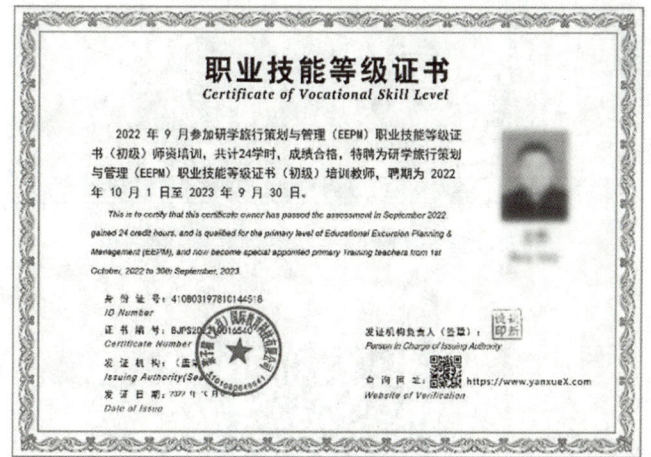

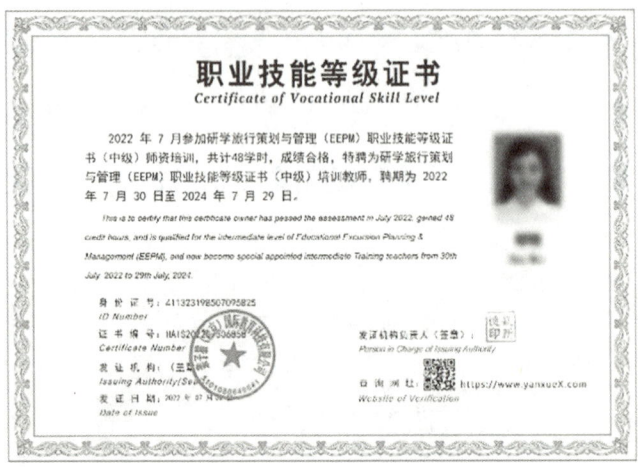

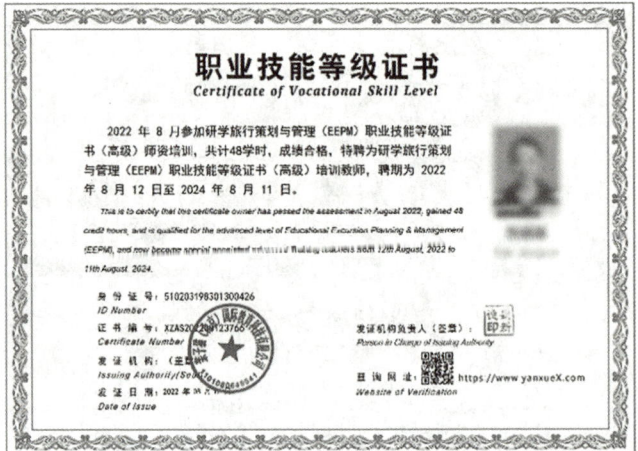

亲子猫职业技能等级证书（资料来源：魏巴德）

《研学旅行策划与管理（EEPM）职业技能等级标准》

附录 3：教育部 1+X 职业技能等级证书培训评价组织——北京中凯国际研学旅行股份有限公司《研学旅行课程设计与实施职业技能等级标准》

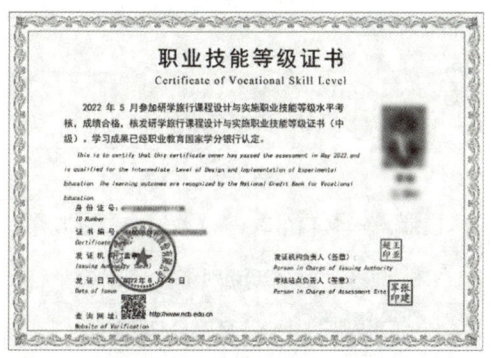

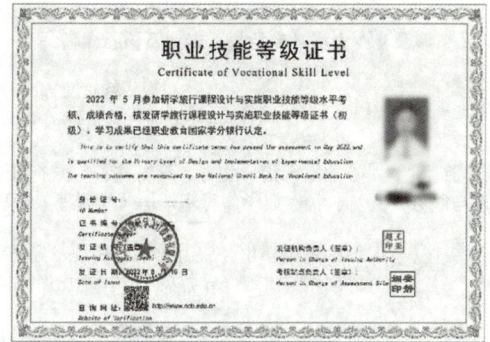

中凯国际职业技能等级证书（资料来源：王亚超）

《研学旅行课程设计与实施职业技能等级标准》

附录4：全国职业院校技能大赛高职组"研学旅行"赛项规程（节选）

赛项名称：研学旅行
英文名称：Study Tour
赛项组别：高等职业教育
赛项编号：GZ106

一、赛项信息

赛项类别			
□每年赛　　☑隔年赛（□单数年/☑双数年）			
赛项组别			
□中等职业教育　　☑高等职业教育			
☑学生赛（□个人/☑团体）　□教师赛（试点）　□师生同赛（试点）			
涉及专业大类、专业类、专业及核心课程			
专业大类	专业类	专业名称	核心课程 （对应每个专业，明确涉及的专业核心课程）
旅游大类	旅游类	研学旅行管理与服务	研学旅行指导实务、导游实务、旅行社计调实务、研学旅行市场营销、研学旅行基地运营与管理、研学旅行课程设计
		导游	导游基础知识、旅游政策与法规、导游业务、模拟导游、导游词创作与讲解、导游英语、出境旅游领队实务
		旅游管理	旅行社经营与管理、景区服务与管理、旅游电子商务、旅游策划理论与实务、旅游新媒体营销、旅游服务质量管理、客户关系管理
		旅行社经营与管理	在线旅游产品设计、旅行管家服务、旅行社网络运营实务、数字化营销实务、旅行社信息管理、旅游安全与应急处理
		定制旅行管理与服务	定制旅行资源开发、定制旅行产品设计、定制旅行管家实务、客户沟通与管理、定制旅行数字化运营与管理、旅游大数据分析与应用
		智慧景区开发与管理	景区接待服务、大数据分析与市场营销、解说系统设计与应用、旅游策划

旅游大类	旅游类	智慧旅游技术应用	市场调研与商务分析基础、旅游大数据应用、智慧旅游产品设计、智慧旅游产品应用、智慧旅游运营实务
		会展策划与管理	会展项目管理、会展策划、会展营销、会展运营管理、会展现场管理、会展活动创意、会展展示设计、会展数字化应用
		休闲服务与管理	休闲项目策划与营销、休闲旅游度假区服务管理、康养服务与管理、客户服务技能、安全防护与急救

对接产业行业、对应岗位（群）及核心能力			
产业行业	岗位（群）	核心能力〔对应每个岗位（群），明确核心能力要求〕	
旅游产业、研学旅行行业	研学旅行指导师	1.具备良好的组织管理能力、沟通协调能力、教育教学能力和安全保障能力，能将研学旅行的教育目标落实到具体的课程计划中，确保研学旅行安全有序实施 2.充分做好行前准备工作。开好行前预备会议，向各方宣传解读研学旅行课程方案；检查各项课程准备工作，关键环节实地查看，确保万无一失 3.做好行中组织监督管理工作。逐一落实预先设计课程内容和活动环节，在旅游车上组织好移动课堂，督促基（营）地按方案执行，让所有学生完成预定的研学任务 4.做好行后总结评价工作。灵活运用多种评价方法，客观公正反馈研学成绩，组织好研学旅行成果汇报，利用评价结果促进学生全面发展和健康成长，同时完善研学旅行课程方案以及研学旅行组织工作	
	研学旅行计调	1.接受研学旅行线路咨询报名等相关预订需求，协调并预订公司内外研学资源（含旅行社、研学基地、营地等），促进订单达成，维护更新公司系统和各组团系统平台 2.熟练掌握研学旅行团队报价、研学旅行产品销售以及日常操作、线路设计、价格核算、突发问题处理等能力 3.熟练掌握与客户和企业的沟通技巧，维护好客户的关系，保持与客户之间的良好合作 4.对不断变化的旅游市场具备一定的洞察力，能够对研学旅行行业产品进行全方位分析，设计新的特色线路和研学旅行线路（产品）方案 5.能够跟进订单结算及回款 6.具备团队危机事件处理等全程事务能力	
	导游	1.具有导游词创作的能力以及导览服务、讲解服务能力 2.具有正确处理带团过程中餐饮、住宿、娱乐、购物等方面问题的能力 3.具有服务和管理出境旅游团队和处理境外突发事件的能力 4.具有适应旅游产业数字化发展的能力 5.具有较强的组织协调、团队协作、应急处理等能力 6.具有旅游产品设计、旅游活动策划、旅游项目组织的能力	

二、竞赛目标

全国职业院校技能大赛以高水平赛事引领职业教育高质量发展，发挥树旗、导航、定标、催化作用。本赛项贯彻党的教育方针，落实立德树人的根本任务，以培养高素质复合型研学旅行技术技能人才为宗旨，以研学旅行指导师岗位核心能力培养为重点，提升学生研学旅行课程设计能力、产品方案开发能力和产品方案执行能力，推动高职旅游大类专业"以赛促学、以赛促教、以赛促改、以赛促建"，引领研学旅行管理与服务专业建设和教学改革。

（一）通过竞赛检验教育教学成效。一是检验学生研学旅行的仪容仪表、沟通表达、教育情怀、社会责任等综合素质，二是检验学生的创新意识、标准意识、营销意识等职业素养，三是检验学生课程设计、产品设计和产品执行等职业能力，服务人的全面发展。

（二）通过竞赛推动教学改革创新。落实新版职教目录和国家教学标准，对接 1+X 职业技能等级证书，推进"岗课赛证"综合育人，引领高职研学旅行管理与服务专业改革创新，培养研学高技能人才，服务国家创新驱动发展战略。

（三）通过竞赛提升产业服务能力。竞赛内容聚焦研学旅行行业核心痛点，紧密对接行业发展新趋势、新模式，促进产教融合，推动职业教育与产业深度互动，产出研学旅行高质量作品，展现高职教育引领行业发展的使命担当，服务产业的提档升级，服务经济社会发展。

三、竞赛内容

竞赛内容包括 3 个模块，模块一为研学旅行理论知识测试，模块二为研学旅行课程设计（含研学旅行课程方案和学生研学手册），模块三为研学旅行产品方案及单元展示（含研学旅行产品方案和课程单元模拟展示）。所有模块作为独立环节在相应的比赛场地完成。

（一）模块一：研学旅行理论知识测试

竞赛时间：60 分钟

竞赛任务描述：

1. 本模块考察选手对研学旅行理论知识的掌握程度，考察内容包括研学旅行发展热点问题、研学旅行基础知识、研学旅行课程设计、研学旅行指导师实务、研学旅行安全、研学旅行营销、基地运营管理等方面的知识。

2. 本模块测试形式为闭卷考试，题量总共 90 题，题型包含判断题、单选题和多选题三种。该模块题库量共 900 题，赛前按规定时间公开题库的 70%。另外 30% 的题库不予公开。

（二）模块二：研学旅行课程设计

竞赛时间：180 分钟

竞赛任务描述：

1. 本模块考察选手对研学主题、研学目标的分析能力、研学对象的需求分析能力、研学旅行课程设计能力以及研学旅行课程方案的文字综合能力。

2.各参赛队2名选手检录后,抽取赛位号,然后现场抽取课程设计资源点、研学对象的学段,合作完成研学旅行课程单元设计(含研学旅行课程方案和学生研学手册),赛场不允许带入任何参考资料和手机、移动硬盘、U盘等电子产品,时长180分钟。

3.该部分比赛公开题库,包括20个资源点,小学(四、五、六年级)、初中(初一、初二年级)、高中(高一、高二年级)研学对象的学段。具体资源点如表1所示。

表1 研学旅行课程设计模块资源点

序号	资源点
1	北京天坛
2	中共一大旧址
3	苏州园林
4	曲阜"三孔"
5	红旗渠
6	武夷山
7	呀诺达雨林文化旅游区
8	鄂尔多斯响沙湾旅游景区
9	西湖风景名胜区
10	秦始皇兵马俑博物馆
11	黄鹤楼公园
12	云南石林风景区
13	沙坡头旅游景区
14	上海科技馆
15	中国天眼景区
16	文昌卫星发射中心
17	平遥古城景区
18	长白山景区
19	横店影视城
20	常州中华恐龙园

4.研学旅行课程方案格式不作限制，内容包含但不限于：课程主题、课程目标、课程对象、课程时间、师资配置、课程内容、课程评价、课后任务，按研学时长为半天进行研学课程方案设计。

5.学生研学手册格式不作限制，内容包含但不限于：封面、前言、目录、课程目标、行前准备、课程内容、课程实施、课程评价、成果展示、附录。手册格式不作限制，但须与课程方案相匹配，设计研学对象使用的学习手册。

（三）模块三：研学旅行产品方案及单元展示

竞赛时间：6分钟

竞赛任务描述：本模块评分由两部分内容组成，一是研学旅行产品方案，二是研学旅行产品单元展示。主要考核选手设计研学旅行产品方案的能力和课程实施能力、语言表达能力和展示能力。

1.研学旅行产品方案

（1）各参赛队任选资源点设计研学旅行产品方案，方案不能选取本省的研学资源点进行设计。格式不作限制，须包含但不限于：研学产品设计理念、产品亮点、研学主题、研学目的、研学时间、研学对象、研学地点、研学内容、研学实施、研学费用、研学保障等。

（2）产品方案应主题鲜明、目标明确、内容丰富、结构合理、逻辑清晰、简洁美观，符合研学旅行需求单要求，具有市场吸引力、实用性和可操作性，总页数不超过20页（不含封面）。

（3）各参赛队提交的研学旅行产品方案如果出现本省的研学资源、所在院校或参赛选手的任何信息，该项成绩做零分处理。各参赛队在报到时提交8份纸质文本。

2.研学旅行课程单元展示

各参赛队从提交的研学旅行产品方案中，自选某个单元内容用中文进行模拟教学，展示时间不超过6分钟，展示形式不限，可使用背景视频、PPT或者音乐（自备），允许使用道具和物料（道具等场地布景时间包含在展示的6分钟内），但不能有参赛队选手外的其他助演人员，比赛过程中不可出现所在院校及选手本人的任何信息。

（四）赛项模块、比赛时长及分值配比

赛项模块、比赛时长及分值配比见表2。

表2　赛项模块、比赛时长及分值配比

模块	模块名称	主要内容	比赛时长	分值
模块一	研学旅行理论知识测试	研学旅行理论知识测试	60分钟	20
模块二	研学旅行课程设计	研学旅行课程方案	180分钟	20
		学生研学手册		20
模块三	研学旅行产品方案及单元展示	研学旅行产品方案	0分钟	20
		研学旅行课程单元模拟展示	6分钟	20

四、竞赛方式

（一）竞赛形式

本赛项为线下比赛形式。

（二）组队要求

本赛项为团队赛，每省不超过2个队，以各院校为单位组队，不能跨校组队，同一学校只能报1支参赛队。每个参赛队参赛选手2名，可跨年级、专业组队。

（三）参赛人员要求

1. 参赛选手必须是高等职业学校专科、高等职业学校本科全日制在籍学生。五年制高职学生须四、五年级方可报名参加本赛项比赛。

2. 每个院校配领队1名（领队不能兼任指导教师）。每个参赛队可报2名指导教师。

3. 参赛选手和指导教师报名获得确认后不得随意更换。如比赛前参赛选手和指导教师因故无法参赛，须由省级教育行政部门于赛项开赛前10个工作日出具书面说明，经大赛执委会办公室核实后予以更换。

五、竞赛流程

（一）竞赛流程图

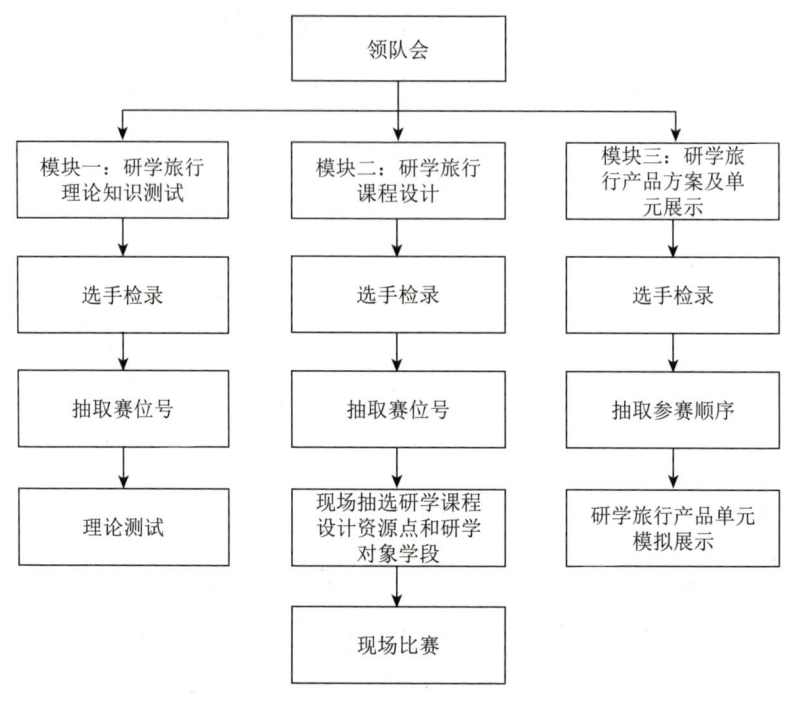

（二）竞赛日程、比赛场次的安排

	时间	项目	参加人员	地点
第一天	08：30—14：00	参赛队报到，熟悉比赛场地	全体人员	大赛报到处、赛场
	15：00—17：00	领队会议，分组抽签	领队、指导教师	会议室
	19：00—20：00	理论考试	参赛选手	赛场
第二天	08：00—08：30	开赛式	全体人员	报告厅
	09：00—11：30	研学旅行课程设计	参赛选手	赛场
	13：30—18：30	研学旅行产品方案及单元展示	参赛选手	赛场
第三天	08：00—12：00	研学旅行产品方案及单元展示	参赛选手	赛场
	14：30—16：30	总成绩公示	全体人员	学校公示栏
	16：30—18：00	专家点评、闭赛式	全体人员	报告厅

六、竞赛规则

（一）选手报名

根据全国职业院校技能大赛组委会要求，在规定时间内在相关平台组织报名。

附 录

(二) 熟悉场地

比赛场地将提前公布,参赛选手应该在规定时间内提前熟悉比赛场地,了解比赛器材和设备,熟悉比赛流程和规则。

(三) 入场规则

参赛选手按规定时间到达指定地点,凭参赛证、学生证和身份证进行检录后进入竞赛候场区,进行比赛抽签。检录时间开始15分钟后未到取消比赛资格。

(四) 赛场规则

1. 赛务人员须统一佩戴由大赛执委会签发的证件,着装整齐。

2. 竞赛区域除裁判和赛场工作人员外,其他人员未经允许不得进入。

3. 参赛选手不得携带通信工具、手表和其他未经允许的资料和物品进入竞赛场地,不得中途退场。如出现违规、违纪和舞弊等现象,经裁判组裁定取消竞赛成绩。严禁在赛场使用闪光拍摄设备、激光红外设备。

4. 参赛选手按照规程进行比赛,准备工作结束后举手示意裁判,经裁判发出指令后开始比赛。

5. 比赛过程中,参赛代表队须严格遵守比赛规则,保证自身安全,并接受裁判员的监督和警示;若因设备故障导致选手中断或终止比赛,由大赛裁判长根据竞赛规程中的预案视具体情况做出裁决。

6. 研学旅行理论知识测试环节,各参赛队所有选手参加考试,本环节成绩取两名选手平均分。

7. 研学旅行课程设计环节,各参赛队抽取研学课程资源点、研学对象的学段,在电脑上完成研学旅行课程设计方案和研学手册。

8. 研学旅行产品方案及单元展示环节,各参赛队需要按规定时间提交研学旅行产品方案等参赛材料。该环节在指定场地进行比赛,选手根据主持人的提示进行方案单元展示。

9. 参赛队提交的各类材料中均不得出现参赛队成员个人身份信息以及所在院校信息。

10. 各参赛队领队、指导教师、观摩人员凭观摩证进入赛场指定区域观摩比赛,为防止影响选手比赛,进入竞赛现场的人员未经允许不得录像或拍照,竞赛场地外设直播观摩区。

11. 新闻媒体工作者在指定的媒体拍摄或采访区工作,听从现场工作人员安排和管理,不能影响比赛进行。

(五) 离场规则

选手比赛展示完毕即可离开赛场。

（六）成绩评定与结果公布

选手最终成绩经裁判长、监督仲裁组签字后进行公示，成绩公布2小时无异议，成绩确认生效。参赛队若对成绩有异议，应在公布后2小时内，由领队按规程向监督仲裁组书面提出复核申请。

七、技术规范

1.《关于推进中小学生研学旅行的意见》（教基一〔2016〕8号）

2.《中小学德育工作指南》（教基〔2017〕8号）

3.《中小学综合实践活动课程指导纲要》（教材〔2017〕4号）

4.《研学旅行服务规范》（LB/T054-2016）

5.《关于全面加强新时代大中小学劳动教育的意见》

6.《导游服务规范》（GB/T15971）

……

九、竞赛样题

本赛项公开题库于开赛前1个月在大赛网络信息发布平台上（https://www.vcsc.org.cn/）公布，非公开题库不公开。参赛队对公开的试题认为有争议的，可以书面提出并于开赛前十天内发送到承办校公布的邮箱，专家组认定后将在正式赛题中回避。赛前未提出或者专家组未认定的，比赛时一律以原公布的试题和答案为准。

（一）研学旅行理论知识测试

含研学旅行发展热点问题、研学旅行基础知识、研学旅行课程设计、研学旅行指导师实务、研学旅行市场营销、基地运营管理等内容，题库量共900题。研学旅行理论知识测试共90题，其中判断题30题、每题1分，单选题40题、每题1分，多选题20题、每题1.5分，共计100分。团队2位选手均需参加测试，2位选手的平均得分乘以20%计入大赛总成绩。

题例如下：

1.判断题（判断为对的请选A，判断为错的请选B）例题：《关于推进中小学生研学旅行的意见》指出，规范研学旅行组织管理，各地教育行政部门和中小学要探索制定中小学生研学旅行工作规程，做到"活动有方案，行前有备案，应急有预案"。（A）

2.单选题例题：为了记住学过的生字词，小蓉反复抄写了很多遍。她在学习中运用的是（B）。

　　A.监督策略　　B.复述策略　　C.计划策略　　D.组织策略

3.多选题例题：研学旅行课程评价应坚持（CD）原则。

　　A.主观性　　B.随意性　　C.客观性　　D.公正性　　E.互动性

（二）研学旅行课程设计

本环节包括研学课程设计资源点、研学对象的学段两部分内容。其中研学课程设计 20 个资源点，研学对象的学段共 3 个。资源点如：泰山、黄鹤楼、故宫。研学对象的学段如：小学 4~6 年级。

……

十一、成绩评定

（一）裁判构成

裁判员应具有良好的职业道德和心理素质，严守竞赛纪律，服从组织安排，责任心强；具有副高级及以上专业技术职务；具有相关职业技能竞赛执裁经验，熟悉赛项所涉及职业的专业知识和操作技能，熟悉相关专业教学标准；具有丰富的考评工作经验，能够独立进行评判和评价工作，有较强的组织协调能力和临场应变能力；在职且年龄原则上不超过 65 周岁，身体健康，无任何违法违纪记录；本人自愿，且获得工作单位支持，能在规定时间内参与裁判组工作，并按要求完成指定任务。裁判员一般由来自本科高校、职业院校、研学旅行行业等方面的专家担任，按照《全国职业院校大赛专家与裁判工作管理办法》等相关规章制度的程序和要求产生，由执委会在开赛前一周，从裁判员库中随机抽取。为确保公平公正，凡参赛院校教师等人员不得担任本赛项裁判工作。

本赛项共设裁判 17 名，设裁判长 1 名，裁判 16 名（其中评分裁判 14 名，加密裁判 2 名）。其中研学旅行课程设计环节评分裁判 7 人，加密裁判 1 人；研学旅行产品方案及模块展示环节裁判 7 人，加密裁判 1 人。

（二）评分方式

竞赛项目总分为 100 分。其中模块一"研学旅行理论知识测试"占 20 分，模块二"研学旅行课程设计"占 40 分，模块三"研学旅行产品方案及单元展示"占 40 分。其中模块一"研学旅行理论知识测试"采取闭卷考试的方式，卷面 100 分，团队 2 位选手均需要参加模块一的比赛，2 位选手的平均得分乘以 20% 计入总分。模块二、模块三分别由 7 位裁判进行现场评分，均去掉一个最高分和一个最低分，5 位裁判的平均分为参赛队在本模块的最终得分。三个模块的分数之和为最终得分。

（三）成绩产生

在监督仲裁组监督下，由裁判长指定解密裁判启封检录抽签加密档案，找出各参赛队与加密对应关系；将竞赛结果分别由加密号转换为参赛队；将相应赛项分值按照规则计算，得出总分；然后进行分值排序；打印封装。有条件的承办学校可以使用信息化手段开展加密和成绩的解密工作，提高工作效率。

（四）成绩复核

为保障成绩评判的准确性，监督组将对赛项总成绩排名前 30% 的所有参赛队伍（选手）的成绩进行复核；对其余成绩进行抽检复核，抽检覆盖率不得低于 15%。如发现成绩错误，以书面方式及时告知裁判长，由裁判长更正成绩并签字确认。如果复核、抽检错误率超过 5%，裁判组将对所有成绩进行复核。

（五）成绩公布

团队成绩按模块得分进行加和计算，满分 100 分。最终成绩经复核无误，由裁判长、监督仲裁组人员共同签字确认后公布，公布 2 小时无异议后即可宣布，在闭幕式上予以公布。

（六）特殊情况

参赛队伍如有损坏赛场提供的设备等不符合职业规范的行为，视情节扣 5~10 分。在竞赛时段，参赛选手有不服从裁判及监考、扰乱赛场秩序等行为，情节严重的，取消参赛队评奖资格。有作弊行为的，该选手成绩所有赛项分数计"零"分，参赛队所在学校禁赛一年。裁判宣布竞赛时间到，选手仍强行操作的，该选手该项成绩计"零"分，取消参赛队奖项评比资格。

（七）评分标准

项目	评分模块	评分指标	评分标准	分值	等级
研学旅行课程设计（40分）	研学旅行课程方案（20分）	设计理念2分	有明确的课程主题，课程主题与依托资源高度吻合	1	优秀 18~20分 良好 16~17分 一般 12~15分 较差 0~11分
			课程设计理念先进，有一定的教育理论支撑	1	
		课程目标2分	课程目标明确，符合学龄段实际，体现因材施教	1	
			关注知识习得，关注后续技能和素质的发展，关注人的全面发展	1	
		课程内容6分	内容选择重点突出，逻辑严谨，客观准确，与所选资源紧密结合	2	
			合理补充外延性知识，体现前沿发展趋势，有一定的思辨性	2	
			理论联系实际，突出实践性特征，彰显社会主义核心价值观	2	

续表

项目	评分模块	评分指标	评分标准	分值	等级
研学旅行课程设计（40分）	研学旅行课程方案（20分）	课程实施6分	师资配备合理，行前课、行中课、行后课符合学校需求并有落地性	2	优秀 18~20分 良好 16~17分 一般 12~15分 较差 0~11分
			课程对象明确，学情分析到位，合理使用先进的方法手段	2	
			关注学生的个性特征，鼓励学生探究，建立互动和良好的氛围	2	
		课程成果2分	课程学习有明确的物化成果，形成研究性学习的结果	1	
			行后课应有一定的学习成果预设，引导学生开展创新性学习	1	
		课程评价2分	更新评价理念，强化素养导向，注重价值观、品格和关键能力评价，能够体现学游结合，提高参与度	1	
			创新评价方法，倡导增值评价、协商性评价、表现性评价，探索使用信息化手段提高评价的效度	1	
	研学手册（20分）	研学资源2分	资源介绍能够聚焦课程主题，合理选取符合研学要求的资源	1	优秀 18~20分 良好 16~17分 一般 12~15分 较差 0~11分
			研学资源呈现内容准确，排版精美、突出重点，有一定的内涵	1	
		学习目标2分	围绕课程主题和课程目标设定学习目标，目标明确有效	1	
			学习目标能够落实有理想、有本领、有担当的培养目标	1	
		研学任务4分	符合学情、对应目标、符合课程资源点的属性、特点及客观条件	2	
			研学任务设计有一定的创新性、灵活性和丰富性	2	
		探究问题4分	围绕研学任务设计探究性问题，问题的呈现形式灵活，富有启发性	2	
			探究问题能够聚焦资源的核心内涵，能够结合学龄段的特点	2	

续表

项目	评分模块	评分指标	评分标准	分值	等级
研学旅行课程设计（40分）	研学手册（20分）	研学感悟4分	对应课程研究性学习过程，采取多样形式引导学生开展素养习得感悟	2	优秀 18~20分 良好 16~17分 一般 12~15分 较差 0~11分
			对应课程学习成果，采取多样形式引导学生开展知识学习的延展探究	2	
		学习评估4分	对应课程评价，建立评价指标和维度，多角度评价学生学习成果	2	
			对应学习目标，注重对学生能力培养和综合素养的评估	2	
研学旅行产品方案及单元展示（40分）	研学旅行产品方案（20分）	产品创意描述4分	产品创意选题新颖，富有艺术性和文化气息	1	优秀 18~20分 良好 16~17分 一般 12~15分 较差 0~11分
			产品创意描述清楚，富有创新性和科学性	1	
			产品创意鲜明，直击需求痛点，可行性和落地性强	1	
			产品市场定位准确，市场契合度高	1	
		产品资源分析2分	资源丰富，内涵深厚，注重精品	1	
			分析准确，内容翔实，数据精准	1	
		产品资源编排2分	资源编排突出重点，突出特色，突出创意	1	
			资源编排充分考虑时空条件，合理且紧凑	1	
		研学活动设计8分	根据资源合理开展研学活动设计，学游结合	2	
			根据资源点合理开展课程设计，能够开展研究性学习	1	
			活动设计注重挖掘和弘扬资源中蕴含的中华优秀传统文化	1	
			研学活动设计与目标市场客群的学龄段相符合	1	
			研学活动设计内容合理，资源丰富	1	
			研学活动设计有一定的创新性和体验性	1	
			研学活动设计中能够体现新技术应用	1	

续表

项目	评分模块	评分指标	评分标准	分值	等级
研学旅行产品方案及单元展示（40分）	研学旅行产品方案（20分）	出行交通安排 2分	考虑学生的学龄段和年龄段特点，做到劳逸结合	1	优秀 18~20分 良好 16-17分 一般 12~15分 较差 0~11分
			出行大、小交通安排合理，充分考虑线路实际	1	
		餐饮住宿安排 2分	考虑学生的学龄段和年龄段特点，餐饮安排搭配合理	1	
			住宿安排符合成本要求，考虑安全因素	1	
	研学活动单元模拟展示（20分）	职业素养5分	礼仪着装得体，符合职业情境或展示主题	2	优秀 18~20分 良好 16-17分 一般 12~15分 较差 0~11分
			团队配合恰当，规范娴熟、示范有效	3	
		展示组织与特色6分	展示内容正确，结构合理，尊重资源的史实和现实	2	
			展示形式新颖，互动设置巧妙，具有很强的知识性和思辨性	2	
			展示方法灵活多样，有吸引力，富有特色和创新性	2	
		语言表达6分	讲解展示紧扣研学主题，特色鲜明	2	
			讲解重点突出、有层次感、逻辑性强	2	
			语言流畅优美，口齿清晰，富有文采	2	
		整体表现力3分	仪态自然，肢体语言恰当，符合职业规范	1	
			富有感染力、亲和力和渗透力	2	

（资料来源：全国职业院校技能大赛 2024-01-08）

参考文献

［1］李岑虎.研学旅行课程设计（第2版）［M］.北京：旅游教育出版社，2020.

［2］李岑虎.新时代劳动教育课程设计［M］.北京：旅游教育出版社，2021.

［3］李岑虎.研学旅行案例选评［M］.北京：旅游教育出版社，2021.

［4］王彬，李岑虎.北京红色研学旅行课程指南［M］北京：旅游教育出版社，2021.

［5］李岑虎，甄鸿启.中小学研学旅行教师指导用书［M］.郑州：文心出版社，2021.

［6］田慧生.综合实践活动课程的理论探索与实践反思［M］.北京：教育科学出版社，2007.

［7］柳夕浪.《中小学综合实践活动课程指导纲要》解读——44个问答［M］.石家庄：河北教育出版社，2019.

［8］王晓燕，韩新.研学旅行来了——中小学生研学旅行基本常识与实践指南［M］.西安：陕西人民教育出版社，2019.

［9］陈霞.教师培训课程设计［M］.上海：上海教育出版社，2019.

［10］魏本亚.中学语文教学设计［M］.北京：高等教育出版社，2016.

［11］何成刚，夏辉辉，张汉林，等.历史教学设计［M］.上海：华东师范大学出版社，2009.